洪波 主编
龙润田 执行主编

# 燕京语言学

## 第三辑

学苑出版社

## 图书在版编目（CIP）数据

燕京语言学. 第三辑/洪波主编；龙润田执行主编. —北京：学苑出版社，2021.12

ISBN 978 – 7 – 5077 – 6325 – 6

Ⅰ. ①燕… Ⅱ. ①洪… ②龙… Ⅲ. ①语言学 – 文集 Ⅳ. ①H0 – 53

中国版本图书馆 CIP 数据核字（2021）第 258350 号

责任编辑：乔素娟
出版发行：学苑出版社
社　　址：北京市丰台区南方庄 2 号院 1 号楼
邮政编码：100079
网　　址：www.book001.com
电子邮箱：xueyuanpress@163.com
销售电话：010 – 67601101（销售部）、010 – 67603091（总编室）
印　刷　厂：北京建宏印刷有限公司
开本尺寸：787 × 1092　1/16
印　　张：20.75
字　　数：329 千字
版　　次：2022 年 3 月第 1 版
印　　次：2022 年 3 月第 1 次印刷
定　　价：148.00 元

# 前 言

首都师范大学文学院语言学方面有汉语言文字学、语言学及应用语言学、古典文献学、汉语国际教育、少数民族语言文学以及自主增设的语言智能等6个二级学科，目前有专任教师和研究人员23人。人数虽然不算很多，但中国语言文学一级学科下面的语言学二级学科齐全，这在全国普通高校中还是不多见的。

多年来，我们致力于学科方向的凝练，已经形成几个比较有特色的研究领域：其一是黄天树教授领衔的古文字研究。甲骨文研究中心是全国文科类不多见的国家级"2011协同创新中心"——"出土文献与中国古代文明研究协同创新中心"的协同单位之一，黄天树教授及其团队的甲骨文缀合研究在全国居于领先地位。其二是由冯蒸教授、洪波教授、黄树先教授为骨干的汉语史研究及汉藏语比较研究。洪波教授的上古汉语形态句法研究和汉语语法化研究处于国内外先进行列，黄树先教授的汉藏语核心词比较研究和他创立的比较词义学不仅成为汉藏语比较研究的一个新的学术领域，也是当前及今后国际词汇语义学研究的一个新的方向。其三是周建设教授领衔的语言智能研究。这个研究方向虽然创立的时间不长，但已形成良好的学术特色和学术优势，是国家语委的语言智能研究基地。该研究方向的研究团队不仅有我们的专任教师，同时也吸纳了国内外多所高校和科研机构的研究人员，不仅体现了现代科学与技术的交融，更体现了语言学及应用语言学的一个发展方向。此外，张云秋教授和邹立志副教授的语言习得研究也已显现出良好的学术势头。

首都师范大学是北京市属高校，北京曾称燕京，所以我们使用了"燕京"这个名号，跟曾经的燕京大学没有关联。

学贵坚守，重在累积。首都师范大学的语言学，经过几代学人的努力，成果丰硕，基础坚实，已初步形成了自己的特色。为了展现学科的成果，我们编辑出版了《燕京语言学文存》，选辑本学科老师已经刊发的旧作，旧尘重拂，历久弥新，诠次一新，犹有可观者焉。为了鼓励学术创新，自第三辑始，特更名为《燕京语言学》，倡导首发新作。改名后的《燕京语言学》，除继续选辑校内老师新作旧著外，我们也诚邀海内外语言学耆旧宿儒，惠赐佳作，亦盼学界新锐才俊，踊跃投稿。

我们躬逢信息化时代，传统的中国语言学，加上西方的现代语言学，辅以计算机，增添大数据，语言学的研究，前景无限，大有可为。我们坚信，在海内外朋友的鼎力支持下，我们一定能把《燕京语言学》办好，使之成为语言学界切磋交流的优质平台。

编　者

2020 年 6 月 20 日

# 目 录

## 来稿首发

历史乡村的语言互动与自然传承
——以畿辅故地村名"疃"为中心 …………………………… 李云龙 3
说"泳" ……………………………………………………… 黄树先 31
《金瓶梅词话》词义试释 …………………………………… 刘敏芝 41
现代汉语口语词语体构词探究 ……………………………… 王伟丽 52
基本分词单位及其饱和度 …………………………………… 刘贤俊 65
基于 Word2vec 神经网络模型的词典构建及认同感评测研究 ……… 佟　悦 82
"丧"字形音补说 …………………………………………… 陈　琦 97

## 同人文选

商代军事战略战术思想举隅 ………………………………… 王子杨 127
利用甲骨缀合还原商代的一场火灾 ………………………… 刘　影 152
"量"字新说 ………………………………………………… 莫伯峰 159

甲骨卜辞中的"壬" …………………………………………… 李爱辉 169

《切韵》韵母表排列法研究
　　——兼论构拟主要元音的五个途径 ……………………… 冯　蒸 174

周秦汉语"之 s"可及性问题再研究 ………………………… 洪　波 208

从简单句关系化的最初习得到名词短语
　　可及性等级的解释维度 …………………………… 张云秋　李若凡 227

语调对字调调节的容限度 ……………………………………… 江海燕 250

从持续到申明：传信语气词"呢"的功能及其语法化机制 …… 史金生 260

汉语儿童早期会话中关联标记"然后"的发展个案研究 ……… 邹立志 278

《赋苑》编者李鸿生平考略 …………………………………… 踪　凡 303

读《心经》一得
　　——谈阅读《心经》应注意的几个问题 ………………… 陈英杰 321

来稿首发

# 历史乡村的语言互动与自然传承
## ——以畿辅故地村名"疃"为中心

### 李云龙

有些传承下来的历史悠久的地名用字罕见、生僻，为社会语言学研究所关注。譬如陕西盩厔等地的地名改字①，即为地名规范化与标准化的一部分，一直以来都是民政管理与辞书编纂的重点领域。这种以行政统领方式推进的用字规范所针对的主要是县级地名，乡镇村屯名中的生僻字眼并未涉及。它们往往存在于特定地区，使用场合与范围相当狭窄，与共同语重合之处较少，所以很难受到后者影响而发生过于刻意的演变，虽然语言之间难免互动，但它们却长期处于自然状态的传承之中，村名"疃"就是这方面的典型。

"疃"是不同于一般"村""庄""屯""店"等的独特通名，以往学者的讨论也往往着眼于此。其基本角度有三：一是描述"疃"作为地名用字的地区特色②，二是呈现"疃"在方言中的异读音③，三是"疃"字错读的原因分析和避错提醒④。以上三种角度基于"疃"字的静态描述，在与之相关的通用与专用、通语与方言、规范与习惯等方面加深了认识，但总体上没有脱

---

① 何金铠. 地名改换同音字要慎重［C］//三秦文化研究会编. 三秦文化研究会年录：二〇一二年. 西安：［出版者不详］，2013：142.
② 陈建民. 地名小议［J］. 社会科学战线，1979（4）：336 - 337；王彦. 山东地名中的山东方言［J］. 民俗研究，2002（2）：100 - 108.
③ 张鸿魁. 临清方言志［M］. 北京：中国展望出版社，1990：53；陈淑静. 河北方言字词特殊读音试解［C］//李如龙. 汉语方言研究文集. 广州：暨南大学出版社，2002：102.
④ 朱爱平. 山西易读错的地名及原因浅析［J］. 太原大学教育学院学报，2011（61）：34 - 36.

开地名规范的范畴。而本文则欲结合空间、时间、行政、人口等多重元素，探讨"疃"作为地名的方言用字有多少不同的读音，其间有无联系，是什么联系，何以出现今天的情形，它们对于语音史的研究具有怎样的意义。

## 一、畿辅故地村名"疃"的空间分布

### （一）清代村名"疃"的使用概况

多数文章将"疃"作为山东方言东莱、东潍两片，也就是胶辽官话区的特色村名用字。除了山东，"×家疃"还出现在河北，北京，天津，山西北边的大同、朔州，河南与河北交界的县市，以及安徽中部的马鞍山、巢湖一带。本文讨论的村名中的"疃"字不涉安徽，胶辽官话区作为研究背景偶尔提及，主要关注的是畿辅故地。畿辅故地特指清代直隶省所辖地区，相当于今北京、天津两市和河北大部以及河南、山东的小部。畿辅之地历史上相对集中、详细、系统著录"×家疃"的文献，一部是贾恩绂《直隶省通志稿》[①]，有民国间抄本，另一部是李鸿章等修纂的《畿辅通志》。《畿辅通志》的编写跨同治、光绪两朝，于时较《直隶省通志稿》为早，是比较理想的考察材料。光绪朝《畿辅通志》卷四六至卷五五为《舆地略》的《疆域图说》，省、府、州、县分别设图，其中州、县图又详细标注了村落的具体位置和名称。

舆图显示，除承德府、遵化州、易州三府州之外，顺天府、保定府、永平府、河间府、天津府、正定府、顺德府、广平府、大名府、宣化府、冀州、赵州、深州、定州等十四府州几十个县，都有以"×家疃""×疃"命名的村庄。譬如《通州图》"平家疃"，《广宗县图》"陈家庄疃"，《曲周县图》"河南疃"，《蔚州图》"常胜疃"。光绪朝《畿辅通志》州县舆图中标示的村落虽然已经非常丰富、具体，但也未能照顾一域之内的所有乡屯。对比畿辅地区有明以来不同时代纂修的方志，可以发现《畿辅通志》舆图中没有标注

---

① 本文征引方志主要来自成文出版社《中国方志丛书》，上海古籍书店《天一阁藏明代方志选刊》，上海书店《天一阁藏明代方志选刊续编》，上海书店、巴蜀书社、江苏古籍出版社《中国地方志集成》，国家图书馆出版社《天一阁藏历代地方志汇刊》，以及国家图书馆数字方志；其他经史则主要参考了四库本和单行别集。为行文简便，正文中已注明相应文献的版本、卷次、篇目，文后参考文献不再——列出

的州县，实际上广泛存在"×家疃""×疃"。譬如正德《大名府志》卷一《乡镇》，魏县有"康疃里"；光绪《平乡县志》之《阖县全图》有"来仲疃"；雍正《定州志》卷之一《坊乡》录"深泽县"，"河疃村距县三十里，东南北三面接束鹿安平县界"；康熙《武强县新志》卷之一《乡村》有"乔疃村"等。综合《畿辅通志》和畿辅地区有明以来方志乡间记录来看，这一区域以"×家疃""×疃"命名的村庄覆盖了十府、六直隶州、十七州、一百二十三县的绝大部分。

**（二）村名"疃"使用的区域数量偏重**

以"×家疃""×疃"命名最多、使用最为集中的区域在河北东南、河北西北和中部，其他地方不过是零散命名，最少的州县可能只有一个村名。河北东南主要是指邢台、邯郸的一些地方，数大名府的大名县、元城县、南乐县、清丰县用得最多，与大名府紧挨的广平府的曲周县、鸡泽县、成安县、威县次之。与大名府、广平府接壤的东昌府、临清州（今日区划多数已属山东），也存很多以"×家疃""×疃"命名的村间，如明正德《莘县志》卷之一《坊乡》即录"安周疃""索疃村"等很多村庄。河北西北主要是蔚州一带，光绪《蔚州志》卷三《地理志》之《乡都》列"翟家疃"近二十地；蔚州西邻为山西大同府，大同府紧挨朔州，大同府、朔州及邻近代州等府州下辖的马邑、朔州、广灵、天镇、大同、代州、浑源、应州等地，多用"×家疃""×疃"名庄，数目、范围较蔚州更广，譬如光绪《怀仁县新志》卷三《城池》"安宿疃"，崇祯《山阴县志》卷之一《坊里》"麻合疃"。河北中部主要是深州、冀州二地，深州下安平县即有多地以"×家疃""×疃"命名，康熙《安平县志》卷之一《舆地志》载"赵疃村"等，冀州下武邑县、南宫县、枣强县下有"齐疃""张家侯疃""潘疃保"等。

综合而论，虽然今天的地名"×家疃""×疃"分属京、津、河北、山西、山东、河南多地，但从历史上尤其是明清以降来看，大多数归京畿一地。特别是在主要地区河北，使用范围和数量都相当大，这为以"疃"作纽带系统研究相关地域的语言互动与传承提供了更好的资源。

## 二、村名"疃"在畿辅故地的历时音变

### (一) 村名"疃"的得名之由与最初出现区域

许慎《说文解字》曰,"疃,禽兽所践处也",并引《诗经·豳风·东山》"町疃鹿场"为证,《玉篇·田部》另说"鹿迹也"。朱熹《诗集传》作注,"町畽,室旁隙地也。无人焉,故鹿以为场也",《王力古汉语字典》"〔町畽〕〔町疃〕双声联绵字。舍旁空地禽兽践踏处"。"疃"有异体字,《集韵·缓韵》讲"疃"或作"畽""暖""壔"。"疃"生出"村庄"义与"町疃"有关,"町疃"指"田舍旁空地",在南朝即有用例,如梁沈约《郊居赋》"构栖噪之所集,筑町畽之所交","田舍旁空地"可以自然转指"田舍"。这样的用法自唐以来多所存在,唐唐彦谦《夏日访友》"孤舟唤野渡,村疃入幽邃",宋王之道《点绛唇·冬日江上》"古屋衰杨,淡烟疏雨江南岸。几家村疃,酒斾还相唤"。元代出现最多,且用于诗、曲、史、文多种文体,刘因《贺正》"北疃南庄俱有酒,倒骑牛背绕村行";王晔《桃花女破法嫁周公》第一折【寄生草】"俺每都是庄农人家,一村疃儿居住的,有甚么好房子在那里";脱脱等《宋史》卷一七六之《食货志(上)》上四述"屯田","然兵民杂处村疃,为扰百端";邢允修《重修观音堂记》"本里所居三疃,聚落百余家"(《全元文》卷五四七)。不过明以后文献特别是俗文献中很少见到了,即使有冯惟敏《不伏老》第三折【逍遥乐】"踏遍了庄前疃后,见了些白云舒卷"中的偶见用例,也难脱模仿元杂剧字词的嫌疑。

与本文关联密切的是"疃"由"村庄"义的普通名词转而成为"田舍"通名。唐代墓志中已有零星的"×家疃"了①,如大中七年十二月四日《唐故天平军左厢营田兵马使银青光禄大夫检校太子宾客上柱国郑公墓志》"终于须昌县昌福坊之私第……迁祔卢泉乡簧山里戴阳疃双山南茔"(《全唐文补编》卷七五)。宋金元典籍、金石中都有"×家疃"用例,如宋曾巩之弟曾布《曾公遗录》言"贾胡疃"多次,卷七"六月壬申朔,以忌前朝崇政。同

---

① 周绍良,赵超主编. 唐代墓志汇编续集[M]. 上海:上海古籍出版社,2001:1127、1138、1156.

呈河东奏，北人于贾胡疃拆石墙，侵入天涧取水"；光绪《蔚州志》卷九《金石志上》录金、元"×家疃"数例，如金正隆二年二经幢"南赡部州大金国蔚州灵仙县孝范乡范家庄李家疃"，元蔚州杨氏先茔碑铭"葬以墓在蔚州麦子疃"；元葛逻禄迺贤《河朔访古记》卷上"真定县北十五里，大安乡曹家疃道左，墓碑题曰'元故金浙东海右道肃政廉访司事甄君之墓'"；《水浒全传》第六十三回"宋江兵打北京城 关胜议取梁山泊"，"前到庾家疃，列成阵势，摆开一万五千人马……梁山泊好汉，在庾家疃一字儿摆成阵势"。

唐宣宗大中年间距唐哀帝天祐年间五十余年，后接五代十国，再与宋、辽、金、元相续，在这较为集中的四百多年里，存在"×家疃"的地域也呈现出了连片集中的特点。唐清河郡下的馆陶县"薄村疃"、广平郡"口卉疃"，《水浒全传》里北京的"庾家疃"，以及《新唐书》的"卢疃"，位居河北东南；曾布屡言的"贾胡疃"，《金史》里的"安七疃"，地属朔州、大同；真定的"曹家疃"、沧州的"郭疃"，则在河北中部、东部；栖霞的"杨疃"处于胶东。需要特别指出的是，有元一代含有"×家疃"的文献即覆盖了上述所有地区。《全元文》所录元代存世墓志、阡表、碑记中，有16通存在"×疃""×家疃"的字眼儿。除"斟浔南皮王家疃"在今洛阳之外，其余涉及卫辉、莘县、蔚县、忻州、正定、曲阳、北京、昌乐、广饶、青州、淄博、济阳等地。对照清代以来"×家疃"的使用地域，畿辅故地以之命名最多、使用最为集中的河北东南、西北和中部与数百年前的情形恰好重合。

### （二）村名"疃"的古今读音

如果只看"疃"字的音切，可以说它在古今韵书中有着相当一致的体现。《玉篇》"疃吐管切"；《类篇》"疃暖土缓切"；《广韵》"疃徒管切"，又音"吐缓切"；《集韵》"疃吐缓切"；《龙龛手镜》"畷或作疃正土管反"；《字汇》"疃土缓切，湍上声"。即使在元明清含有北方时音的韵书里，"疃"的音切仍旧有着很大的一致性，元周德清《中原音韵》之"桓欢"上声有和平声阳"团抟"相配的"疃卵短"等字，并列异体"畷"；明兰茂《韵略易通》天纽五端桓韵上声下"疃村居也"；明吕坤《交泰韵》三文的文阴列"唾吐稳"，四寒的寒阴列"湍疃彖脱"并"疃妥俺"、寒阳列"团疃彖○"并"疃妥盎"；明徐孝《合并字学集篇》《合并字学集韵》皆作"疃拖欸切"，《合并字学集篇》"疃……村疃""畽……村畽";明乔中和《元韵谱》"四琰韵柔律"之退母"疃鹿迹也,疃、墥、暖同";清樊腾凤《五方元音》卷上一天土母上声"疃村丨";清刘潍坊《同音字辨》"疃"读旱韵上声"吐缓切";清华长忠《韵籁》秃衍章第十六旱韵上声读"疃"。当时的一些韵图中,"疃"多被作为反映声韵拼合的韵字,徐孝《重订司马温公等韵图经》之"山摄第二十一合口篇"为"湍疃彖团",《元韵谱》首卷《四般佸》退母列"湍团疃彖",《五方元音》列在一起的是"湍团疃彖脱",清赵绍箕《拙庵韵悟》之《通韵会声图》是差不多的"湍团疃彖"。不过需要指出的是,"疃"字的具体读音实际上为"寒""桓"是分还是合所左右,《中原音韵》《韵略易通》中"寒""桓"分立,而《重订司马温公等韵图经》《五方元音》中则"寒""桓"混同。

今天畿辅故地"×家疃""×疃"里"疃"的读音有着很不一样的体现。以韵母为观察对象,则多地读开口呼 [t'an]。河北省中部涿州、文安、清苑故城等地一些村名中的"疃"读开口呼韵母,如"涿州西疃"的"疃"读上声 [ᶜtʰan]①。在河北中东部一带,"疃"字还有读阴平 [t'an] 的情况,如安平的"严疃"。读阴平 [t'an] 最为集中的区域,为清大名府、广平府、东昌府、临清州及周边区域。大名的"油粉疃"、曲周的"马疃"、莘县的"索疃村"、冠县的"孙家疃"、广宗的"南塘疃"等,都读阴平 [t'an]。读阴平 [t'an] 的地方由南向北延伸一直到北京,康熙《大兴县志》卷之二《坊市》"礼贤社　县正南"有"西白家滩","大狼社　县西南"有"东白家滩","磁各庄社　县东"有"于家疃",前两地至光绪《顺天府志》之《大兴县图》则为"西白家疃""东白家疃",可见"疃"读阴平 [t'an]。最值得一提的村名无疑是海淀西北的"白家疃",其于雍正十年六月海望所撰《敕建白家疃和硕怡贤亲王祠碑记》,以及雍正、乾隆、光绪几朝的《清实录》里都作"白家疃";而乾隆三十三年的御制诗《游大觉寺杂诗》里说"遂过白家滩,村民多力农",并特意说"右白家滩";后来的《钦定日下旧闻考》也提到"白家滩,在黑龙潭西四里许"。实际此地早在明沈榜《宛署杂记》述"县之西北"时已作"白家滩","出西直门一里曰高郎桥……又十里曰北海店,其

---

① 李旭. 河北省中部南部方言语音研究 [D]. 济南:山东大学,2008:111.

旁曰小南村……曰香山寺、曰甕山寺、曰白家滩"；又，明张爵《京师五城坊巷衚衕集》述"安定德胜关外"，其"西乡"之"韩家川""北旺""树村""吴家驼"附近也为"白家滩"。照此看来，沈榜《宛署杂记》里提及的"彭家滩""鲁家滩""安家滩""丁家滩""看滩"（同书又作"堪滩""看丹"），都有本为阴平 [t'an] 的"疃"的嫌疑。

畿辅故地"×家疃""×疃"里"疃"的另一种读音是合口的 [t'uan]，根据调类的不同，又可以分为三小类。第一小类是读阳平的 [t'uan]，主要集中在河北中西部一带，为清定州、正定府、晋州、赵州地。其他地方偶见零星用例，康熙《河间县志》卷之二《沿革志》之《乡镇》录"团城"，乾隆《河间县志》卷之一《地舆志》之《里甲》别作"中疃屯"；乾隆《迁安县志》卷之八《仓库》之"西北三屯营义仓"列"南团汀"，至光绪《畿辅通志》之《迁安县图》则为"南、北疃汀"。《畿辅通志》之《赵州图》有"南解疃""北解疃"，在光绪《赵州志》卷一《里社》中作"南解家疃""北解家疃"，今日"疃"读阳平 [t'uan]，和"团"同音。"疃"读得和阳平"团"一样，不是近期的事情，清初以来的志乘对此多有记载，康熙《灵寿县志》、乾隆《赞皇县志》、乾隆《元氏县志》、咸丰《平山县志》、光绪《元氏县志》、光绪《新乐县志》相关"方音"中，都言"疃读作团"。第二小类是读上声的 [t'uan]，主要在河北西北的蔚县一带，为清蔚州故地，另在河北中东部多个地方离散存在，譬如安平的"李疃"，清苑的"王家疃"①。上声的 [t'uan] 还有一类变体，声母由舌头音 t'读成齿头音 ts'成为[ts'uan]，比如曲阳的"陈家疃"，定兴的"三家疃"②，保定市区的"王家疃"③，"徐水冯家疃、望都任家疃、定州布自疃"④。"疃"由舌头音读成齿头音不是个例，李旭列举了蟹摄合口一等平声灰韵端母的"堆"字，它在保定、邯郸等河北中部南部的绝大多数地方方言的老派发音中，更广泛地读成了阴平的

---

① 陈淑静. 河北方言字词特殊读音试解 [C]//李如龙. 汉语方言研究文集. 广州：暨南大学出版社，2002：102.
② 陈淑静，许建中. 定兴方言 [M]. 北京：方志出版社，1997：92.
③ 陈淑静. 河北方言字词特殊读音试解 [C]//李如龙. 汉语方言研究文集. 广州：暨南大学出版社，2002：102.
④ 李旭. 河北省中部南部方言语音研究 [D]. 济南：山东大学，2008：107.

[ˌtsuei]①。这样的变化也出现在其他地名中,康熙十三年韩淑文纂《顺义县志》"治北方"列"索陶村 村前二河合流",至康熙五十九年黄成章纂《顺义县志》卷一《乡村》里为"正北路"的"梭草村 距治二十五里",几十年间"陶"读成了"草"音。也有将上声[tʼuan]读为[tʼuən]的,比如武邑"刘疃",这是"疃"处于词语末尾央化的结果。第三小类是读去声的[tʼuan],这个读法并不普遍,比如南宫的"侯疃"。

### (三) 村名"疃"的历时音变

畿辅故地"×家疃""×疃"里"疃"的今音显然与元明以来韵书的记录不太一样,拿它与反映北方话的元代《蒙古字韵》《古今韵会举要》《中原音韵》比较,可以判定发生了音变。能从多个方面反映这一音变的历史记录,是明末桐城人方以智的《通雅》。其卷十七《地舆·释地》列"町疃"一条,他在否定了"町疃"为"禽兽所践处"后,引《左传》《庄子》等书证明"町疃,田间道也"。方以智最后谈到了"疃"的读音,"疃,土短切。今山东方言,以路平行,便为'町疃',读如'汀汤',江北则呼为'汀汤'。白子皮为余言之"。"汤"《广韵》宕摄开口一等平声唐韵透母吐郎切,《中原音韵》属江阳平声阴,因此开口、阴平的"汤"反映了明末山东方言中"疃"字的新读音。而畿辅故地的"疃"与山东相前后,也发生了类似的音变。

第一,从合口呼到开口呼。端组桓韵由合口读开口的情况,在汉语方言中不少见,张光宇结合其他特征为之总结出了信阳型、武汉型两类。② 畿辅故地文献记录了明清以来这种介音的变化,民国《卢龙县志》卷十《风土志》之《方言》,"清明曰寒食节是日多扫墓 端午曰当午儿是日多食角黍";民国《夏津县志续编》卷五《典礼志》之《方言》,"冬暖曰攮忽";清光绪富察敦崇《燕京岁时记·端阳》"京师谓'端阳'为'五月节','初五日'为'五月单五',盖'端'字之转音也";光绪《滦州志》卷八《封域中》之《方言》"读'滦'若'兰'案:《辽史》天赞二年始有滦州之名,前此皆作濡,'嚅'、'滦'字异音同,读近'难',宜合口呼,'兰'字则开口呼矣,乃土

---

① 李旭. 河北省中部南部方言语音研究 [D]. 济南:山东大学,2008:107.
② 张光宇. 汉语方言合口介音消失的阶段性 [J]. 中国语文,2006 (4):352-353.

俗。读'滦'若'兰',直与甘肃之'兰州'相混";同治《迁安县志》卷首《舆图》之《口外南境之中图》标"蓝子岭",而卷七《舆地志二》之《村庄》"董家口外",则作"栾子岭 距城百四十二里"。畿辅之外的胶州也有类似的例子,道光《胶州志》志四《风俗》之《方言》提及,"驿平曰疃 音毯"。更早从音韵角度对此阐释的是清初吴江人潘耒,他在《类音》卷之一《全分音论》中说,"北人读湍如滩,读潘如攀,读肱如公,读倾如穹……南音则判然为二";而明陆容《菽园杂记》卷四"北直隶山东人以屋为乌,以陆为路,以阁为杲,无入声韵;入声内以缉为妻,以叶为夜,以甲为贾,无合口字",则隐约透露了北音合口混为开口的情形。从这一时间线可以看出,畿辅故地"疃"字由合口变成开口的时代,大概是在明后期,前文述及明沈榜、张爵所记北京附近的"白家滩""鲁家滩""安家滩"正好可以印证。元时缓韵的"疃"还属桓欢韵,若变成寒山韵的"滩",一个重要的前置条件是桓欢与寒山的合流。据唐作藩的研究,嘉靖时直隶高阳人王荔及其玄孙王允嘉所著《正音捃言》中,寒山和桓欢的对立已经消失,① 徐孝《重订司马温公等韵图经》也显示了同样的变化。② 与此相前后,反映明代后期和清代前期官话音的明万历间河北内丘人乔中和著《元韵谱》,明万历间河南宁陵人吕坤著《交泰韵》,明崇祯间山东掖县人毕拱辰著《韵略汇通》,清初直隶唐山(隆尧)人樊腾凤著《五方元音》,都显示了桓欢与寒山的混同。"疃"字由[t'uan]向[t'an]的变化到今天还在进行着,在调查安平的"严疃""南侯疃""大疃"时,当地人认为发[t'uan]更习惯,可是听起来"读[t'an]的更明显"。

张光宇认为,汉语方言合口介音的消失次序与声母和韵母有关,就声母而言"循唇、舌、齿、牙、喉的顺序次第展开",就韵母来说"桓欢"韵为"合口介音消失的共同起点",本文探讨的"疃"字音变恰好与之相合。问题在于,为什么"疃"字在音韵地位相近的同类字中表现得如此积极呢?这与"疃"字独特的音韵特点相关。《中原音韵·正语作词起例》第十一条说,

---

① 唐作藩.《正音捃言》的韵母系统[C]//唐作藩.汉语史学习与研究.北京:商务印书馆,2001:173-182.
② 郭力.古汉语研究论稿[M].北京:北京语言大学出版社,2003:67.

“音韵内每空是一音。以易识字为头。止依头一字呼吸，更不别立切脚”，该书桓欢韵上声字“疃”空内只列了一个字“疃”，可见这个小韵易识字太少了。实际上与“疃”同音的通用字少得可怜，《广韵》缓韵下“疃”小韵列的四个字中，“畽”“躖”在《集韵》中都被作为“疃”的异体字，同音的只剩一个“痪”字。徐孝《合并字学集韵》里“疃”下列了十一个字，除“疃”和它的四个异体字外，其余均极生僻罕用。《元韵谱》只列“疃、躖、㵘”三字；《五方元音》只列“疃、痪”；《韵略易通》则只有一个字“疃”了；《西儒耳目资·列音韵谱》第四十九摄上声有德盌［tuòn］“短斷断”三字，本应与之一类的忒盌［t‘uôn］连音都没有了。过于个性的字音不会得到系统稳定性的支撑，因此“疃”最早发生了开口化。和“疃”差不多的还有“卵”字，它在《中原音韵》里也是独占一空，《韵略易通》《五方元音》同小韵下均只列“卵—鸟子”一字。

第二，调类由上声而变为阴平、阳平。清大名府、广平府、东昌府、临清州及周边区域，今地“疃”往往读作阴平的［t′an］，清定州下曲阳“陈家疃”的“疃”读阴平［ts′uan］。“疃”其实不是这种音调变化的孤证，民国《大名县志》卷二二《乡音》特别列出，“有读平声作上声者，如微读作委，惩读作逞，刊读作侃之类”，当然也有“有读上声作平声者，如伟读作为，鄙读作卑，睹读作都之类”；往前追溯，乾隆《大名县志》卷二十《方音》即有记录，“皋读作稿，赓读作梗，淹读作揜，惩读作逞，危微俱读作委，伟读作为”。罗常培《唐五代西北方音》指出，《开蒙要训》注音本里以清平注清上六例，以清上注清平八例，刘燕文对敦煌写本《字宝》《开蒙要训》《千字文》的直音、反切、异文的研究也证明了这一点①，大名府等地的情况是与之一样的现象。文献表明平声与上声相混自大名往北一直在延伸，道光《内邱县志》卷之三《方言补》“如呼作虏”“搽扯”；民国《井陉县志料》第十编《风土》之《读音》“怎增”为同音字，《语词》“卵活 本邑平常读‘卵’为力管切，而‘卵活’二字连读，则读‘卵’为郎果切，且二字俱读平声”；

① 刘燕文．敦煌写本《字宝》、《开蒙要训》、《千字文》的直音、反切和异文［C］//《语苑撷英》编辑组编．语苑撷英：庆祝唐作藩教授七十寿辰学术论文集．北京：北京语言文化大学出版社，1998：46－70.

康熙《灵寿县志》卷之一《地里》之《方音》，"其读作起"；而沈榜、张爵所记北京附近的"白家滩""鲁家滩""安家滩"里的"滩"源于"疃"则是更早的例子。

河北中西部的清定州、正定府、晋州、赵州等地，之所以将"疃"读作阳平的 [t'uan]，应为上声与平声相混之后的接续演变。上声在和不分阴阳的平声混同后，随着后来发生的平分阴阳，"疃"字变读为阳平的 [t'uan]。"疃"为次清透母字，混为平声后再分阴阳，照理该读阴平而不会和"团"同音，但实际上元明以来的平分阴阳并非没有清声母读浊平的例子，南宋孙奕"俗读"以及《中原雅音》中都不乏这样的情况，譬如源于《同声千字文》的《中原雅音》音释"埃仪该切"即为以疑切影。较早的典籍说到平声不分阴阳多指晋语，像明袁子让《字学元元》卷八述"秦晋读清平如浊平"，乾隆三十八年锓印、定阳张国播较正、反映山西并州片方言的《新刊较正方言应用杂字》。而清代以来方志对河北中部偏西的井陉等地平声不分阴阳也有记载，康熙《灵寿县志》卷之一《地里》之《方音》，"泉全读近南音川""湖读作呼"；《井陉县志料》第十编《风土》之《读音》，列举了"禽卿、欣行、云庸、廛参、昌藏、秋求、先闲、祥香、星行"等多组同音字，每一组分别为阴平和阳平。另据《河北方言概况》1957 年的普查，河北北部张家口的张北、宣化、沽源、阳原等县，东北部的滦县、丰南，南部的磁县，中部偏西的井陉、行唐、平山、建屏、获鹿、赞皇、元氏、灵寿，平声都不分阴阳。今天将"疃"读作阳平的 [t'uan] 的赵县等地，与平声不分阴阳的赞皇、元氏等地域相接，说前者"疃"读阳平，不过是在后者语音基础上向前发展了一步。这种演变一直没有停止，根据郑莉的描述，行唐、灵寿等地原本为一的平声现在也都开始分为阴阳了[①]。

第三，调值对于调类由上声而变为平声和去声的影响。像南宫"侯疃"那样，有些地方"×家疃""×疃"中"疃"读成了去声的 [t'uan]。有清一代，南宫、新河、枣强等同属冀州，与赵州、顺德府、广平府接，按理调类不会脱于平声、上声，因此今日的去声读法出现不会太早。《河北方言概况》显示，河北中部、东部、南部、东南部广大的区域内，阳平与去声调值

---

① 郑莉. 现代河北方言声调的演变 [J]. 语文研究，2014（1）：56-60.

有异、调型相同，区别无外高降、中降和低降。以南宫而论，其阳平调值51、去声调值21，调型是具有相似性的，这为调类的合并提供了形式基础。而"侯"与"疃"所形成的二字语境中，"疃"处于最后一个音节说得短轻，"侯""疃"均为阳平而通过变调实现语音和谐，一起作用的结果是"疃"读成了21的去声。这样的音变在河北方言中不是特例，其东北部的河间方言也有4个调类，阴平44、阳平53、上声213、去声31，其阳平、去声的调型、调值和南宫方言很接近。对比康熙《河间县志》卷之二《沿革志》之《乡镇》和乾隆《河间县志》卷之一《地舆志》之《里甲》所录村庄，前后分别作"洪原""前鸿雁""后鸿雁"，"南北小寒铺""前小汗""后小汗"，"东西大寒""东大汗""西大汗"，"超时""超市"，"中罗村""中乐村"，河间方言存在着为数更多的阳平变去声的用例。

比较今天使用"×家疃""×疃"的地方，原本上声的"疃"是否变调似乎和整个声调系统的调值分布大有关联。阴平、阳平、上声、去声四个调类中，上声、去声存在调值为212或类似曲折调的，上声的"疃"都倾向于变读为阴平或阳平。譬如曲周去声读212，那么"疃"读阴平55；大名去声读213，"疃"读阴平34；元氏上声读212，"疃"读平声42；行唐上声读224，"疃"读平声55；安平上声读214，一部分"疃"读阴平33；北京上声读214，"疃"读阴平55。为何这些地方的"疃"字在有曲折调存在的情况下易变为平声？忌浮构拟了《中原音韵》的调值①，平声阴*33、平声阳*45、上声*315、去声*51，当时桓欢韵下的"疃"字也为曲折调，音韵地位特殊的"疃"字发生音变时，似乎在有意避开曲折调。今天河北方言中的曲折调主要集中在上声、去声两个音类，巧合的是平山久雄所拟山东西南古调值里（此地为清畿辅东南故地），在语音发展的第三阶段出现明显曲折调的又是去声（调值412），本为曲折调的"疃"字可以选择的只有平声了②。而当平分阴阳且出现曲折调时，"疃"字往往读非曲折调，譬如衡水故城"前孟疃""后孟疃""吕疃"，读阳平的53调而不读阴平的324调，保定曲阳"陈家

---

① 忌浮.《中原音韵》的调值[J]. 语言研究, 1986 (1): 99 - 108.
② [日] 平山久雄. 江淮方言祖调值构拟和北方方言祖调值初案[J]. 语言研究, 1984 (1): 185 - 199.

疃"读阴平的33调而不读阳平的212调。例外似乎是黄骅的"瓦古疃"，本地阴平324，阳平和上声都读55，但同治《盐山县志》卷之二《建置志》之《里铺》，"韩扣铺　县北七十里……瓦古滩"，光绪《畿辅通志》之《盐山县图》作"瓦古疃"，民国《盐山新志》同，同治时"滩"似乎表明"疃"读阴平；其实"滩"不能代表"疃"当时的读音，今天无论在当地老派读音还是书写里把它写作"坛"的不在少数，同治方志之所以把"疃"写作"滩"，应是受到了"南盐滩""北盐滩"（见《畿辅通志》）一类词的类推影响。

## 三、村名"疃"在畿辅故地的用字

畿辅故地"×家疃""×疃"在一千多年的使用过程中，所书写的字形以"疃"为主，但也有"滩""町""团"等不同的写法。其中既涉及音义的变转，也与地方行政组织设置、俗词源探讨有关。

### （一）"疃"与"滩"

将江边河畔淤积平地的"滩"与"疃"结合到一起的讨论不少，《河北省地名志·邯郸分册》提及该地"河南疃""李家疃"时都说，因在漳河淤滩上建村而初名"河南滩""李家滩"，后来演化为"河南疃""李家疃"。乾隆《曲周县志》卷之七《河渠》更早提到了这种关联，"旧漳河堤，在城东二十里，南起照临、安儿寨、南里、岳漳河头、第六疃、第四疃、第二疃，至韩村……康熙十年后，渐徙而南……今距县百有余里。冲啮不及，惟沿滏护城堤应修筑，以防溢，余皆兴粮沃壤，略辨河形，堤之有无，无关轻重矣"。文献中有几例不同时代的"滩""疃"异文，乾隆《曲周县志》卷之二《疆域》讲"集市"，在"北乡"里和"马疃""河南疃"列在一起的是"淤滩"，《县境图》中也标"淤滩村"，至光绪《畿辅通志》之《曲周县图》则为"淤疃"；乾隆《大名县志》卷二《图说二》列"康疃"，另重出"小康滩""大康滩"，另一个"六狮滩"，在民国《大名县志》卷四《自治》中则作"六狮疃"。不过早在明嘉靖《广平府志》卷六《版籍志》述及曲周时，其"土著社"中即列有"河南疃"，它和其他以"疃"命名的村庄均找不到"滩"的异文。联系本区域唐末即出现"×家疃"的情况，只能说"滩"的读音在明代同"疃"一致,"淤滩"写作"淤疃"等不过是"疃"字同化的结果。查看畿辅故地更多的"×家疃",很难说其他村庄也都坐落于江河淤滩上。

(二)"疃"与"町"

薛超认为,邯郸魏县中"疃"写作"町",是"日本侵华后实行殖民统治,输入日本文化,将'町'应用于中国地名,日本投降撤退后,个别村名的'町'字没有去除,一直沿袭使用"。《中华大字典》释"町","日本计里……〔又〕谓街曰丨",但是畿辅故地的"町"却与日本用字关系不大。民国以前文献中"村庄"义的"疃"写作"町"的情形相当复杂,从时代的先后来看,第一种情形是先作"町"后为"疃"。譬如乾隆《平乡县志》卷二《地理上》之《乡村》列"上町""来仲町"等,至同治《平乡县志》卷二《地理上》则是"上疃""来仲疃";康熙《西宁县志》卷之二《城堡志》有"揣骨町",至同治《西宁县志》卷之二《疆域》之《村堡》则作"揣骨疃";乾隆《鸡泽县志》卷之二《疆域》之《村庄》录"许家町",至光绪《畿辅通志》之《鸡泽县图》则变作"许下疃"。

第二种情形是"疃"和"町"同时出现,譬如康熙《成安县志》卷之三《方域》列"东范疃""李家疃",所附《县境之图》则为"范町""李家町";乾隆《蔚县志》卷之八《城池》之《村堡》同时列"姚町堡""翟家疃";乾隆《深州志》卷二《建置》,深州村庄列"黄家町""西堡疃",安平村庄列"侯疃""徐家町";光绪《赵州志》之《赵州村庄图》标"南解町""曹谷町",同书卷一《里社》为"南解家疃""曹谷疃";光绪《南乐县志》卷一《地里》之《里社》有"善缘疃",在光绪《畿辅通志》之《南乐县图》中作"善缘町"。光绪《畿辅通志》中很多地方既有"疃"也有"町",譬如《通州图》同时列"平家疃""小町""武町""望君町",《大名县图》同时标"范胖疃""崇疃"和"小康町""大康町"。畿辅故地以外也有这种"疃""町"同时出现的情况,乾隆《续寿光县志》卷之八《乡社考》,西青龙乡录"马疃庄""翟疃",南皮乡则是"贤町庄""周家町"。

第三种情形是先作"疃"后为"町",譬如康熙《曲阳县新志》卷之二《方域》之《乡社》载"曹家疃",至光绪《重修曲阳县志》卷一下《舆地图说》中还是"曹家疃",但所附《县境全图》中却是"曹家町";乾隆《大名县志》卷二《图说二》列出"康疃""谢疃",在光绪《畿辅通志》之《大名县图》作"康町",民国《大名县志》卷四《自治》为"谢町村""康町村";康熙《元城县志》卷之一《疆域》"柳家王胜疃村",在光绪《畿辅通志》之《元城县图》中作"柳王胜町";雍正《深泽县志》卷之三《建置》之《闾里》有"河疃村",到咸丰《深泽县志》卷之三《闾里》为"河町";顺治《蔚州志》上卷子集《方舆志》之《州堡》录"君子疃",至乾隆《蔚县志》卷之八《城池》之《村堡》则为"君子町"。

上述方志资料表明,本区晚唐、宋、金、元以来一直沿用的"×家疃",在明末清初写作"×家町"已为数不少,而能够见到的有些文献中,"×家町"甚至是较早出现的形式,可见"疃"与日本侵华并无关系。"町"字多音,《广韵》《集韵》中均有显示,至明徐孝《重刊合并字学集篇》卷之二《田部第十六》"町厅顶定正忝五音町疃",列的还有五音,不过"厅"音为正,这与《字汇》《正字通》的"徒鼎切,庭上声""他顶切,庭上声"并不一致。"町""疃"混用,推测有两个方面的原因。一是"町"不常用的读音中有"忝"音,也即《玉篇》"田部第十三"和《广韵》铣韵等所列的他典切,与寒桓混同后的"疃"字的读音有些相近之处。二是《诗经·豳风·东山》"町疃鹿场"为二者混同提供了条件,无论是说解"町",还是注释"疃",很长时间以来人们都是结合"町疃"进行,如《玉篇》"町疃,鹿迹""疃,路迹也",《宋本广韵》"町疃,鹿迹""疃……毛苌云'町疃,鹿迹也'"。《王力古汉语字典》按上古音认定"町疃"是双声联绵字,可据《宋本广韵》铣韵他典切下的"町町疃,鹿迹"的音义,说"町疃"双声兼叠韵联绵恐怕也并不错。《诗经》中的"町疃"和注释影响过大,以至《说文解字》"町 田践处曰町"也受到了干扰,段玉裁《说文解字注》指出"'践'字疑浅人所增",因为《广韵》青韵、迥韵释"町"只说"田处","浅人以二字古奥,乃因下文'町疃为禽兽践处,妄增之"。"町""疃"音、形与义紧密的联系,在方志编纂者是"原登黄籍如此"(宋琬《永平府志》)、"村庄概照县册附载"(同治《盐山县志》),书记"黄籍""县册"的文化水平不高的胥吏未必深究"町""疃"的细致差别,因此按照个人的流俗理解、将错就错地用结构、笔画好写易记便认的"町"来代替"疃",也就自然而然了。

　　文献中"町"早于"疃"进入村落名称中的情况，有时会为"町""疃"的音义探源带来困难。光绪三十一年刘崇本撰《雄县乡土志》之《地理第十》，多次提到"×家町""×町"，"由袁家园渡河而南有小村五……一在东南……曰王家房……在西北者曰赵町……稍东曰刘町……稍南曰姚町……再南曰梅町……是为大阴五町"，"黄湾北四里曰西楼村，共七町，曰艾、常町，曰杨、赵町，曰红寺西楼……曰韩家町，曰邓家町"，是书所附《雄县全图》"坛台村"之东也标了"大阴五町""赵町""刘町""姚町""梅町"数地。可是更早的康熙《雄县志》之《疆域第二》的《村店》里无"町"，明嘉靖《雄乘》之《疆域第一》的《村类》列"村""庄""台""湾""头""口""务""营"多种，但也未录以"町"命名的村庄，查光绪《畿辅通志》之《雄县图》同样如此，实际上今天也没有"×家町"的村庄。民国《雄县新志》之《雄县全图》也无"×家町"，好在其《法制略》之《建制篇》有一个《新旧区村对照表》，其中提到"赵家村"旧作"大阴赵疃"，"四合庄"旧作"大阴梅疃、姚疃、刘疃、王家房"等，显示雄县的"町"与"疃"还是一回事儿。

　　"町"作为地名出现，最知名的当然是出现在《现代汉语词典》里的云南"畹町"（wǎn dīng），北方山西阳城县有个"町店"，读的也是 dīng 音①。在畿辅故地内，还存在与"疃"和这里读 dīng 的"町"都无关的地名用字"町"。旧承德府雍正《八沟厅备志·里墟》，厅治西南境有"转河町"，后《钦定热河志》《承德府志》俱述"转河汀在荒地东南四十里"，吴宝泉译注"转河町：位于平泉县党坝镇山子后大庙村，康熙年间建有关帝庙一座，庙碑碑文记载为'庄河汀'"②，可见"町"与"汀"记录的是一个词。今天平泉的"转河町""庄河汀"说的是"庄和庆"，这表明"町""汀"读成了"庆"。"汀"读成"庆"的音变起于何时，与平泉州隔着长城的迁安县可以作参考。乾隆《迁安县志》卷之八《仓库》录"松亭庄""柳河汀""大黑汀""小黑汀""南团汀"，其中的"柳河汀"在同治《迁安县志》别作"柳

---

① 朱爱平. 山西易读错的地名及原因浅析 [J]. 太原大学教育学院学报，2011 (S1)：34.
② 吴宝泉. 八沟厅备志译注 [M]. 平泉：河北省平泉县档案局，2002：27.

河庆",民国《迁安县志》再改"柳河磬",表明至少该区域在同治间即有端组、见组细音相混的情况。另,民国《元氏县志》之《方言》,"体己俗以私藏财物曰己,'体'读若'其'"。侯精一、温端正指出,山西方言北区大同片的应县、忻州片的朔城、平鲁、五台、神池、宁武以及山阴片的山阴和南区临汾片的霍州八个点儿,"田钱""条桥"分别同音,声母是相同的 tɕ'①。畿辅故地端组、见组细音相混,恐怕不能简单地认为它们合并为一套 tɕ、tɕ'组声母。结合保定曲阳"陈家疃""曹家疃"和定兴"三家疃","疃"声母由舌头音 t'读成齿头音 ts'的情况,推测"町""汀"也经历过类似的音变,前文提及的康熙间《顺义县志》中"索陶村"读为"梭草村"同此。类似变化中最为典型的其实是"邨",段玉裁《说文解字注》"邨 地名。从邑屯声。此尊切,十二部。按:本音豚,屯聚之意也。俗读此尊切,又变字为'村'"。

(三)"疃"与"团"

康乾以来,灵寿、赞皇、元氏、平山的县志里说"疃 读作团",说的只是二者读音相同。"疃"异文为"团"的只见河间与迁安两例,康熙《河间县志》卷之二《沿革志》之《乡镇》录"团城",乾隆《河间县志》卷之一《地舆志》之《里甲》别作"中疃屯";乾隆《迁安县志》卷之八《仓库》之"西北三屯营义仓"列"南团汀",至光绪《畿辅通志》之《迁安县图》则为"南、北疃汀"。"疃"与"团"语音联系之外的着眼点,其实是历史上曾经出现的地方行政组织这一特殊意义。乾隆《曲周县志》所录"第三疃""第五疃",同治《武邑县志》卷一《方舆》之《里社》录"孟村三疃""顺子村五疃",同治《平乡县志》所录"第二疃",光绪《畿辅通志》之《鸡泽县图》"第三疃""第四疃",其中的"疃"都与表顺序或数量义的数字共现,这表明"疃"很可能与地方行政组织有关。

能够见到的较早述及这种关系的是乾隆《束鹿县志》,其卷之二《地里》言,"庄疃犹古也,古者四闾为族,四族为党,四党为州,邑之疃在州党之间。疃有保正、庄有甲长以统于疃,视古州长、党正及于闾胥焉,为之简赋出车,以示其信……旧志载次,与今不伦。兹列十八疃八营,以备考核,期

---

① 侯精一,温端正. 山西方言调查研究报告[M]. 太原:山西高校联合出版社,1993:24.

会政令之道略备矣",后列"石干疃""陈家庄疃"等数疃,"庄""口""集"等村落通名外附"疃"字,也说明这里的"疃"不是普通的村庄名,它属乡村区划中乡社一级的行政组织。明正德《莘县志》卷之一说"天顺四年知县苟珣增编十八里""各里下附村庄",可是在十八里之外另附载了"中牟疃、临河疃"等"九疃",这"九疃"与十八里下作为自然村落的"村庄"应该不同,比如"旧二乡"下有"安周疃、索疃村",如果"九疃"也是自然村落,那它应该像"安周疃"一样附在十八里下,而没有单列的必要了,它应属一种乡里之下的行政组织。

那么表示乡村行政组织的"疃"是怎么来的呢?民国《林县志》卷十四《金石上》录北宋天圣五年《慈云寺石香幢记》,里面提到一地名"大宋国相州彰德军林虑县仙岩乡赵村管东曲山村疃",又,景祐三年《李显造石香炉记》提到另一地名"大宋相州彰德军林虑县仙岩乡申村管柳泉疃","东曲山村疃""柳泉疃"在嘉靖《彰德府志》之《杂志第九》所录之"村名"中都存在,分别是"赵村管"下"曲山"、"申村管"下"柳泉",《彰德府志》特别强调这些村名是"宋志所载也",那么令人疑惑的则是同属宋代的"东曲山村疃",其在"东曲山"这一专名外别加"村疃"两个通名有何用意?推测"疃"是"管"下一级的乡村组织,否则不会叠用两个自然村落名称。宋人胡太初修、赵与沐纂《临汀志》所录"乡管团里"多有类似情形,如宁化县的"新村团"、清流县的"罗村团"。对比临汀连用的"村团",可以相信林虑县的"村疃"来自"村团",只不过是用了一个当地音同且更适于自然村落命名的"疃"罢了。北宋后期林虑县方言不得而知,不过今天一般将其划入晋语邯新片,前文述及历史上的晋语曾有平声不分阴阳、清上清平相混的现象,这样看来林虑县以"疃"为"团"的判定也不全是推测。张启焕等描述林县声调,阴平42、阳平53、上声31、去声13、入声3,其他人也有分别描述为31、41、53、45、21的,其中一个共同点是阴平、阳平、上声的调型都为降调,且不同人对调值的感觉还不相同,共同的降调和互有出入的调值似乎也暗示北宋后期林虑县方言中"疃""团"读音的相似[①]。

学界对于"团"的来源看法不一,有源于后周"团并乡村"、南宋"保伍

---

① 张启焕,陈天福,程仪. 河南方言研究[M]. 开封:河南大学出版社,1993:52.

法"、北宋"保甲法"配套措施"团教法"三种意见,一般认为它来自"团教法",为保甲军事训练而设,后渐具"缉捕盗贼""维护乡间"的治安功能,至南宋初期则演变为单纯的地域名称,譬如《宋会要辑稿》载绍兴八年十一月二十八日,知靖州覃敌言"本州永平县并无居民,止有东林一团,户口不多"。与之可以类比的是宋代的民间武装组织"砦""寨",它是两宋边境地区由宗族或乡豪为中心以保卫乡里而自发组织的民间武装,这些"砦""寨"所在地域往往会另外以之命名,清顾祖禹《读史方舆纪要》卷十三《北直四》之"肃宁县","肃宁废县,在今治东南……城旁又有肃宁砦,地名南阳疃,亦曰曲阳疃,亦宋所筑。金废",表明"南阳疃"有"肃宁砦"的别称;卷十五《北直六》之"邯郸县","双冈,在今县西北……一名卢家疃,又名卢家砦","卢家砦"也是因民间武装而得名。上述"柳泉疃"又出现在金兴定三年的《创建黑水山神庙记》里,"便宜招抚,使分置山寨,使各据险要,保护黎元。其间,柳泉村等人民,屯居北黑水,比其贼至寨……元帅便宜招抚使委差提控柳泉等寨副……元帅便宜招抚使委差提控柳泉等寨使",里面提到的"柳泉等寨"表明"柳泉"又冠以"寨"名了。这种附于村落名上的行政组织名、民间武装名,一开始出现时就不很稳定。一方面是与村落原本名称存在竞争,另一方面则受制于政权更替、制度变化等因素,"团""砦"一类通名在后世的生成能力都不是很强。自然村落中遗留下来的"×家疃"绝大多数应该来自"村庄"义通名,因为《林县志》另录熙宁二年《石凝摩崖造像记》提到"隆虑县仙岩乡申村管柳泉村",熙宁辛亥岁《双龙寺佛座石刻》"大宋东京山东河北道相州彰德军林虑县柳泉村",距上引景祐三年不过三十几年,"柳泉疃"就又改回一般的"柳泉村"了。"柳泉疃"已然如此,其他来自"×家团"的"×家疃"固然也不会轻易流传到今天。

而作为维护乡间的民间治安组织,"团"在后来也有出现。民国《林县志》著录《创建黑水山神庙记》,提及碑中所列"元帅招抚使、委差提控寨使"等职时,曰"盖乡民结寨自守,由元帅府加以差委,犹今之民团,其团总保董,由县加委也",将元代的"寨"与民国的"民团"联系到了一起。但是源于"团"并成为乡村行政组织的"疃"在后来很少使用,即便偶有出现也脱不开和民间维护乡间的治安组织的干系。因此嘉庆《束鹿县志》、民国《宁晋县志》虽用"团"或"疃"来指称里社一级的乡村行政组织,但其因循仿古的意味就很重了。民国《宁晋县志》卷之一《封域》附论曰，"古者，兵农合一，比闾族党即为五两卒旅，今村庄里社犹遗制也。宁初分二十社，社有书以纪之；列廿四团，团有长以率之。较道里之远近，覈人数之多寡，便于催赋税、联守望，指臂相屈，唇齿相依，劳逸有节，公私以利"，所谓"兵农合一""联守望""指臂相屈，唇齿相依"，强调的无不是乡里自保的功能。尽管宁晋分别列出了"廿四团""二十三疃"，但仍有理由相信二者的性质并无区别，"宁初分二十社，社有书以纪之，列廿四团，团有长以率之……迨积久弊生，而社之版籍乱，团之编牌混。及清中叶以来，县政日益繁剧……于是划村庄为二十三疃"，之所以写"疃"不写"团"，只是为了刻意避开"团之编牌混"的问题，它们在当地音同（其西北不远的元氏、赞皇，乾隆、光绪以来"疃读作团"，而与之相邻的赵县老辈人口中二者依旧无别），且自然村落中本就有"曹伍疃"这样的名字，用"疃"代替"团"是最方便的了。

## 四、畿辅故地"疃"字的标记作用

作为地域村落名用字，不论是过去还是现在，使用"疃"的区域相对比较固定。上文对于古今语料使用情况的爬梳整理表明，"疃"主要在畿辅故地、山东胶东和安徽马鞍山、巢湖一带。这使得"疃"成了地域性、标志性语言成分，可以将其作为特定尺度来检验有关语言属性的判断。

### （一）《西儒耳目资》基础方言与"疃"

明万历间天主教耶稣会传教士比利时人金尼阁所撰《西儒耳目资》音系主要依据的是何种官话方言，学界有罗常培的北京官话说、陆志韦和李新魁的山西方言说、鲁国尧和杨福绵的南京音说、蔡瑛纯的中原音说、孙宜志的江淮方言说、曾晓渝的南京官话说。其研究角度有二，一是比较《西儒耳目资》与明代或今日方言音系特点的异同，一是结合典籍文献记载的"教庞迪我神父纯粹的南京话"的人是"在南京买的一个男孩"，"南京话是官话"的史料。就语言本体材料而言，音系之外的词汇同样为重要的参考视角，而"疃"字可以为此提供支持。"疃"在金元以来反映读书音性质的正统韵书中一直存在，譬如金韩道昭《改并五音集韵》九缀透母"疃畽堘畷吐缓切，《说文》曰'禽兽所践处也'，《诗》曰'町疃鹿场'，毛苌云'町疃，鹿迹也'。亦作畽"，明乐韶凤、宋濂等《洪武正韵》九旱韵"疃土缓切，禽兽所践处，亦作畽""畽《诗》'町畽鹿场'，毛传曰鹿迹也"，其中所引义证同以往韵书一样，均出自先儒对于经史的训释，因而其读书音性质就更是不言自明了。

反映语言系统中的"疃"字随时而变的，一个是与上述读书音不同的时音类口语通用雅音或者方言俗音，另一个则是与经典注疏不同的新兴意义。前文表明产生"村庄"义的"疃"金元以来最为通行的区域为畿辅故地和山东一带，那么它以"村庄"义的身份出现，当然也是在反映这一地域语言的韵书中。明徐孝《合并字学集篇》"疃……村疃""畽……村畽"，清初樊腾凤《五方元音》卷上一天土母上声"疃村丨"，徐孝籍属顺天，樊腾凤为顺德府人，他们的注释皆与畿辅广泛存在的"×家疃"对应。实际上早在兰茂成书于正统七年的《韵略易通》中已有同样标注，其天纽五端桓韵上声下"疃村居也"。张玉来认为，"兰茂《韵略易通》记录的确实是当时的北方官话……是一部以中原官话为基础，经过了分析、归纳加以人工整理的书面语为主的音系系统"①。兰茂在《韵略易通序》中说："至于寻常方俗之语，日用事物之名，挥笔临书，罔知所措者，不可一二数。童蒙求我，得无窘乎？"又，《凡例》里"此编特欲便于识认，凡《篇》《韵》所不载、俗用之不可无者，旁采百家之异同，择善从之"，据此可以认为"疃"字是为"便于俗用"而记录的北方语词。明正德《云南志》卷二一《列传七·乡献》说"兰茂，字廷秀，杨林千户所籍，河南洛阳人"，显示其为明初自北方到云南屯卫军人的后裔，因此他虽人居云南嵩明，但"疃"的音释所流露出的依然是北方话的实际情形。而反映元北方语音的《中原音韵》中"疃"虽无释义，但因它是"以易识字为头"，从中也可见它在北方常用。这样的情况一直向后延续，直到清代山西《较正方言应用杂字》的《城郭类第四》中，仍可见"疃湍上。村疃也"的表述。

畿辅、山东以外的南方吴语里，"疃"字仍局限在书面语用法上。上海朱光家《字学指南》卷之六"疃土缓切，町丨，鹿迹"，会稽陶承学《并音连

---

① 张玉来. 韵略易通研究［M］. 天津：天津古籍出版社，1999：20-21.

声字学集要》第二卷十九"疃土缓切。禽兽所践处。毛苌云，'町疃，鹿迹也'。或作畽"，两书与唐宋字书、韵书没有差别。一般认为明吴兴人王文璧《中州音韵》的音系基础是吴语，其桓欢上声"疃汤卵切，禽兽所践处"，它的义证也表明"疃"仍旧是书面语词。"村庄"义的"疃"在畿辅、山东以外的吴语区极少使用，因此南方人读书时面对"村庄"义的"疃"时都要格外关注。明浙江吴兴臧晋叔《元曲选》为"疃"作音释多次，如《货郎旦》第二折《音释》"疃汤卵切"，其他还有"土缓切""汤短切""疃象上声"。龙庄伟将《音释》之字分为入声字、多音多义字、联绵字、国地人族等特殊词语、异体字以及不常用、不规范的冷僻字等六类，"疃"字只能归入南方人的冷僻字中①。臧晋叔特意强调北曲与南曲不同，其《元曲选序》曰，"而填词者必须人习其方言，事肖其本色，境无旁溢，语无外假，此则关目紧凑之难"，而其同时人魏良辅也说"曲有两不杂：南曲不可杂北腔，北曲不可杂南字"，从中可见"疃"不是"南字"而属北方"方言"，应该特别注明。其实南方日常语言中无"村庄"义的"疃"早在元时即有显现，刊于元至正十一年于钦著《齐乘》中附有其子于潜《释音》一卷，其中卷三为"疃"字释音曰"吐管切"，"疃"与"费""郓""峄""漯""崓"等山东特别地名用字放在一起音释，说明"疃"在于潜的吴中口语里不多见。

反映畿辅、山东以外江淮官话的明代韵书，第一部是上元人（南京）李登的《书文音义便考私编》，是书十二旱下透母"疃禽兽所践场也""畽仝"，义证显示"疃"仍旧是书面语词，该书所附《书文音义便考难字直音》田十九录"畽吻、管二韵""疃湍上"，说明"疃""畽"在当地已是生僻字，这与其序中所言"书以韵编，本取便考，但恐未得其音，不知何韵，犹未便于检寻，为是先音难字于前"一致。第二部为方以智《通雅》卷之五十《切韵声原》的《新谱》，其列"端商：端〇短锻夺""透和：〇团探彖脱"，同声并列的"〇团探彖脱"里，一般常用的上声字"疃"为"探"替代，可见其桐城话里已少见"疃"字了。第三部为广德人濮阳涞《元声韵学大成》"二十桓欢"，"湍"的上声字"疃禽兽践处"，也是书面语词。第四部为宣城人孙耀辑《音韵正讹》，其"上声简音十二"之"短"下列"疃塘丨"，读音和

---

① 龙庄伟.《元曲选·音释》探微［J］.文献，1992（3）：40-49.

意义都与传统传注有别，具有明显的地域性特点。反映江淮官话的四地中只有处于边缘地带的宣城方言里有作地名的"疃"，而与之邻近的广德话仍旧为书面语词作注，可见其应用地域不广且未引起更多注意。

而在金尼阁的《西儒耳目资》里，也讲到了"疃"字，不过它与一直以来的读书音系统和反映时音的口语通用雅音系统都不太一样。其《列音韵谱》第四十九摄上声有德盌［tuòn］"短斷断"三字，但本应与之一类的忒盌［t'uôn］连音都没有了，按理"疃"字正读此音；另，在《万字直音总纲》中，"湍 t'uōn 团 t'uôn ○ 彖 t'uón"一列里，○表示无字。金尼阁的这一处理方式，与反映北方官话特别是畿辅故地时音的韵书都不一样，但与反映江淮官话特点的韵书倒是相同。是书《列音韵谱》第二十七摄 un 上声"忒忖 t'ùn 疃瞳肫朘"，《万字直音总纲》"暾 t'ūn 屯 t'ûn 疃 t'ùn 饨 t'ún"，《列边正谱》田部"九画……瞳 t'ùn 见疃""十二画 疃 t'ùn"，里面录有"疃"字，但读音已成［t'ùn］。巧合的是，这个［t'ùn］音与李登《书文音义便考难字直音》田十九录"瞳吻、管二韵"中的"吻"韵倒是完全一样，其《书文音义便考私编》九吻透母下"瞳吞上声。行无廉隅"，甚至连同小韵的"朘"字都相同，只不过这里"吞上声"的"瞳"不是"禽兽所践场也"的"疃"了。《西儒耳目资》未录当时北方标志性的地名"疃"字，从一个侧面支持了曾晓渝关于该书音系的基础方言是综合了明代中原、江淮官话的南直隶辖区通用的南京官话的论断①。金尼阁虽然说"音韵之书从古，愚亦不敢从今"，但既然"除了不同省份的各种方言，也就是乡音之外，还有一种整个帝国通用的口语，被称为官话"，官话是口里说的语言，它当然会受到韵书之外包括方言俗语在内的"今"的影响，而这也正是《中原音韵》一类通用雅音韵书反映了很大时音的共同原因。

**（二）畿辅故地移民、语言接触与"疃"**

畿辅故地历史上或处华夷相界之区，或为战火常燃、兵燹频仍之地，加上地多河湖、壤接江海而屡被水灾，人口总有周期性凋耗损减并迁移填补。晚唐五代至金元以来，本区域一直处于华夷战乱的前沿，无论是契丹、女真

---

① 曾晓渝.《西儒耳目资》音系基础非南京方言补证［J］. 语言科学，2014（4）：423-429.

还是蒙元政权，几乎都是初期掳掠本地人口，而一旦定鼎中原，相对稳定的政权则又迁移掳掠人口回到此地，并常以掳掠人口家乡地名命名州县。《辽史·地理志》《金史·地理志》于此均有记载，譬如檀州行唐县（今北京密云东南）以定州行唐县（今河北行唐）建，平州安喜县（今河北迁安东北）以定州安喜县（今河北定州）建，平州望都县（今河北卢龙南）以定州望都县（今河北望都）建，其中"望都"在清既为"望都社"又为"望都牌"，下有"大望都庄""小望都庄"。即使是在明代，也有数量非常大的蒙元降民迁至北平诸卫府州县，这样的记录不仅在《明太祖实录》中屡次出现，在同治《迁安县志》卷七《舆地志二》之《里社村庄》也有提及，"屯社之名，昉自永乐，由山后迁入者，合土著为社"。人口迁移不只是数量和出入的区域问题，对于语言间的影响和发展而言，迁移人口的语言传承是要考虑的首要因素。本地人口几个世纪以来出入频繁，但由于本属操着相同或相近语言的人来回移动，就汉人而言人口结构没有多大变化，而自辽天显十一年石敬瑭割让燕云十六州予辽以来，历经辽、金、元三朝相对稳定的局面，使得该区域的语言在来源相对单一的人口流动、民族融合过程中，保持了很大程度的统一性、稳定性。金元以来的韵书、俗文献语料，本文对于"×家疃"的梳理，都可证实这一点。统一、稳定的语言状态延续到了明洪武初年，为屯戍边地、经营长城以内广大地域，山后民户在洪武初年被多次迁入今畿辅故地，如《明史》卷二《本纪第二》载洪武四年三月"乙巳，徙山后民万七千户屯北平"，六月"徙山后民三万五千户于内地，又徙沙漠遗民三万二千户屯田北京"，新入山后人口与原土著人口所操的仍是相近的语言。

引起本地语言发生变化的不是这些山后移民，而是洪武初年及靖难之役后为恢复人口、发展经济、拱卫京畿，前后两朝从山西进行的移民。正史志乘于此记录屡见，如隆庆《赵州志》卷一《里社》述隆平县"永乐间迁山西人填实畿内者，遂以其地给之"，讲柏乡县"至永乐建都，再兼县属畿甸，迺分拨山西长子、屯留、襄垣、黎城各县人户以实之"；万历《广宗县志》卷一"内惟南北二社为土著，其'塘疃'以下九社，则永乐二年自山西迁来附籍者，曰'迁民'"；嘉靖《南宫县志》之《里甲》"洪武初所置，皆元末土著遗黎，亦有邻邑之人避乱徙居于此者，谓之'土民'，凡十四里……永乐间，云雷初定，榛莽弥望，迁山西高平、长子诸县民四百余家，听其开垦荒地，以为永业，是谓'迁民'"。山西人口的到来使原本各自具有稳定性和统一性的两类方言发生了深刻接触，它不仅改变了语言当时的状态，甚至影响了这一广大区域内语言后来的走向和呈现。探讨晋语与畿辅之地方言接触的深刻性，不是今天方言特征相似性的简单类比，回答语言变化是方言的扩散还是接触的问题，核心的方法仍旧是历史语言比较，它离不开方言当下特征与方言历史相结合的查考。

就畿辅故地"×家疃"的"疃"字而言，它生动地反映了语言接触时的接受与互动过程，而绝非一句晋语的"扩散"那样简单。明初山西移民进入畿辅后，也使用"×家疃"为社里命名。嘉靖《广平府志》卷之六《版籍志》之《里之目》，"曲周县，二十四社屯，在城社……河南疃社……第八疃社……安儿寨屯、水下疃屯……第五疃屯、第三疃屯"，"成安县，二十社屯，在坊社……可疃社"，"疃"字出现在土著社里，这与晚唐以来的使用一样，不过它也出现在"水下疃屯""第五疃屯"等迁民屯中。与之相类的是上引万历《广宗县志》，"里曰南社，曰北社，曰原保，曰李怀，曰塘疃，曰旧店，曰三周，曰张固，曰青村，曰板台，曰件只，曰李磨，曰在城，曰崇文，曰仁义。内惟南北二社为土著，其'塘疃'以下九社，则永乐二年自山西迁来附籍者，曰'迁民'"，其中提及的"塘疃"也为迁民社。之所以特别提出迁民社以"疃"字命名，那是因为这已超出移民的语言习惯。在移民的故乡山西，只有北部地区才有"×家疃""×疃"存在，譬如万历《马邑县志》之《村堡》"李磨疃村"，崇祯《山阴县志》卷之一《坊里》"麻合疃""高山疃""疃村"，顺治《浑源州志》上卷《里社》"水磨疃堡""下疃村"，乾隆《天镇县志》卷之二《疆域》之《村堡》"楼子疃"，道光《大同县志》卷四《疆域》"蔚州疃"，光绪《榆社县志》卷之一"面疃"。

《明史》卷七七《食货一》之《户口》载，太祖"迁山西泽、潞民于河北"，"成祖覆太原、平阳、泽、潞、辽、沁、汾丁多田少及无田之家，分其丁口以实北平"，这些移入畿辅的山西人口基本来自晋南地区，而这一地区的长子、屯留、襄垣、黎城等地的方志中，几乎不见晋北"×家疃"那样的命名方式，因此移民不可能承袭故乡的命名方式。迁民屯社里使用了"疃"字，既然不可能承袭故乡村落命名习惯，那可能的原因是移民沿用了当地土著的既定说法。这种沿用同时受到了移民自身母语的影响，包括顺天在内的多数地方，"疃"都为阴平字调，可是在灵寿、赞皇、元氏、平山、赵县一带的"疃读作团"，显然受到了晋语平声不分阴阳的影响。而南宫等地"疃"读为去声，则是因为此后分出阴阳并同调型相同的去声混同的结果，这种混同恐怕是在土著和移民语言融合之后的接续演变了。赵县的"×家疃"则显示了另外一种情形，其"南解家疃""北解家疃""南李家疃""北李家疃""蔡家疃"里，当中的"家"字读成了[ʌ]音，有时甚至是弱化得近乎消失了，所以光绪《赵州志》之《赵州村庄图》里只写作"南觧町""北觧町"了。赵县不是个案，民国《井陉县志料》第十编《风土》之《语词》早就记了这事儿，"丫邑人读'家'字，往往去其上半截之丩声，只读其下半截之丫韵。如周家坑，曰周丫坑。张家、康家，曰张丫康丫"。山西地名中"家"字存在非常广泛、多样的弱化形式，其中一种是"声母、介音均无，只剩主元音[a]或[ə]"，比如晋源的吴家堡、阳曲郑家寨、娄烦秦家岭等①。可见明代移民在借用土著之"疃"时，仍然选择了母语的读音，念"家"。

  畿辅故地"×家疃"的音变显示，当土著与移民方言发生接触时，二者趋向融合的复杂性。在没有强制要求学习某种语言的明代初年，土著与移民双方在多大程度上愿意接受、使用对方的语言，既与不同语言间的相似性和可接受度有关，也受人口数量对比、区位环境、第三方强势语言影响等因素的限制，因此几乎同时同地的山西移民方言，在与原本同质性极强的畿辅故地方言接触时，才出现了如此缤纷多元的今日样貌。错综交织的多重因素不局限于一时、一地，也不全属明代山西移民一事，这让分剖、确定移民影响与语言交融路径变得相当困难，毕竟像民国《平山县志料集·方言》所记的"平山居河北之西偏，山势回环，形成绝域，其居民既因山川形势之区分自为风气，而所操之音语亦因此各不相同。就中最显著者，如西北诸村，与晋省之五台接壤者，其音语多似五台；正西诸村，与晋省之盂县接壤者，其音语多似盂县"那样较为封闭的语言状态已经不存在了，因而类似畿辅故地的"×家疃"的语言讨论就更有必要了。

---

① 王文卿. 山西地名中"家"的弱化音变[J]. 方言, 2009 (2): 184–186.

**参考文献**

[1] 陈建民. 地名小议 [J]. 社会科学战线, 1979 (4).

[2] 陈淑静. 河北方言字词特殊读音试解 [C] // 李如龙. 汉语方言研究文集. 广州: 暨南大学出版社, 2002.

[3] 陈淑静, 许建中. 定兴方言 [M]. 北京: 方志出版社, 1997.

[4] 郭力. 古汉语研究论稿 [M]. 北京: 北京语言大学出版社, 2003.

[5] 河北北京师范学院, 中国科学院河北省分院语文研究所编. 河北方言概况 [M]. 天津: 河北人民出版社, 1961.

[6] 何金铠. 地名改换同音字要慎重 [C] // 三秦文化研究会编. 三秦文化研究会年录: 二〇一二年. 西安: [出版者不详], 2013.

[7] 侯精一, 温端正. 山西方言调查研究报告 [M]. 太原: 山西高校联合出版社, 1993.

[8] 忌浮.《中原音韵》的调值 [J]. 语言研究, 1986 (1).

[9] 李旭. 河北省中部南部方言语音研究 [D]. 济南: 山东大学博士学位论文, 2008.

[10] 刘燕文. 敦煌写本《字宝》、《开蒙要训》、《千字文》的直音、反切和异文 [C] //《语苑撷英》编辑组编. 语苑撷英: 庆祝唐作藩教授七十寿辰学术论文集. 北京: 北京语言文化大学出版社, 1998.

[11] 龙庄伟.《元曲选·音释》探微 [J]. 文献, 1992 (3).

[12] [日] 平山久雄. 江淮方言祖调值构拟和北方方言祖调值初案 [J]. 语言研究, 1984 (1).

[13] 唐作藩.《正音捃言》的韵母系统 [G] // 唐作藩. 汉语史学习与研究. 北京: 商务印书馆, 2001.

[14] 王文卿. 山西地名中"家"的弱化音变 [J]. 方言, 2009 (2).

[15] 王彦. 山东地名中的山东方言 [J]. 民俗研究, 2002 (2).

[16] 吴宝泉. 八沟厅备志译注 [M]. 平泉: 河北省平泉县档案局, 2002.

[17] 薛超. 河北魏县规范村名: 应用"疃"勿用"町"[EB/OL]. (2014 – 05 – 26) [2020 – 03 – 31]. http: //hebei.ifeng.com/news/chengshi/detail_2014_05/26/2330864_0.shtml.

[18] 曾晓渝.《西儒耳目资》音系基础非南京方言补证 [J]. 语言科学, 2014 (4).

[19] 张光宇. 汉语方言合口介音消失的阶段性 [J]. 中国语文, 2006 (4).

[20] 张鸿魁. 临清方言志 [M]. 北京: 中国展望出版社, 1990.

[21] 张启焕, 陈天福, 程仪. 河南方言研究 [M]. 开封: 河南大学出版社, 1993.

[22] 张玉来. 韵略易通研究 [M]. 天津: 天津古籍出版社, 1999.

[23] 郑莉. 现代河北方言声调的演变 [J]. 语文研究, 2014 (1).

[24] 周绍良，赵超主编. 唐代墓志汇编续集 [M]. 上海：上海古籍出版社，2001.
[25] 朱爱平. 山西易读错的地名及原因浅析 [J]. 太原大学教育学院学报，2011（S1）.

(李云龙　北京师范大学文学院)

# 说 "泳"*

## 黄树先

"泳"是核心词，收在斯瓦迪士的《百词表》里。"泳"是一种运动，是指在水里（包括水面和水中）行走（移动）。"泳"的一些基本词可以跟一般表示行走的词来源相同，如汉语的"泳"字和"往"字就是同根词。

本文建立"泳"语义场，收集汉语内部的材料，把语义相关的词语放置在一起，比较其中的音义的异同。我们可以据此来观察汉语在区别这些词义时，用什么样的语音变化来加以区别。在此基础上，我们拿汉语的"泳"跟汉藏语系亲属语言进行比较。

"泳"是水里的移动，这个动作可以用水来表达。汉语表示"泳"的一些词，可以直接跟"水"同形。

【水】 *qhʷljilʔ/，游水，《荀子·劝学》："假舟楫者，非能水也，而能绝江河。"

"泳"是水中移位运动，跟人的行走比较起来，游泳就是一种特殊的动作。这套动作的词语，会选用最接近动作的词语来表示。汉语表示游泳的词语选用的是一般陆地行走所使用的词语。另外，跟空中运动的词语密切相关，汉语"漂""瓢"虽然写作两个形式，但在世纪语言里，它们是一个来源。比较汉藏语系相同词语：

藏缅语，藏语 phyo-ba "游泳，高飞，浮"，克钦语 pyau~byau "飞，浮，

---

\* 本文是国家社科基金重大研究专项冷门"绝学"和国别史等研究专项、"汉藏语基本词词库建设"（项目编号：2018JX0747）阶段性成果。

玩,如鱼那样飞射而出"。藏缅语 * pyaw。①

# 一、"泳"系列

"泳"系列是一个很大的词族,包括的词比较多。

【泳】 * Gʷraŋs,《说文》:"泳,潜行水中也。"

【永】 * Gʷraŋʔ,跟"泳"字同一个来源,太炎先生说,"永"孳乳为"泳",潜行水中也(章太炎,《文始》第五)。《说文》:"永,长也,象水巠理之长。《诗》曰:江之永矣。""泳"跟"往"字可能相同。

【汭】 * Gʷraŋs,《玉篇》于命切:"汭,舟行也。"

"泳"主要是指人在水中潜行,后来一般的游行也叫"泳",《尔雅·释言》:"泳,游也。""航"是非自主动词,从词义来看,有使之行走的意味,"航"的读音跟"泳"又稍有不同。

【航】 * Graaŋ,航行,渡,《后汉书·李南传》:"度宛陵浦里航。"注:"航,以舟济水也。"字或作"沆",《广韵·唐韵》:"沆,渡也。"水流貌。"行"是自主动词,"航"是使动。一个有 * r,一个没有 * r。

【杭】* Graaŋ,《卫风·河广》:"谁谓河广?一苇杭之。"泰语 khaːm³ < * x‑ "过河",比较汉语"杭"。②

【漾】* laŋs,漂动。这个词跟飞扬一类的词来源相同。它的读音,在比较早的时候就没有 * K‑。我们认为它是一种弱形式,而有 * K‑ 的是强形式。这两者之间的关系,我们必须仔细辨析。

"泳"系列,跟陆地行走"行"系列,来源相同。"行" * gaaŋ,动词是行走,汉语最稳定的行走类动词。名词形式读 * Graŋ,可作道路讲。从来源上讲,作道路、行走讲的词,早期可能是脚、腿。字也写作"胻",古音 * graaŋs。"胻"跟"胫"指人的同一部位,写作"胫""胻",读音分别为 * greeŋ,* graaŋs。汉语是 * e、* a 元音交替,分别对应藏文:keŋ "腿,脚",rkaŋ "脚,腿,干,茎"。元音交替可以观察得到,但原因不清楚。王

---

① 白保罗. 汉藏语言概论 [M]. 中国社会科学院民族研究所,1972:176.
② 邢公畹. 汉台语比较手册 [M]. 北京:商务印书馆,1999:390–391.

力先生也认为胫肔（匣母双声，耕阳旁转），是同源字。①

## 二、"游"系列

"游"系列也跟表示行走的"遊"来源相同。

【游】 *lu，《尚书·君奭》："若游大川。"泰语 lɔːi² < *l-"游水"，比较汉语"游"。②

【遊】 *lu，遨游，云游，《论语·里仁》："父母在不远遊。"又漂浮，郭璞《江赋》："泛之以遊菰。"李善注："浮于水上，故曰遊也。"游，《方言》十："潜，遊也。"

游、遊汉语写作两个字，分别表示陆地行走、水中移动，但实际是一个词。跟上文"行""泳"情况相同。

【汓】 *lju，《说文》："汓，浮行水上也。泅，汓或从囚声。"《玉篇》："从也。"字或作"涺"，《集韵·尤韵》："《说文》：汓，或作泅、涺。"

【泅】 *lju，《说文》："汓，浮行水上也。古或以汓为没。泅，汓或从囚声。"

李方桂认为邪母来自 *lj-。邪母与以母在谐声关系上非常接近，两母又都只出现于三等，既然以母是 *l-，剩下来可供邪母拟音的自然就只有 *lj- 了。像"游" *lǔ (与"泅" *ljǔ (等同源异形词，正可证实这种拟音。③

"游""泅"都是游水，"游"是一般词，无标记；"泅"是浮行于水上，是一种特殊的游水方式，有标记，读邪母 *lj-，词义是有标记的，读音也会有标记，这个 *-j-到底起什么作用？有一点比较明确：就是"游""泅"可能是构词。"流"是水流动，读来母。为什么会这样？可以比较上文的"行""泳"，"行" *gaaŋ，动词是陆地行走，"泳" *Gʷraŋs，跟"行"比较起来，有三个语音变化：合口（-w-）、介音（-r-）、短元音。

【艃】《集韵·尤韵》夷周切："艃，舟行也。"

---

① 王力. 同源字典 [M]. 北京：商务印书馆，1982：321.
② 邢公畹. 汉台语比较手册 [M]. 北京：商务印书馆，1999：141-142.
③ 潘悟云. 汉语历史音韵学 [M]. 上海：上海教育出版社，2000：287.

【流】 *ru，《说文》："流，水行也。"移动，又指边远的地方。行走跟遥远的关系，请参看笔者的《比较词义探索》。

## 三、"浮"系列

### （一）"浮"小系列

【浮】 *bu，《说文》："浮，泛也。"《广雅·释言》："浮，游也。"有行走、超过、高远貌。

藏语'phyo̜-ba"游泳，高飞，浮"，克钦语 pyau~byau"飞，浮，玩，如鱼那样飞射而出"。藏缅语 *pyaw。①

"游泳"，毛南语 vai¹，通什话 plei¹ < *pleiᴬ，拉基语 phu²³ < *phuᴬ。原始侗台语 *pler。②

"游泳"，苗语养蒿话 loŋ³（ə¹） < ʔloŋᴮ。巴哼语 mpɦiᴮ（潜水），勉语东山话 biau²ən1）< *mbliuᴬ。原始苗瑶语 *C-loŋʔ，*blil。③

"游泳"，上古汉语 *k-le-g（汙），原始藏缅语 *kral，原始侗台语 *pler，原始苗瑶语 *blil，原始汉藏语 *C-ler。侗台和苗瑶语的"游"（水）可与汉语"浮"*b-leg 比较。汉语"汙""浮"是同根词。古缅语 *ku-γ < *klu-g 与汉语同，古有 *-g 后缀。④

汉语 *cbjəgω"浮"，泰语 fu² < *bhj-"漂浮"。⑤

藏语 ap'jo"洑水"，汉语"浮泎"。⑥

### （二）"漂"小系列

"漂"跟表示飞行的"飘"来源相同。"漂"是水上移动，"飘"是空中

---

① 白保罗. 汉藏语言概论 [M]. 北京：中国社会科学院民族研究所，1972：176.
② 吴安其. 汉藏语同源研究 [M]. 北京：中央民族大学出版社，2002：250.
③ 吴安其. 汉藏语同源研究 [M]. 北京：中央民族大学出版社，2002：289.
④ 吴安其. 汉藏语同源研究 [M]. 北京：中央民族大学出版社，2002：312.
⑤ 邢公畹. 汉台语舌根音声母字深层对应例证 [G]//邢公畹语言学论文集. 北京：商务印书馆，2000：532.
⑥ 俞敏. 汉语的"其"跟藏语的 gji [J]. 燕京学报（37期），1949：94；汉藏同源字谱稿 [J]. 民族语文，1989（1）：60.

移动。汉语这两个字，在语言里其实就是一个词。其他语言，水里的浮动跟空中飘浮也是一个词。英语 float 有"漂流，飘动；漂泊；传播"等几个意思。法语 flotter 有"漂浮，浮动；（木材）流送；漂动，飘扬"义；nager 有"［古］航行，航海；游水，游泳；漂浮，飘荡，泡，浸泡"义。西班牙语 flotar 有"漂；飘扬；弥漫"义。葡萄牙语 flutuar 有"浮动，漂浮；飘荡，飘舞，飘扬"义。意大利语 galleggiare "漂，浮；（高空气球等在空中）飘荡"。

泰语 pau$^5$ < *p－"吹"，邢公畹先生拿来比较汉语"漂"，泰语 pliu$^6$ < *pl－"飘"，可比较汉语"飘"。①

藏语 'phyo－ba "游泳，高飞，浮"，克钦语 pyau～byau "飞，浮，玩，如鱼那样飞射而出"。藏缅语 *pyaw。②

【漂】*phew，《说文》："漂，浮也。"吹。郑张先生拿汉语"飘，漂"对应藏文 úphjo。③ 汉语"漂"也有吹，漂浮义。

【嘌】《说文》："嘌，疾也。"《桧风·匪车》："匪风飘兮，匪车嘌兮。"《传》："嘌嘌，无节度也。"也指音节繁密的歌声。

下面讨论现代汉语"跑"的来源。

"跑"，《广韵》薄交、蒲角二切，古音 *bruu，*bruug，都作"刨""踢"讲。"跑"取代古代汉语的"走"，是比较晚的事。王力先生说，"奔跑"的"跑"可能是由"跑地"的"跑"转化来的（今普通话转为上声），而且这个意义在唐代就已经产生了。马戴诗："红缰跑骏马，金镞掣秋鹰"，里面的"跑"已经是"奔跑"的意义，不过仍指兽类而言罢了。④ 可疑。

方以智说，"包""麃"声近，"麃"以鹿走，俗呼"跑"。⑤ 太炎先生也说，《说文》："儦，行貌。"诗曰：行人儦儦。释文表骄反。今通谓疾走曰儦，音如麃（蒲交反），俗书作跑。案广雅：跑，趵也。玉篇：跑，蹴也。非行义儦。⑥ 二说是也。笔者怀疑"跑"来自"飙"，有语音上的证据，看下面

---

① 邢公畹. 汉台语比较手册［M］. 北京：商务印书馆，1999：401，403.
② 白保罗. 汉藏语言概论［M］. 北京：中国社会科学院民族研究所，1972：176.
③ 郑张尚芳. 上古音系［M］. 上海：上海教育出版社，2003：163.
④ 王力. 汉语史稿［M］. 北京：中华书局，2004：566.
⑤ （明）方以智：《通雅》卷一。
⑥ 详见章太炎《新方言·释言》，第74页。

陆志韦先生的讨论。

【僄】＊prew，《说文》："僄，行貌。"跟"飘漂"来源相同。"飙"小篆＝"飚"。① 此词可比较：古缅文 Pre:，土瓦方言 Ple:"奔跑"。②

【驫】＊piw，＊priw，众马奔驰，《说文》："驫，众马也。"

黄陂话飞快奔跑还叫"驫"piau$^1$。在其他方言里，这个意思仍很活跃。③

## 四、"涉"系列

从浅水处通过，也是水里移动。汉语的相关词语有以下这些。

【涉】＊djeb，《说文》："涉，徒步厉水也。"又渡水、行走。

藏文 rab"渡口，石底可涉处"，汉语"涉"rab。＊rabs→＊rads→＊ras，"砅厉"rads。④

藏语 rab，rabs"可涉而过的地方"，藏缅语＊rap"涉，渡"，景颇语 rap"涉，渡"，日旺语 rap"涉，渡"。汉语"涉"＊rap，＊ɦyap/zjäp。下例可能是同源异式词："厉"＊raps，rjaps/ljäi－"渡津"。⑤

【艓】＊seeb，《玉篇》："艓，舟行也。"苏协切。

【踏】雅 tɕa:p$^1$'，德宏 jep$^1$'，泰语 tha:p$^8$（thap$^8$）<＊d－。傣雅和德宏的声母当另有来源。比较汉语"踏"。⑥ 傣雅和德宏的声母可以跟汉语"躐"一类的字比较，j-＜r-。

---

① 陆志韦．说文读若考［G］//陆志韦语言学著作集（二）［M］．北京：中华书局，1999：80．
② 汪大年．仰光话和土瓦方言比较研究［J］．民族语文，2000（1）：13－20．
③ 闭克朝．广西横县平话词汇［J］．方言，1994（3）：229－235；顾黔．泰兴方言词汇［J］．方言，1994（3）：236－240；李如龙．论音义相生［G］//汉语方言的比较研究．北京：商务印书馆，2003：101；游汝杰．汉语方言同源词的判别原则［J］．方言，2004（1）：7－15；黄宏宇．说文解字与粤方言本字考［J］．语言研究，2002（4）：113；唐七元．吴方言与非吴方言同源词初探［J］．语言科学，2008（5）：526－538；许利英．巢湖方言词汇［J］．方言，1998（2）：157－160．
④ 俞敏．汉藏同源字谱稿［J］．民族语文，1989（1）：6，56－77．
⑤ Bodman（包纳古），原始汉语与汉藏语［M］．潘悟云，冯燕泽，北京：中华书局，1995：108．
⑥ 邢公畹．汉台语比较手册［M］．北京：商务印书馆，1999：161．

下面这些收 p、m 的字,如:

【溘】 *khoob,《广韵·合韵》:"溘,至也。"快。

【潜】 *zlom,*zloms // *sgěm,*sgěms,《说文》:"潜,涉水也。一曰藏也。"《方言》卷十三:"潜,亡也。"

【涵】《方言》卷十:"涵,沉也。楚郢以南曰涵,或曰潜。"施向东先生拿汉语"涵"对应藏文 sgam – pa,bsgam "深沉"。①

## 五、"汕"系列

水里运动,主体可以是人,也可以是鱼等其他动物,甚至是无生命的物体。

【汕】 *sraans,*sreeŋʔ,《说文》:"汕,鱼游水貌。《诗》曰:蒸然汕汕。"《广韵·谏韵》:"汕,鱼乘水上。"

水里移动的"汕",跟陆地运动的词语,其来源相同。

从"山"得声的有"赸","赸"是走的意思。② 更早的词语还有:

【侁】 *srin,《说文》:"侁,行貌。"

【兟】 *srin,《说文》:"兟,进也。"字或作"侁",《广韵·臻韵》:"往来之貌。"

【先】 *suɯn,*suɯns,《说文》:"先,前进也。"先导。

【跣】 *suɯnʔ/,《说文》:"跣,足亲地。"《集韵·混韵》:"裸足行也。"

【前】 *zleen,《说文》:"前,不行而进谓之前。"

【晋】 *ʔsins,《说文》:"晋,进也。日出万物进。"

【進】 *ʔslins,《说文》:"進,登也。"《广雅·释诂》一:"進,行也。"超过。

---

① 施向东. 汉语和藏语同源体系的比较研究 [M]. 北京:华语教学出版社,2000:65.
② 王锳,曾明德. 诗词曲语辞集释 [M]. 北京:语文出版社,1991:360 – 361;王锳. 宋元明市语汇释 [M]. 北京:中华书局,2008:52.

藏语 zin"上前,到",汉语"进"。①

【臻】 *zlɯɯns,*zluuns,《广韵·恩韵》:"臻,又至也。"在甸、徂闷切。

【臻】 *ʔsrin,《说文》:"臻,至也。"到达、重复、多。行走常跟久远、众多有涉。

【躧】 *sreelʔ,*srelʔ,漫步。《集韵·蟹韵》:"躧,徐行也。"踩、追踪。

"游泳",藏文(tçhu)rkjal < *kral,羌语峨口话ɕluə,达杭语 kjal pa,坎语 cjol(-ɲja),缅语(re²)ku³ < *ku-g,那加语坦库尔方言 rakhajāk,博多语 dəwgú。原始藏缅语 *kral。②

泰语 len³ < *hl-"游玩",这个字的声母问题复杂,傣雅为 h-,跟土语(Tho)相同;西双版纳为 d-,德宏为 ʔ·,而泰语为 l-。李先生认为:今泰文作 leːn⁶,但参考其他西南支说法,当作 leːn³。比较汉语"玩"。"游"又有"游泳"义,泰语说 leːn³nam⁴。nam⁴义为"水"。③

泰语 len⁶ < *l-"跑",比较汉语"搙"。《说文》:"搙,一曰蹂也。"乃珍切。《广雅·释诂一》:"跈,履也。"王念孙疏证:"跈与搙同。"现代写作"撵",义为驱逐、追赶……《金瓶梅词话》已写作"撵"。但"撵"从"辇"声,而"辇"为力展切,所以这个字在民间早年已说作来母与台语相同。④

## 六、"淠"系列

【淠】 *phrids,《大雅·棫朴》:"淠彼泾舟。"《传》:"淠,舟行貌。"行走会引申出"给"的意思,"淠"和"畀"好像也有关系。真是有意思。

【潎】 *pheds,《广韵·祭韵》:"潎,鱼游水也。"字或从"鱼"敝(去文,左加鱼),《集韵·屑韵》必结切:"鱼行貌。"

---

① 俞敏.汉语的"其"跟藏语的 gji[J].燕京学报,1949(37):89.
② 吴安其.汉藏语同源研究[M],北京:中央民族大学出版社,2002:188.
③ 邢公畹.汉台语比较手册[M].北京:商务印书馆,1999:269-270.
④ 邢公畹.汉台语比较手册[M].北京:商务印书馆,1999:273.

## 七、"渡"系列

【渡】 *daags,《说文》:"渡,济也。"过去。

【度】 *daags,度过。"度,为过去、经过之义。'度'在古时即与'渡'相通,有渡过、越过之义。过去、经过之义即由此产生。"①

汉语"渡"本为渡口,发展出渡过义。

泰语 tha⁶ < *d-"渡口",比较汉语"渡"。傣雅 ta⁶ 原义为"临江的村子",声调跟泰语一样,也是 3 调;但泰文为低音声调,所以都改写成 6 调。李先生用"渡"字和 ta⁶ 对应。并注云:"这个字在大多数台语方言中义为河。"《说文·水部》:"渡,济也。"古人称"渡口"为"津",如"孟津"即孟地所置津。《说文·水部》:"津,水渡也。"可知"渡"也用为名词。②

古汉语 dag 渡;藏文 'da 渡过。③

汉语:河 *gàr, ɣâ。藏文 rgal 渡河,涉水。④ 汉语河何同音,为什么对应的藏文读音有差别?

【踱】 *daag,《三苍》(《玄应音义》卷十四引):"踱,以脚践土也。"慢走。

从我们收集到的汉语来看,表示"泳"等水中(包括水面、水底)运动的词语,大抵跟陆地运动词语相同。语言遵循经济原则,会尽量用旧有的核心词表达类似的概念。斯瓦迪士的《百词表》,只有一百个核心概念。这些核心概念,是从其他的某一个概念发展而来,如 100 核心词中的"言",表示说话的词非常多,许多都是由"行走、吃、扔、举"等发展出来的。斯瓦迪士《百词表》第 26 位 root"根",是语言中的核心词。但"根"这个词,在汉语里,却是一个"派进"的词。汉语"根"大多数是从别的词发展而来的⑤。

---

① 蔡镜浩. 魏晋南北朝词语例释 [M]. 南京:江苏古籍出版社,1990:85.
② 邢公畹. 汉台语比较手册 [M]. 北京:商务印书馆,1999:316.
③ Chinese, Tibetan, and Burmese Vowel Systems [J]. 史语所集刊,1980,51(3):463.
④ 龚煌城. 从汉藏语的比较看上古汉语若干声母的拟测 [G] // 汉藏语研究论文集. 北京:北京大学出版社,2004:37.
⑤ 黄树先. 汉语核心词"极"音义研究 [J]. 汉藏语海报,2010(4).

根据我们的观察，汉语"根"大体有如下几个来源。

第一，来自"足"的"根"类词。"根"处于植物的底部，跟"足"有相似性。"根"来自"足"一点也不奇怪。依据文献的记载，汉语来自"足"的词语，可以分为以下几类。

A. "荄"系列，包括"荄""垓""亥""棋""榽""骸"等字词。

B. "根"系列，汉语"荄"后面加一个名词性后缀，在汉语里就是"根"。"根"系列包括"根""跟""茍""畛""榅""魁"等字词。

C. "董"系列，汉语"董"字跟"踵"关系密切，"董"系列包括"董""踵"等字词。

D. "柢"系列，包括"柢""蹢""蹄"等字词。

E. "茇"系列，包括"茇""菝""骰"等字词。

第二，来自"毛发/草木"的"根"类词。"头发"跟"根"在语义上可以变换，参见《汉语核心词探索》相关内容。

F. "茇"系列，作根讲的"茇"跟作头发讲的"髪"来源相同，"跋"也是根，《礼记·曲礼》："烛不见跋。"注："跋，本也。烛尽则去之。"

G. "芦"系列，这个系列包括"芦""杜""土"等字词。

H. "须"系列，这个系列包括"须""而"等字词。

另外还有"蔤"系列，"本"系列，"株"系列，包括"株""柱""朱"等字词[①]。

我们从"根"（足）、"泳"（行）来看，早期语言里的词语是有限的；随着语言的发展，词语越来越多，但总的来说，后来的词语大抵是在已有词语的基础上，发展而来的。

【附注】本文曾在第 21 届中国语言与文化国际学术研讨会（2019 年 7 月 20—21 日，北京师范大学）上宣读。幸逢《燕京语言学文存》改刊，拙文得以在《燕京语言学》上首发，深感荣幸，聊缀数语，权作祝贺。

（黄树先　首都师范大学文学院）

---

① 黄树先. 汉语核心词"根"音义研究［J］. 汉藏语学报，2010（4）.

# 《金瓶梅词话》词义试释

刘敏芝

《金瓶梅》是明代一部非常重要的白话小说，其作者、方言背景在学界长期以来众说纷纭，至今未有定论。大体而言，其语言基础是当时的北方方言，主要是山东方言，应该是没有问题的。书中使用了大量的口语、俗语，引发了学界持续的研究兴趣，除了有大量的考证、训诂文章之外，词典类工具书也有多部问世，如：白维国（1991）《金瓶梅词典》，李布青（1988）《金瓶梅俚语俗谚》，黄霖（1991）《金瓶梅大辞典》、李申（1992）《〈金瓶梅〉方言俗语汇释》，徐复岭、王永超（2018）《〈金瓶梅词话〉〈醒世姻缘传〉〈聊斋俚曲集〉语言词典》等。本文在前人研究的基础上，选取 X 则做进一步探讨，以就教于方家学者。[①]

## 一、只当

"只当"是近代汉语常用词。《汉语大词典》中收录，只有一个意义"当成；假装"。举例为现代汉语："别管这件事，只当不知道。"白维国收词条"只当"，列了两个义项：①到底；终于；果不然。②只以为；只当作。[②] 我们对《金瓶梅》中的"只当"进行了穷尽性搜索，共出现46例，其中30例均为"只以为；只当作"义，如：

---

① 本文使用的版本是《金瓶梅词话》，北京：人民文学出版社，2008。
② 白维国. 金瓶梅词典［M］. 北京：中华书局，1991：683.

（1）咱送了他一分礼，他左右还请你过去吃了一席酒；你改日另治一席酒请他，只当回席，也是好处。(13回)

另外16例，属于①义，但释义不太准确。先看几个例句：

（2）妇人在旁便道："我说别要使他去，人自恁和他合气，说俺娘儿两个霸拦你在这屋里。只当吃人骂将来。"(11回)

（3）月娘闻言便道："正该！镇日跟着那伙人乔神道，想着个家？只在外边胡撞。今日只当弄出事来，才是个了手。"(14回)

（4）反吃妇人整骂了四五日，骂道："呸！魍魉混沌！你成日放着正事儿不理，在外边枕眠花卧柳，不着家，只当被人所算，弄成圈套，拿在牢里，使将人来对我说，教我寻人情。(14回)

（5）今日也推在院里歇，明日也推在院里歇，谁想他只当把个人儿歇了家里来。(20回)

（6）金莲便说道："陈姐夫，你好人儿，昨日教你送送韩嫂儿，你就不动（金24-305）。只当还教你小厮送去了。"(24回)

（7）那日春梅穿着新白绫袄子、大红遍地金比甲，正坐在一张椅儿上，看见他两个推倒了酒，一径扬声骂玉箫："好个怪浪的淫妇！见了汉子，就邪的不知怎么样儿的了，只当两个把酒推倒了才罢了。"(46回)

这类"只当"，只出现于人物对话中，① 无一例外。其意义与"到底""终于""果不然"等不完全相同。"到底"表示经过种种变化或曲折最后出现某种结果；"终于"表示经过较长过程最后出现某种情况（多用于希望达到的结果）；"果不然"即"果然"，强调不出所料。"只当"的使用语境是：讲述事实上出现了某种不好的结果，然后直接引语的说话人指出某人做某事的不恰当性，特别是不听说话人事先的劝阻或提醒，以表达说话人的抱怨、埋

---

① "只当"的"只以为；只当作"义也基本上只用于人物对话，只有一句例外："不料金莲房中这雪狮子正蹲在护炕上，看见官哥儿在炕上穿着红衫儿一动动的顽耍，只当平日哄喂他肉食一般，猛然望下一跳，扑将官哥儿身上，皆抓破了。"(59回)

怨，再用"只当"引出这种结果，而这种结果是说话人不希望达到的。"只当"前后的话有因果关系，可释为"表示（不听说话人提醒或劝阻）而出现了某种不好的结果"。表达强烈的主观性，是语气副词。出现的不好的结果一般会出现在前面的句段中，说话人在知道后用"只当"表示自己不希望出现这种结果，再如：

（8）刚才到仪门首，不想李瓶儿被地滑了一交。……月娘听见，说道："就是仪门首那堆子雪，我分付小厮两遍，贼奴才，白不肯抬，<u>只当</u>还滑倒了。"（21回）

（9）不说来旺儿递解徐州去了。且说宋惠莲在家，每日只盼他出来……这妇人不听万事皆休，听了此言是实，关闭了房门，放声大哭道："我的人噇！你在他家干坏了甚么事来？被人纸棺材暗算计了你。你做奴才一场，好衣服没曾挣下一件在屋里，今日<u>只当</u>把你远离他乡算的去了，坑得奴好苦也！"（26回）

"只当"的这种用法比较特殊①，我们调查了明代小说"三言""二拍"《西游记》《水浒传》《封神演义》，"只当"均未见此用法。我们又调查了清代小说《红楼梦》《儿女英雄传》《醒世姻缘传》，结果只在《醒世姻缘传》中发现了一例：

（10）高四嫂说道："大官人这等顶撞晁奶奶，晁爷就不嗔么？"计氏说道："晁爷还裂着嘴笑哩！还说：'该！该！我说休去，<u>只当</u>叫人说出这话来才罢了！'这就俺公公管教儿的话了。"（2回）

从"只当"的两个意义来看，它们之间并没有引申关系。那么，"只当"的这一语气副词义从何而来呢？实际上，这个意义在近代汉语中更多地使用

---

① 因此容易发生误解。如钟兆华编著《近代汉语虚词词典》（2015）就将上述例句分别归入"副词，只好""助动词，用于动词之前，表示打算或要做什么"二义，就是没有真正理解《金瓶梅》中"只当"的意义造成的。

"白当"一词来表达的。"白当"在《金瓶梅词话》没有出现,在《醒世姻缘传》中出现了4例:

(11) 我还承望你死在我后头,仗赖你发送我,谁知你<u>白当</u>的死在我头里去了!(20回)

(12) 昨日这伙子斫头的们只是不听我说,<u>白当</u>的叫他带累的我吃这们一顿亏!(21回)

(13) 你只说他老实,<u>白当</u>叫他做出来才罢。(40回)

(14) 贼砍头的!我说的话你<u>白当</u>不听!(66回)

我们认为,《金瓶梅》中表示出现某种不好的结果义的"只当"应为"白当"之误,这种刊刻错误在《金瓶梅词话》中集中出现,导致书中"只当"出现了两种意义和用法,而它们之间却没有任何意义上的联系。"白当"在明代的山东方言中流行,因此在其他小说中难觅其踪。

## 二、仰着合着

《金瓶梅词话》中出现了3例"仰着合着":

(1) 金莲道:"一个是大老婆,一个是小老婆,明日两个对养,十分养不出来,零碎出来也罢。俺每是买了个母鸡不下蛋,莫不杀了我不成!"又道:"<u>仰着合着</u>,没的狗咬尿胞虚喜欢。"(30回)

(2) 文嫂道:"猴孙儿,隔墙掠筛箕——还不知<u>仰着合着</u>哩!"(69回)

(3) 婆子看见白晃晃摆了一桌银子,口中不言,心内暗道:"虽是陈经济许下一百两,上东京去取,不知几时到来。<u>仰着合着</u>,我见钟不打,却打铸钟?"(87回)

白维国收此词条,释义为"不知是仰是合,比喻不知有什么样的结果",但并没有解释"仰""合"的意义以及"不知有什么样的结果"这一词义的来源。① 侯兰笙解释说："仰，仰卧。……合，俯卧。……仰着合着由此引申为终将如何。"② 冯春田则认为："'仰着合着'即'反（翻）着正着'：'仰'表示物体正面朝上（正），'合'表示物体正面朝下（反）。'不知仰着合着'，实际上是说'不知结局如何'。"③ 按：后者的解释正确，当歇后语"隔墙掠筛箕——不知仰着合着"完整出现时，意义比较容易理解，但在口语中可以只出现后半部分，如《醒世姻缘传》有一例：

（4）如今天老爷可怜见，虽不知道是<u>仰着合着</u>，我目下且有儿了。（22回）

而且后半部分还可以省略"不知"，只说"仰着合着"，表示"不知结果如何"之义（例1、3）。这种省略现象较为特殊，要想理解其意义，必须了解其原形，否则就会不知所云。

## 三、脓/浓

《词话》中的"脓/浓"有"忍耐，将就"之义。白维国收此词条，释为"凑合；将就"④。引明·顾起元《客座赘语》："家败而姑安之，事坏而姑待之，病亟而姑守之，皆曰脓。"《词话》中共出现2次：

（1）我这气苦，正也没处声诉。你当初在西门庆家，也曾做第三个小老婆来，你小名儿叫玉楼，敢说老娘不知道？你来在俺家，你识我见，大家<u>脓</u>着些罢了。会那等大厮不道，乔张致，呼张唤李，谁是你买到的，属你管辖？（91回）

（2）金莲点着头儿，向西门庆道："哥儿你<u>浓</u>着些儿罢了，你的小见

---

① 白维国. 金瓶梅词典［M］. 北京：中华书局，1991：615.
② 侯兰笙.《金瓶梅词典》拾误［J］. 西北师大学报（社会科学版），1993（2）：84-89.
③ 冯春田.《醒世姻缘传》方言词例说［J］. 文史哲，2001（4）：73-74.
④ 白维国. 金瓶梅词典［M］. 北京：中华书局，1991：378.

识儿只说人不知道。"(73回)

《醒世姻缘传》中有2例,写作"农/浓":

(3) 衣裳如今时下就冷了,你或者买套秋罗,再买套纻丝,里边小衣括裳,我陪上几件儿,<u>农</u>着过了门,慢慢的你们可拣着心爱的做。(75回)

(4) 大家外边<u>浓</u>几年,令亲升转,舍亲也或是遇赦,或是起用的时候了。(84回)

又有双音词"浓济":

(5) 咱<u>浓济</u>着住几日,早进城去是本等。(19回)

(6) 你便<u>浓济</u>些的字,差不多些的文章,他也便将就容纳你了。(33回)

(7) 陈先生的女儿,嫁的是个兵房书手,家中过活,亦是<u>浓济</u>而已。(92回)

"脓/浓/农"何以有"忍耐,将就"义?未见解释。我们认为,这三个字都是记音字,应写作"能",通"耐",义为忍耐,受得住,引申为将就。"能"通"耐"文献早有用例:

(8)《汉书·晁错传》:"夫胡貉之地,积阴之处也,木皮三寸,冰厚六尺,食肉而饮酪,其人密理,鸟兽毳毛,其性能寒;杨粤之地,少阴多阳,其人疏理,鸟兽希毛,其性能暑。"颜师古注:"能,读曰耐。此下能暑亦同。"

(9) 〔南朝梁〕宗懔《荆楚岁时记》:"椒是玉衡星精,服之令人身轻能老。"①

---

① 例3、4引自《汉语大词典》"能(三)"字条。

《红楼梦》中也有6个用例,均为"能着"①,与《词话》相同:

(10) 他两家的房舍极是便宜的,咱们先能着住下,再慢慢的着人去收拾,岂不消停些。(4回)

(11) 怪道上月我烦他打十根蝴蝶结子,过了那些日子才打发人送来,还说"打的粗,且在别处能着使罢;要匀净的,等明儿来住着再好生打罢"。(32回)

(12) 这绢包儿里头是姑娘上日叫我作的活计,姑娘别嫌粗糙,能着用罢。(37回)

(13) 他倒想着不错日子给,因姑妈打发人和我说,一个月用不了二两银子,叫我省一两给爹妈送出去,要使什么,横竖有二姐姐的东西,能着些儿搭着就使了。(57回)

(14) 银子上千钱上万,一日都从他一个手一个心一个口里调度,那里为这点子小事去烦琐他。我劝你能着些儿罢。(68回)

(15) 我们奶奶就少这个,奶奶不嫌脏,这是我的,能着用些。(75回)

## 四、乱

白维国词条【乱】下收了3个义项:①忙乱。②嚷闹;吵闹。③调笑。② 均为动词义。实际上,"乱"还有副词义,表示(很多人或事物)接二连三地;纷纷。这一用法在《词话》中共出现了14例,属于常用义。如:

(1) 众人见花子虚乃是内臣家勤儿,手里使钱撒漫,都乱撮合他,在院中请表子,整三五夜不归(10回)。

(2) 良久,李瓶儿下来,四个唱的见他手里有钱,都乱趋捧着他,娘长娘短,替他拾花翠,叠衣服,无所不至。(20回)

(3) 贲四、来兴儿众人都乱来问:"平官儿,爹为什么打你?"(35回)

---

① 这6例均出现于前80回,后40回未见。
② 白维国. 金瓶梅词典 [M]. 北京:中华书局,1991:336.

(4) 烧罢纸,泪珠儿<u>乱</u>滴（89回）。

(5) 早辰上工,叫了名字,众人看见经济不上二十四五岁,白脸子,生的眉目清俊,就知是侯林儿兄弟,都<u>乱</u>讶戏他（金96-1448）。

这种用法的"乱",主语均为复数,与"任意;随便""胡乱"等意义的用法不同。元代已见,如:

(6) 元·何中《枥溪》诗:"山花已<u>乱</u>发,烟暖东风迟。"①

## 五、掉口气

(1) 这潘金莲几次见西门庆留意在宋惠莲身上,于是<u>心生</u>一计,行在后边唆调孙雪娥,说:来旺儿媳妇子怎的说你要了他汉子,备了他一篇是非,"他爹恼了,才把他汉子打发了。前日打了你那一顿,拘了你头面衣服,都是他过嘴告说的。"这孙雪娥耳满心满。掉了雪娥口气儿,走到前边,向惠莲又是一样说话,说:孙雪娥怎的后边骂你"是蔡家使喝了的奴才,积年转主子养汉。不是你背养主子,你家汉子怎的离了他家门。说你眼泪留着些脚后跟。"说的两下都怀仇忌恨。(26回)

何为"掉口气儿"? 李申认为:

掉口气儿,犹言顺着话头（说话）。明清小说中多作"绰口气"。《西游记》第三十五回:"大圣闻言,就绰了他口气道:'我的葫芦,也是那里来的。'"《醒世姻缘传》第四十六回:"这是那光棍绰着点口气来诈银子,这事看来必定得合他到官才好。"又第四十七回:"小的绰了这口气,记得他是十六岁,十二月十六日酉时生的。"又第六十二回:"这

---

① 引自《汉语大词典》"乱"字条。但《汉语大词典》将此例与其形容词义的例句放在一起（如"乱花""乱蕊"）,释为"纷繁",不妥。

是我清早看着人通阳沟，他在他门口站着，我对他告诉的，他就绰了这个口气来起这风波！""掉"或即"绰"之误。《汉语大词典》卷六"掉"条引上《金瓶梅》二十六回例，释作"交替，更换"。"掉口气儿"即改换口气。误。①

笔者认为，《汉语大词典》把这句话中的"掉口气儿"的"掉"释为"交替，更换"确实不对，但是，释为"绰"之误，表示顺着话头（说话），也是没有根据的。这里的"口气"即"口风，话中透露出来的意思"。《词话》中"口气（儿）"成词时基本上均用于此义。如：

（2）他口气要五百两。到跟前拿银子和他讲，三百五十两上，也该折他的。（35回）

（3）黄四又早伙中封下十两银子谢他："大官人分付教俺过节去，口气儿只是搗那五百两银子文书的情。你我钱粮拿甚么支持？"（45回）

"掉口气"义为探听风声，即"探口风"。《汉语方言大词典》第四卷"掉"字条下列"指探听风声或察看苗头"的义项，指出这是江淮官话，举江苏淮安例句："掉口气｜掉影儿。"

《西游记》中的"绰口气"共出现3例：

（4）大圣闻言，就绰了他口气道："我的葫芦，也是那里来的。"（35回）

（5）我随到南海菩萨处诉告，不知那妖精怎么就绰着口气，假变作我的模样，在半路上打倒师父，抢夺了行李。（58回）

（6）那怪道："我往竹节山去请老大王明早赴会。"行者绰他的口气儿，就问："共请多少人？"那怪道："请老大王坐首席，连本山大王共头目等众，约有四十多位。"（89回）

---

① 李申．《金瓶梅方言俗语汇释》补［J］．镇江师专学报（社会科学版），1995（1）：70-76.

《醒世姻缘传》中"绰口气"共出现7例：

（7）姜副使说："这是那光棍绰着点口气来诈银子，这事看来必定得合他到官才好。只是这县里断事全不在理上，这事都定不的。"（46回）

（8）小的绰了这口气，记的他是十六岁，十二月十六日酉时生。（47回）

（9）小珍哥绰了张瑞风的口气，跟了回话，再不倒口。（51回）

（10）是我清早看着人通阴沟，他在他门口站着，我对他告诉的，他就绰了这个口气来起这风波。（62回）

（11）狄员外绰着狄周的口气，说道："你且别说给他实话好来，看他再支吾甚么。你既是说了，把他的皮袄剥下，连人带袄押到府里，交给他去。"（67回）

（12）童奶奶绰了这个口气，随道："可不小的说来？他硬着个脖子，听人句好话么！说老公待交帐收铺子哩，没有银子交，算计待交那打就的首饰。"（70回）

（13）那看门的道："奶奶，你跟进我来，你在宅门外听着我说话，你跟绰着我的口气儿合太太说。"（71回）

除例13外，均为"探口风"之义。例4、例13表示"顺着……的口气说话"。这个意义在《醒世姻缘传》中也用"顺"：

（14）说到赔银之事，都顺着那任德前的口气随机应变的答应。（71回）

（15）相大妗子婆媳顺了相栋宇的口气说话，一味支吾他过去，又问他的眼睛因甚瞎了，又因甚没了鼻头。（77回）

从上述例句来看，"掉口气""绰口气"均可说，都可表示"探口风"。"绰口气"更为常见一些，但没有证据证明"掉"是"绰"之误。

## 参考文献

[1] 白维国. 金瓶梅词典 [M]. 北京：中华书局，1991.

[2] 冯春田.《醒世姻缘传》方言词例说 [J]. 文史哲，2001（4）.

[3] 侯兰笙.《金瓶梅词典》拾误 [J]. 西北师大学报（社会科学版），1993（2）.
[4] 黄霖. 金瓶梅大辞典 [M]. 成都：巴蜀书社，1991.
[5] 李布青. 金瓶梅俚语俗谚 [M]. 北京：宝文堂书店，1988.
[6] 李申. 金瓶梅方言俗语汇释 [M]. 北京：北京师范学院出版社，1992.
[7] 李申.《金瓶梅方言俗语汇释》补 [J]. 镇江师专学报（社会科学版），1995（1）.
[8] 罗竹风. 汉语大词典 [M]. 北京：汉语大词典出版社，1993.
[9] 徐复岭，王永超.《金瓶梅词话》《醒世姻缘传奇》《聊斋俚曲集》语言词典 [M]. 上海：上海辞书出版社，2018.
[10] 钟兆华. 近代汉语虚词词典 [M]. 北京：商务印书馆，2015.

（刘敏芝　首都师范大学文学院）

# 现代汉语口语词语体构词探究*

王伟丽

现代汉语口语词本质属性及其相关问题的研究,一直是学术界研究的难点,对现代汉语口语词与书面语词以及介于二者之间的口书通用体词的相关研究也相对较少,而关于现代汉语口语词构词语素的语体特征问题的研究则更少。本文将重点以双音节口语词和三音节口语词构词语素的语体特征为原型进行相关研究。

## 一、关于口语词的一些相关问题

现代汉语词汇是一个复杂的系统,既有共时平面的普通话词汇和方言词汇的区分,又有历时层面文言词汇和白话词汇的区别。就它们之间的关系问题,李如龙先生曾指出:

> 白话是千年前的口语,上升为书面语之后又与口语有了不少差异。……就交际领域说,文言和白话都是书面语,文言是古代传下来的书面语,白话是近代形成的书面语。白话以吸收近代口语为主体,也承继了大量文言成分。现代普通话和方言则是指的口语……从近代到现代,就

---

\* 本文得到国家社科基金一般项目(项目编号:17BYY211)、教育部人文社会科学研究青年项目(项目编号:14YJC740087)、国家社科基金重大项目(项目编号:14@ZH036)、国家语委重大项目(项目编号:ZDI135-79)以及科技创新服务能力建设项目(项目编号:0251-8530-5000/183)资助。

通行面说，白话和普通话虽然是后起的、新生的，却都是普遍通行的；文言和方言虽说都是固有的，但也都只是局部通行的。文言不但影响白话，也影响了方言；在一定地域形成的方言，有古代文言的影响，也有近代白话的作用。现代华人社会的书面语以白话为基础，但正在越来越快地发生变化，这种变化除了吸收大量的普通话成分之外，也势必吸收某些方言成分。这就是文言、白话和普通话、方言之间错综复杂的关系。……现代的口语——普通话不但和方言相互依存、相互作用，而且直接继承了白话的传统，吸收了不少文言的成分；其书面语形式不仅与口语有别，与近代白话乃至五四以来的白话也有许多差异。①

从语体的角度来分类，现代汉语词汇大体可以分为口语词汇和书面语词汇，但是口语词汇从广义的角度来看，又有方言词汇和共同语词汇之分。苏新春先生就口语词、书面语词以及方言词之间的关系做过探讨：

> 口语词是词汇学理论中对词的语体色彩所作的一种分类。它表明这一类词语主要运用于非正式场合的生活场景，具有通俗、随意、亲和的特点。口语词与书语词是相对的。……词语的分类如同现实事物的分类一样，交叉混杂是难免的，……交叉混杂同样也会出现在口语词与书语词的分类中。口语词与普通词语、书语词与普通词语之间的界限同样难于进行非此即彼的切分。语体色彩义分类的混杂还远不限于此，在口语词与方言词、书语词与古语词之间又何尝不是纠缠在一起呢。②

如果从狭义的语体角度来分类，我们可以把现代汉语词汇分为口语词汇、书面语词汇以及介于二者之间的通用语体词汇，也就是苏新春先生所说的"普通词汇"③。口语词和书面语词有各自的原型成员，二者之间又存在"通用语体"。我们将现代汉语词汇的口语体和书面语体之间的层级关系大体分为

---

① 李如龙. 文言 白话 普通话 方言 [J]. 语言文字应用，2003 (4)：2-9.
② 苏新春. 汉语词汇计量研究 [M]. 厦门：厦门大学出版社，2001：197-200.
③ 苏新春. 汉语词汇计量研究 [M]. 厦门：厦门大学出版社，2001：197-200.

五级，即口语专用词、口书兼用（偏口）词、口书通用词、书口兼用（偏书）词、书面专用词，具体分类图（图1）。

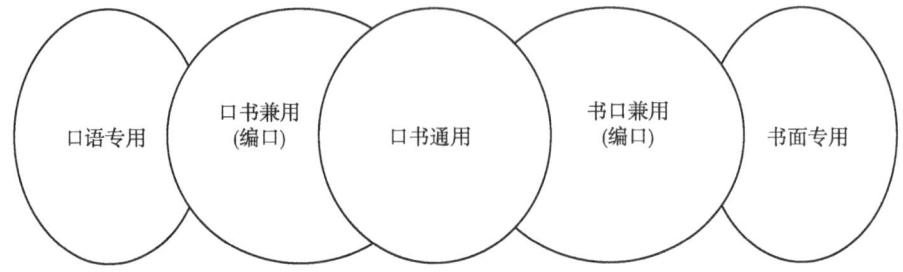

图1　现代汉语词汇口语体和书面语体层级

我们可以通过表1所示现代汉语标准语中各种语体的分布状况，来对纯口语和纯书面语以及介于二者之间的通用语体的分布及其关系有一个更直观的认识。

表1　现代汉语标准语中各种语体分布状况

| 现代民族标准语 ||||
|---|---|---|---|
| 口语 || 书面语 ||
| (2)纯口语成分 | (1)中态成分 | (1)中态成分 | (2)纯书面语成分 |
| (3)其他成分(俚俗等) | | | (3)其他成分 |
| 边缘 | 中心 || 边缘 |

注：此表引自崔卫在《口语共性》中对口语以及书面语和通用语体（中态成分）的分析。

从表1可以判断出，现代汉语标准语中的口语词包括"中态成分"的口语词、纯口语词、以及其他俚俗成分等口语词。而本文中我们所研究的口语词包括上表中"中态成分"偏口语的成分、纯口语成分、其他成分（俚俗等）以及边缘等范围的词汇，而"纯口语成分"和"纯书面语成分"就是我们所说的口语和书面语的原型成员，其余部分是边缘成员，其口语性和书面语性也具有梯度层次的区别。

口语和书面语有各自的原型成员，同时二者之间又存在"通用语体"成员，也就是我们所说的边缘成员。根据我们对现代汉语词汇的口语体和书面语体之间的层级关系的五级分类法，我们这里所研究的"口语的原型成员"就是指五级分类图表中所划分的"口语专用"的部分，"书面语的原型成员"是指五级分类图表中所划分的"书面语专用"的部分，"通用语体"是指五级分类图表中除了"口语专用"和"书面专用"之外的"口书兼用（偏口）""口书通用"以及"书口兼用（偏书）"的部分。而对于偏口语语体的通用语体词以及偏书面语体的通用语体词来说，其口语性和书面语性与其原型成员相比具有渐进性的梯度差别。

对于现代汉语口语词构词语素的特征问题，现代汉语口语词的构词语素的语体分布又是如何呢？下面我们主要对现代汉语双音节口语词和三音节口语词中口语语素、书面语语素以及介于二者之间的通用语体语素的语素构词情况进行调查分析，希望能够发现其中的一些规律。

## 二、关于口语词构词语素的语体属性的相关研究

关于词汇义位构词的语体问题，张志毅等提出了语素组合的"语体同一规则"（示例见表2）：

> 具有文言性的语素较宜相互组合，具有口语性的语素较宜相互组合，而不宜或较少交叉组合。这里包括新旧质的分别配列问题：新质与新质，旧质与旧质较宜共现。这一规则，在"冠/帽""履/鞋""足/脚""观/看"与同语体语素组合群中显得较清楚。如能说"免冠"和"脱帽"，而不宜交叉；能说"革履"和"皮鞋"，而不宜交叉。能说"盲目"和"瞎眼"，而不宜交叉。当然也有两可的中间性的组合，如：乳/奶＋名＋牛＋酪＋头。[1]

---

[1] 张志毅，张庆云. 词汇语义学（第三版）[M]. 北京：商务印书馆，2012：189.

表 2 语素组合的"语体同一夫则"举例

| 合文 | | | 组口 | | | | | | |
|---|---|---|---|---|---|---|---|---|---|
| | | | 口语 | | | | 文言 | | |
| | | | 妈 | 牙 | 水 | 喂 | 母 | 齿 | 汁 | 哺 |
| 口文 | 口语 | 奶 | + | + | + | + | - + | - | - + | - |
| | 文言 | 乳 | - | - + | - | - | + | + | + | + |

就语素构词的语体同一性问题,张志毅先生认为具有相同语体属性的构词语素比较容易组合。但是不同语体属性的构词语素所构成的合成词的语体属性又是如何呢?构词语素的语体属性对其所构成的合成词的语体属性的影响度有多大呢?就口语词而言,口语词的构词语素的语体属性又是如何呢?这些都是需要我们进一步研究的问题。

关于不同语体语素的构词特点以及构词能力问题,王东海也做出过探讨,所得结论与张志毅先生是一致的,认为大多数语素组合都遵循语体同一的规则:"在词内编码或词间编码,语素的语体多具有同一性,即文言性的语素宜于跟文言性的语素组合,口语性的语素宜于跟口语性的语素组合。例如,通常说'免冠(照片)'、'(进屋)脱帽',而不说'免帽'、'脱冠',因为'免'和'冠'都属于文言语体,'脱'和'帽'都属于口头语体。"① 在此基础上,他又对此进行了进一步地举例分析(见表3)。

表 3 不同语体语素搭配分析示例

| 编码 | | | 语体 | | | | | | | |
|---|---|---|---|---|---|---|---|---|---|---|
| | | | 文言性 | | | | 口语性 | | | |
| | | | 目 | 母 | 齿 | 哺 | 眼 | 妈 | 牙 | 喂 |
| 语体 | 文言性 | 睹 | + | | | | — | | | |
| | | 疾 | + | | | | — | | | |
| | | 盲 | + | | | | — | | | |
| | | 炫 | + | | | | — | | | |
| | | 乳 | | + | + | + | — | — | - + | — |

---

① 王东海. 汉语同义语素编码的参数和规则 [J]. 中国语文, 2002 (2): 159 – 164, 191.

续表

| 编码 | | | 语体 | | | | | | |
|---|---|---|---|---|---|---|---|---|---|
| | | | 文言性 | | | | 口语性 | | |
| | | | 目 | 母 | 齿 | 哺 | 眼 | 妈 | 牙 | 喂 |
| 语体 | 口语性 | 看 | — | | | | + | | | |
| | | 病 | — | | | | + | | | |
| | | 瞎 | — | | | | + | | | |
| | | 耀 | — | | | | + | | | |
| | | 奶 | — | — | — | | | + | + | + |

通过对以上语素搭配的分析，王东海先生最终得出结论：

> 语体同一是语素编码的最佳原则。当然，也有少数编码是语体不同一的，如"眼目、信函、死亡、书写、贫穷、快速"等。还有少数两可的中性的编码实例，如"眼力、眼光、眼下、眼前、满眼、眉眼"等，可以说"目力、目光、目下、目前、满目、眉目"等。这两套词本身还有口语和文言的语体陪义，在二级编码上仍然能显示出语体属性的分野。例如"目光炯炯"、"目光如炬"、"目光如鼠"、"目光如豆"等中的"目光"，不宜换成"眼光"；而"孩子的眼光"以及用新义（观点）造的口语说法"老眼光"、"旧眼光"、"新眼光"、"有眼光"等的"眼光"，又不宜换成"目光"。口语和书面语，是语体中第一层级范畴。在它们之下还有次范畴。书面语中还有术语、公文语言、文学语言等。术语之下还有第三级范畴，如科技术语、军用术语等。当然，公文语言和文学语言也不宜混在一个编码系列里。①

在这里，王东海分析了少数编码语体不同一的实例，也就是说，在汉语中也会存在不同语体的构词语素组合构词的现象。我们不禁要问，同语体的构词语素在口语词的构词中占多大比例呢？那些不同语体的构词语素在口语

---

① 王东海．汉语同义语素编码的参数和规则［J］．中国语文，2002（2）：159–164，191.

词的构词中又占多大的比例呢？构词语素语体的相同或不同对口语词的口语化的程度的影响力又是如何呢？这就是我们下文要着力研究的问题。

## 三、现代汉语口语词语素构词分析

对于现代汉语口语词的构词语素的语体状况的探讨，我们对《现代汉语词典》（第7版）中所收的口语词进行了统计。口语语素和通用语体语素的判定原则和标准，我们是结合《现代汉语词典》（第7版）及《汉语大词典》《汉语大字典》等工具书，以及大规模的历时汉语典籍语料库从历时和共时角度进行验证后确定的。关于确定的标准，我们主要参照时间要素以及是否有相应的书面语语素与之对应等因素作为鉴别的参数。从时间要素的标准来讲，我们大体认为汉魏以后固定使用的语素，如果是新出现的语素，我们就认为是口语语素；如果是从先秦至今一直使用，语素的语义也没有发生改变的语素，我们就认为是通用语语素。在时间参数之外，我们还对当前公众的口语、通用语以及书面语的语感认同进行了客观的实地问卷调查，通过运用公众语感以及其他工具书来对口语语素、书面语语素以及通用语语素的语体属性进行了确认。同时，我们把口语语素是否有相应的书面语语素与之对应也作为确定语体属性的标准，我们认为，如果有相对应的书面语的语素就是口语语素，如果没有相对应的书面语的语素，我们在时间参数的制约之下，再参考其他的参照参数，如构成口语词的语素的自由度等。

通过公众的语感认同、工具书验证以及共时历时典籍的反复验证和确认，我们对《现代汉语词典》（第7版）中的构词语素的语体属性进行了确定，认为其中所收的口语词大体是由口语性语素和通用语体语素组合构成的。我们对《现代汉语词典》（第7版）中的双音节口语词和三音节口语词的构词语素的语体状况进行了调查分析，结果如下。

（一）现代汉语双音节口语词语素的语体构词分析

我们对《现代汉语词典》（第7版）中现代汉语双音节的口语词语素的语体构成进行了统计，如表4所示。

表 4　现代汉语双音节口语词语素构词情况

| 双音节口语词语素构词情况 | 口+口 | 口+通 | 通+口 | 通+通 |
|---|---|---|---|---|
| 数量 | 157 | 108 | 259 | 163 |
| 百分比（%） | 22.85 | 15.72 | 37.70 | 23.72 |
|  |  | 53.42 |  |  |
| 例词 | 爸爸 | 哈腰 | 势头 | 地面 |

注：①"口"是指口语语体，我们这里简称为"口"；"通"是指通用语语体，我们这里简称为"通"。②对于《现代汉语词典》（第7版）中有明确标注"儿"的儿化词，我们在这里暂且不作为研究对象。③轻声是现代汉语口语词中一个非常重要的现象，具有动态性，我们在这里对所有《现代汉语词典》（第7版）中标注轻声或未标注轻声的口语词同等处理。④现代汉语口语词中还有单音节口语词以及三音节以上的口语词，因为数量很少，我们这里不作为研究对象。

从表4统计数字可以看出，现代汉语双音节口语词构词语素的语体构成情况。在《现代汉语词典》（第7版）双音节口语词中，有53.42%是由一个口语语体语素和一个通语语体语素构成的；由两个口语语素构成的不到23%；同时，还有一部分语素是由两个通用语体的语素构成的，大约占23.72%。可见，在现代汉语口语词构词语素的语体构成中，"口+口"和"通+通"所占比例大体相当。而现代汉语双音节口语词大部分是由一个口语体语素和一个通用语体语素构成的，占比为77.14%同时我们也可以得出结论：在现代汉语双音节口语词中，有大约77%的口语词是有通用语体的语素作为构词语素的。

根据我们对《现代汉语词典》（第7版）的统计，现代汉语口语词中双音节口语词的总量占现代汉语口语词总量的67.64%。结合以上对现代汉语双音节口语词语素构词情况的统计，我们对现代汉语双音节口语词构词语素所对应的口语词数量占现代汉语口语词总量的百分比情况进行了统计（如表5所示）。

表 5　双音节口语词构词语素所对应的口语词在现代汉语口语词的占比

| 双音节口语词语素构词情况 | 口 + 口 | 口 + 通 | 通 + 口 | 通 + 通 |
|---|---|---|---|---|
| 百分比（%） | 22.85 | 15.72 | 37.70 | 23.72 |
| | | *10.63* | *25.50* | |
| | | 53.42 | | |
| | *15.46* | *36.13* | | *16.05* |
| | | 52.18 | | |

注：表中斜体加粗的百分比数据为其相对应的双音节口语词构词语素所对应的口语词数量占现代汉语口语词总量的百分比。

通过表 5 统计分析，我们可以看出，在《现代汉语词典》（第 7 版）双音节口语词中，由"口 + 口"构成的双音节口语词占现代汉语口语词总量的 15.46%，由"通 + 通"构成的双音节口语词占现代汉语口语词总量的 16.05%。超过半数的现代汉语双音节口语词是由通用语体的语素作为构词语素的，大约占现代汉语口语词总量的 52.18%。

### （二）现代汉语三音节口语词语素的语体构词分析

我们对《现代汉语词典》（第 7 版）中现代汉语三音节口语词语素的语体构成的统计如表 6 所示。

表 6　现代汉语三音节口语词语素构词情况

| 三音节口语词语素构词情况 | 口口口 | 口口通 | 口通口 | 通口口 | 口通通 | 通通口 | 通口通 | 通通通 |
|---|---|---|---|---|---|---|---|---|
| 数量 | 12 | 5 | 24 | 16 | 12 | 41 | 4 | 30 |
| 百分比（%） | 8.33 | 3.47 | 16.67 | 11.11 | 8.33 | 28.47 | 2.78 | 20.83 |
| | | 31.25 | | | 39.58 | | | |
| | | 70.83 | | | | | | |
| 例词 | 打哈哈 | 呱呱叫 | 矮半截 | 出份子 | 背黑锅 | 可怜见 | 踝子骨 | 二百五 |

注：同表 4 下说明，请参看。

从表6统计数字可以看出，现代汉语三音节口语词构词语素的语体构成情况。在《现代汉语词典》（第7版）三音节口语词中，有70.83%是由一个或两个口语语体语素和一个或两个通用语体语素构成的；由三个口语语素构成的占8.33%；由三个通用语体语素构成的占20.83%。从而可以得出，现代汉语三音节口语词有大约70%是由通用语体语素作为构词语素的，有大约30%是由纯口语语素和纯通用语语素作为构词语素的。可见，在现代汉语口语词构词语素的语体构成中，跟双音节口语词的构词语素语体分布是一致的。同时，由"通+通+通"所构成的三音节口语词是由"口+口+口"所构成的三音节口语词的2倍强。现代汉语三音节口语词绝大部分至少由一个通用语体语素和一个或两个口语体语素构成，占比为91.67%。由此我们可以得出结论：在现代汉语三音节口语词中，有大约92%的口语词是由通用语体的语素作为构词语素的，纯粹由口语体语素构成的现代汉语三音节口语词仅占8%左右。

根据我们对《现代汉语词典》（第7版）的统计，现代汉语口语词中三音节口语词的总量占现代汉语口语词总量的16.52%。结合以上对现代汉语三音节口语词语素构词情况的统计，我们对现代汉语三音节口语词构词语素所对应的口语词数量占整个现代汉语口语词总量的百分比情况进行了统计（如表7所示）。

表7　三音节口语词构词语素所对应的口语词在现代汉语口语词的占比

| 三音节口语词语素构词情况 | 口口口 | 口口通 | 口通口 | 通口口 | 口通通 | 通通口 | 通口通 | 通通通 |
|---|---|---|---|---|---|---|---|---|
| 百分比（%） | | 3.47 | 16.67 | 11.11 | 8.33 | 28.47 | 2.78 | |
| | | *0.57* | *2.75* | *1.83* | *1.38* | *4.70* | *0.46* | |
| | | 31.25 ||| 39.58 ||| |
| | | *5.16* ||| *6.54* ||| |
| | 8.33 | 70.83 |||||| 20.83 |
| | | *11.70* |||||| *3.44* |
| | *1.38* | *15.14* |||||| |

注：表中斜体加粗的百分比数据为其相对应的三音节口语词构词语素所对应的口语词数量占现代汉语口语词总量的百分比。

通过表7统计分析，我们可以看出，在《现代汉语词典》（第7版）三音节口语词中，由"口+口+口"构成的三音节口语词占现代汉语口语词总量的1.38%，由"通+通+通"构成的三音节口语词占现代汉语口语词总量的3.44%。大约六分之一的现代汉语三音节口语词是由通用语体的语素作为构词语素的，占现代汉语口语词总量的15.14%。

## 四、现代汉语口语词语体构词小结

根据我们对《现代汉语词典》（第7版）的统计，现代汉语口语词中双音节口语词和三音节口语词的总量占现代汉语口语词总量的85%左右，其中双音节口语词大约占67.64%，三音节口语词大约占16.52%。我们对现代汉语双音节及三音节口语词语素构词情况进行统计，可以得出：由双音节以及三音节口语词构词语素构成的口语词中，至少由一个通用语体语素构成的口语词数量占口语词总量的67.32%；由纯粹口语语素构成的口语词数量占口语词总量的16.84%；由纯粹通用体语素构成的口语词数量占口语词总量的19.49%。可见，在现代汉语口语词中，通用语体语素比口语体语素具有更强的构词能力，通用语体语素的构词能力大约是口语体语素构词能力的近4倍。

前文我们已经谈到，口语和书面语有各自的原型成员，同时二者之间又存在"通用语体"。据Ф. П. Филин统计，口语和书面语中的"中态成分"即通用语体各占其总数的75%，包括了一般交际用语的主要内容。陈建民也曾指出，口语和书面语"共通的句式是大量的，约占全部现代汉语句式的85%"，而口语中特殊的约占15%。在我们的语言生活中，有15%—25%的口语词和书面语词是原型成员，有75%—85%的口语词和书面语词处于不同层级的过渡状态，是偏口语语体的通用语体及偏书面语体的通用语体的中态成分。也就是说，在我们的实际语言生活中在75%—85%的情况下运用的是通用语体，表现在现代汉语口语词的构词语素的语体上，就是通用语体语素作为现代汉语双音节和三音节口语词的构词语素超过了70%。

结合我们上文的研究数据，我们重新探讨一下王东海先生在《汉语同义语素编码的参数和规则》一文中对现代汉语中具有口语性的语素的构词情况所做过的分析。他认为语素的自由性和口语性是影响语素编码量的双重因素。

他所探讨的"眼、脚、牙"等具有口语性的语素在现代汉语中已经进入了通用语体变成了具有通用语体性的口语语素，这一类语素是"中态成分"中偏重于通用语体的口语语体语素。这部分语素"有的是汉魏及其以后产生的语素，有的是汉魏以后双音化的活跃语素"，大约在这部分通用语体口语语素的70%的范围内语素构词的自由度受自由性和口语性的影响，使同时具有这两种属性的语素成为构词能力强的强质语素。他所探讨的"口、食、饮"等是古代汉语的基本词，这部分词在现代汉语中作为语素也已经进入了通用语体变成了具有通用语体性的语素，这一类语素是"中态成分"中偏重于书面语语体的通用语体语素，大约在这部分通用语体语素的30%的范围内语素构词的黏着性和文言性的强弱与构词能力成正比，但是这类词大体上不参与口语词的构词。

通过研究可以发现，作为现代汉语双音节口语词和三音节口语词构词语素的现代汉语通用语体语素中，至少由一个通用语体语素构成的现代汉语口语词数量占口语词总量的67.32%。根据《汉语同义语素编码的参数和规则》的研究结果我们可以推断出，"中态成分"中偏重于通用语体的口语语体语素，也就是在现代汉语中已经进入了通用语体变成了具有通用语体性的口语语素，其在口语词总量中的构词能力大约为49%，接近半数。而另一部分"中态成分"的语素，也就是在现代汉语中变成了具有偏重于书面语语体性的通用语体的语素，这部分语素仍然具有文言性，在现代汉语中表现出书面语体的性质。根据张志毅等所指出的"具有文言性的语素较宜相互组合，具有口语性的语素较宜相互组合，而不宜或较少交叉组合"。这部分词大体上不参与现代汉语口语词的构词，即使作为构词语素也是使用了现代汉语中新产生的义位，性质已经变成了具有通用语体性的口语语素。

**参考文献**

[1] 崔卫. 口语共性 [M]. 北京：军事谊文出版社，1998.

[2] 李如龙. 文言 白话 普通话 方言——汉语教学中一个根本问题 [J]. 语言文字应用，2003（4）.

[3] 苏新春. 汉语词汇计量研究 [M]. 厦门：厦门大学出版社，2001.

[4] 王东海.汉语同义语素编码的参数和规则［J］.中国语文,2002（2）.
[5] 张志毅,张庆云.词汇语义学（第三版）［M］.北京:商务印书馆,2012.
[6] 中国社会科学院语言研究所词典编辑室编.现代汉语词典（第7版）［Z］.北京:商务印书馆,2016.

（王传丽　首都师范大学文学院）

# 基本分词单位及其饱和度*

刘贤俊

## 一、基本分词单位与饱和度

现代汉语中词和短语界限不清的问题由来已久。为了适应语言信息处理的需要,"分词单位"的概念应运而生。"分词单位"指"汉语信息处理用的具有确定的语义和语法功能的基本单位"(中华人民共和国机械电子工业部,1992),它不仅包括一般所说的词,包括类似于词的单位,也包括固定词组、固定用语[①]。实践证明,分词单位暂时将词和短语的纷争搁置一旁,很好地推动了汉语信息处理工作的发展。笔者认为,有必要在分词单位中独立出"基本分词单位",因为基本分词单位是辨识度极高、人和计算机都不存在争议的一种分词单位,而且它几乎不构成分词歧义,在歧义消解和规避上具有较高的应用价值。分词单位包括一般所说的词,基本分词单位与词有较大的交集,但不完全相同。从音节构成上看,它的主要外在特征是:

(a) 可以是单音节自由语素,如"山""人""走""打"等单音节实语素,也可以是"着""了""过""的""地""得"等单音节虚语素。

---

\* 本文得到北京市科技项目(KM201610028022)的支持。
① 符淮青. 现代汉语词汇 [M]. 北京:北京大学出版社,2004.

（b）可以是双音节词，词长一般不超过两个音节。超过双音节的多是音译外来词，如"尼古丁""大不列颠"等。

本文重点讨论双音节的基本分词单位。这种基本分词单位不仅要满足双音节这一韵律条件，还有饱和度的要求。饱和度是一些带有倾向性的句法属性和语义属性，一个双音节单位具备了其中的某一句法语义属性，它就达到了饱和，它就是一个二字词，同时也是双音节基本分词单位。饱和度是鉴定双音节基本分词单位要遵守的一些必要的、刚性的句法语义条件，有了它，基本分词单位在句法语义上处于一种自足的平衡状态。

基本分词单位的饱和度至少可以分为四种：结构饱和、语义饱和、句法饱和和概念饱和。基本分词单位必须至少满足这四种饱和度中的一种，否则它们的自然平衡状态会被打破而失去词感，这时的双音节可能是自由二字短语，不再是基本分词单位。双音节基本分词单位在本文也称"二字词"，双音节有时也称作"二字组"。

## 二、结构饱和度

吕叔湘（1979）讨论了语素的活动能力与语法单位之间的关系，认为除了所有的语素都不能单用的语言单位不可能是短语外，语素的活动能力或者它的自由黏合程度跟整个语言单位是词还是短语没有必然的关系，单纯用有无黏合语素来确定一个组合是词还是短语是有问题的：自由语素相加（FF），可以是短语（工人农民），可以是词（田地）还可以是不成词的多音节语素（高射）；自由语素与黏着语素相加（FB）可以是短语（老师同学们），可以是词（高兴），也可以是黏着语素（高速）；黏着语素相加（BB）可以是词（典型），也可以仍然是黏着语素（微型）。

由于吕先生讨论的对象不限于二字词，所以得出了语素的自由程度跟整体结构是不是词没有必然联系的结论。如果将讨论的对象限定为二字词，还是可以找出比较硬性的规律，即二字词结构上的饱和度。笔者发现：一个整体上可以自由单用的二字组，只要其中有一个黏着语素，不管是 FB、BF 还是 BB，这个二字组一定是二字词。这一规则可以称为二字词的"结构饱和度 A"

(简称"结 A")。例如：

(1) 本钱（FB）版权（BF）导师（BB）
(2) 沉沦（FB）绞杀（BF）起伏（BB）
(3) 厚实（FB）苍凉（BF）悲愤（BB）

(1)(2)(3)分别是二字名词、二字动词和二字形容词，依次是按 FB、BF 和 BB 顺序排列。词内均有不自由的黏着语素，但整个二字组是自由的、可单用的。例如：

(4) 你有什么<u>本钱</u>东山再起？作者的<u>版权</u>应受到尊重。你<u>导师</u>是谁？
(5) 我们的民族不能就此<u>沉沦</u>。制度<u>绞杀</u>了这些人的全部希望。水平发挥不够稳定，<u>起伏</u>，让人不放心。
(6) 新楼墙体挺<u>厚实</u>的。秋风起，人的心境也<u>苍凉</u>起来了，甚至有些<u>悲愤</u>。

当二字组中的两个语素原本都是自由的，且二字组整体上也是自由的，这个二字组不一定是二字词，而是短语，说得更准确一点，是吕叔湘（1979）所说的"短语词"。在笔者看来，二字短语词不能看作基本分词单位。例如：

(7) 我恨不得远离喧闹的城市，躲进人烟稀少的<u>深山</u>。
(8) 满屋都是蚊子，他进屋拿起扇子一阵儿<u>追打</u>。
(9) <u>大美</u>山西，这边风景独好！

当二字组内部由 FF、FB、BF 或 BB 构成，但整体上仍然是一个黏着的二字组时，即为"词汇词"（吕叔湘，1979）。例如：

(10) <u>高射</u>炮　<u>大型</u>节目　<u>袖珍</u>词典　<u>超额</u>完成　<u>加倍</u>努力　<u>定期</u>汇报
<u>高价</u>回收　<u>按劳</u>分配

二字词不仅包括这些词汇词,也包含"语法词"(吕叔湘,1979)。怎样理解或解释二字词的这一结构饱和度?按韵律构词学的观点,双音节是成词的必要条件(冯胜利,2001)。如此看来,韵律词实际上包含词汇词、语法词和短语词三种"词",三者形成了一个连续体。三类"词"的差别与联系如表1所示。

表1 三类"词"的差别与联系

| 词性 | 差别与联系 |
| --- | --- |
| 词汇词 | 整体黏着,内部至少有一个黏着语素 |
| 语法词 | 整体自由,内部至少有一个黏着语素 |
| 短词语 | 整体自由,内部都是自由语素 |

词汇词与语法词相似之处在于它们内部语素都可以是黏着的,不同之处在于整体上的自由程度。语法词与短语词在整体上都是自由的这一点呈现出相似性,不同之处在于前者至少有一个黏着语素,后者内部全是自由语素。词汇词包含两个语素,是最大的二字语素,短语词也包含两个语素,是最小的二字短语。二字词(语法词)是最大的二字语素(词汇词)和最小的二字短语(短语词)中和、协调的结果,它凭借整体的自由度跳出了语素的束缚,凭借内部语素的黏合性将自己绑定、融合成一个辨识度高的基本分词单位而没有跨入短语的领地。

二字组内部的语素不仅有自由与黏着的差别,还有虚与实的不同。实语素与实语素可以构成短语词,如"大山""小草""尖刀";也可以构成语法词,如"朋友""爱慕""失败";同样也可以是词汇词,如前面的"高射""袖珍""超额"。实语素与虚语素可以构成短语词,如"所见""大的""读过";可以构成语法词,如"读者""作家""教员""有着";也可以构成词汇词,如"知性""慢性""全员"等。虚语素与虚语素可以构成形似短语词的二字组,如"(偷)的吧""(看你)的了""(吃)了吗";虚语素可以构成语法词,如"在于""虽然""而且";虚语素与虚语素可以构成词汇词,如"哈哈(大笑)""哇哇(大哭)"。看起来单凭内部语素的实与虚也无法从整体上知悉二字词与二字短语的关系,或者说区分语素实与虚对于二字词的识别价值不大。

但是，实际情况并非这样简单。依照语素的实与虚这两个标杆，我们仍然可以找到新的二字词结构饱和度：如果实语素加上实语素、实语素加上虚语素或虚语素加虚语素构成了一个仅表达语法意义或语法功能不能单独充当句法成分的二字组，那么这个二字组是二字词（虚词）；如果虚语素加上一个虚语素或者一个实语素加上一个虚语素构成一个可以单用（充当句子成分）的二字组，那么这个二字组也是二字词（实词）。这就是二字词的"结构饱和度B"（简称"结B"）。例如：

(11) 通过认真学习文件，我了解了相关政策。
(12) 本着人道主义精神，我们共向灾区捐款三万元。
(13) 炒股我亏了而且亏得血本无归。
(14) 问题在于有谁还在乎这一天挣二十元钱呢？
(15) 好在历史是人民写的。这是利于大家而不是少数人。

"通过"中的"通""过"都可以是实语素，但二者可以组合出一个介词；"本着"是一实一虚，在这里也是介词；"而且"里头都是虚语素，组合后是一个连词；"在于""在乎"里头本来都是两个虚语素，但整体上却有了实词（动词）的用法；"好在"和"利于"一实一虚的两个语素组合出了实词（好在：副词；利于：动词）的用法。

实语素与虚语素无论在意义和用法上都是极其悬殊的，现在实词里头出现了虚语素，虚词里头有实语素，语素的反转构词使得这些二字组获得了超强的凝固力，从而使它们定型为二字词，这正是凭借构成语素的虚实度可以概括二字词结构饱和度的原因。

由语素虚实总结出来的二字词的饱和度实际上是一个语素类变异的问题，这个问题还可以进一步扩展。构成二字名词、二字动词和二字形容词的典型语素类序列是"$N = n + n$""$V = v + v$""$A = a + a$"，即一个二字名词常常是由两个名词性语素构成，一个二字动词多由两个动词性语素构成，一个形容词内部通常是两个形容词性语素。如果连一个二字组的核心成分（head）都发生语素类变异，变得与二字组的整体不一致，这个二字组实际上已经不再是一个向心结构而是一个离心结构了。这样，我们又可以写出二字词的另一个饱和度规则：发生了语素类变异的二字离心结构都是二字词。这就是二字词的"结构饱和度 C"（简称"结 C"）。例如：

(16) 成都车模穿着热辣。新产品有什么缺陷？
(17) 鱼肉百姓者必为时代所弃。
(18) 看着老人吃力地推着板车，我很伤心。

"穿着""缺陷""鱼肉""吃力""伤心"都是可以单用的二字离心结构，都是二字词。它们都发生了语素类变异：名词"穿着""缺陷"变异形式是"N = v + v"，动词"鱼肉"由"V = n + n"变异而来，形容词"吃力""伤心"都由"A = v + n"变异而成。向心结构是语法结构的常规配置，二字向心结构需要很多特殊手段才能将其固化成词，其中采用离心结构，实现向心结构"心"的扭曲和变异，这无疑是二字组定型、饱和成词的一股重要力量。

## 三、语义饱和度

二字词的结构饱和度都是基于考察结构特异的二字词而梳理出的一些基本规则。结构特异的二字词毕竟不占多数，那么数量众多的其他二字词是如何固定成型的呢？吕叔湘（1979）指出，有专门意义的组合是一个新的词汇单位。专门意义是一根很管用的捆仙绳，有了它可以将流动不居的动态组合单位化动为静，使之成为人们需要专门学习记忆的备用单位，而二字备用单位，除了数量有限的词汇词（最大二字语素"高速""袖珍"等）之外，绝大部分是我们要考察的二字词。因此，我们需要总结出若干二字词的语义饱和度。

一般说来，概念义或指称义是词所要表达的、起区别作用的、最根本的、为词典收录的意义，概念义对于实词而言尤其重要。但是，对于区分词与非词来说，发挥关键作用的却并不是这些实词不可缺少的概念义，而是那些概念义之外的、甚至不用词典标注的、通常为母语习得者可识读的一些其他意义。语义饱和度主要建立在这些非概念意义之上。首先是色彩义、联想义或附加义。概念义之外的、附加在概念义之上、由人的联想或想象而获得的、体现词的诸种色彩风格的意义就是色彩义。观察发现，二字词汇词和二字短语词都没有携带色彩。所以，我们得到了"语义饱和度 A"（简称"语A"）：凡是携有形象色彩、感情色彩和语体色彩意义的二字组都是二字词。例如：

（19）学生二食堂的<u>佛手</u>（一种馒头）好吃。
（20）<u>杰出</u>青年资助计划已经启动了。
（21）妈妈五一节去了一趟风光<u>旖旎</u>的西双版纳。

"佛手"是一种面食，这个词具有强烈的形象色彩。"杰出"的主观色彩突出，"旖旎"多用于文学语体，这些都是富含色彩义的二字词。这些色彩义是母语习得者绑定二字词的一种手段，非母语习得者一般要深入学习才能领会这些色彩义。

浮现语义是言语交际中临时产生的并逐步固化下来的、一般无法通过内部构成成分的组合推导出来的意义。有时浮现意义以括注的方式出现在概念意义之中，成为概念义的非必有成分。对于二字组而言，浮现语义也是二字词所独有的，因此可以得到"语义饱和度 B"（简称"语B"）：凡是产生了浮现语义的二字组都是二字词。例如：

（22）这年头开<u>小车</u>的还不如拉<u>大车</u>的。
（23）不是马刺故意<u>放水</u>，火箭队可能4∶0横扫。
（24）这么<u>硬朗</u>的人，说走就走了。

（22）中的两个名词都不能简单从字面推导它们的全部意义，只有"小"和"车"连用时才能获得"小汽车、小轿车"的意义，只有"大"和"车"连用时才能浮现"牲口拉的、两轮或四轮的车"的意义。（23）中的动词"放水"也从字面无法推导出"比赛、故意输给另一方"的意义，只有二者组合在一起时这样的意义才会浮现。（24）中的形容词"硬朗"的专门意义"老人（而不是青年或小孩儿）的身体、身材"也并没有包含在"硬"和

"朗"两个语素之中。

浮现语义是填充了短语内部词与词的组合空间并将它们束缚在一起,将自由松散的短语推进词汇系统之中,一旦失去了浮现语义,它们将从词汇系统中退出,重新成为一个自由短语。例如上面的"放水"在"放水淹没了村庄和农田"里就是一个短语,因为它已经失去了浮现语义的约束,变成了一个自由短语。近年出现的一些二字新词,如"打脸""哭穷""洗地""甩锅""砸锅""后浪"都是依靠这一语义饱和度("语B")固化成词、成为基本分词单位的。

笔者认为"V+趋"的词汇化使"V+趋"实现了完全漂白化,完全漂白化是整个语言单位的意义抽象化,不再表示具体可感的事物、动作或属性。例如:

(25) 李老师照相水平已经达到了专业水准。
(26) 有了李老师的大力支持,同学们更有信心了。
(27) 向劳动模范致以崇高敬礼!

"水准"原指测量水平面的工具,现在这种意义完全消失,如果非要表达这种意义得在它的后面加上一个"仪"字,单用"水准"只表示技能技巧的熟练程度。也用来形容人的素质。"支持"不再表示"支起使之稳固"的动作义,而是单一地表示一种抽象的行为。形容词"崇高"极言精神之伟大,不再描述具体可感的空间属性。二字词的这种舍"形"取"神"的语义漂白性让我们可以这么认为:凡发生完全的语义漂白的二字组都是二字词。这就是二字词的"语义饱和度C"(简称"语C")。那些仍然"形""神"兼备的半语义漂白二字组则不一定是二字词,比如"抹去",可以抹去具体的"脏物",也可以是抽象的"问题、不良记录",所以,人们在确定"抹去"是不是词时会举棋不定。只有实现了语义完全漂白的二字组才会脱胎换骨,定型为二字词。

同(近)义词和反义词反映了不同词之间的语义聚合关系,虽然不见得所有的二字词都有同(近)义词和反义词。由此,我们得到了"语义饱和度D"(简称"语D"):如果一个二字组很容易找到它的同义词或反义词,那么它是二字词。例如"目录"与"目次","食堂"与"餐厅","宿舍"与"寝室","伟大"与"渺小","支持"与"反对",它们或有同义关系,或有反义关系,所以它们都是二字词。但是二字短语词"大树""深山""白墙"既没有同(近)义词也没有反义词。我们注意到二字词汇词,如前文中的"高速""袖珍""高价",它们在意义上可与"慢速""大型""廉价"形成对立,所以《现代汉语词典》(第6版)将词汇词一律当作词并全部收入词典①是有所考虑的,也是有道理的。它们也都是双音节基本分词单位。

## 四、句法饱和度

二字词在内部结构、语义特质上与其他二字非词有着明显的差异,我们可以依照结构饱和度和语义饱和度来区分二字词与二字非词。在句法上,二字词也呈现出一些特异性,也可以找到一些鉴别二字词的句法饱和度。不少二字词由两个小句整合而来,对这些二字词意义的识解常常需要比较复杂的句法操作或句法还原。例如:

(28)林志颖宝贝儿子 Kimi 9月16日满周岁,林志颖设宴为他高调庆生,不但亲自布置场地当起主持人,还请来包括名模王丽雅夫妻、钟汉良等30多名亲朋好友见证儿子的<u>抓周</u>仪式。

抓周②,又名"试儿",是魏晋南北朝时已经存在的中国传统风俗,现在是东亚国家一种孩子周岁时的预卜其前途的习俗。孩子周岁时,将各种物品摆放于小孩面前任其抓取,传统上常用物品有笔、墨、纸、砚、算盘、钱币、书籍等。如此丰富的历史文化信息凝聚(浮现)于二字之间,本身已经证明了它的二字词身份。从句法上看,"抓周"可以看作两个小句或两个事件整合

---

① 详见中国社会科学院语言研究所词典编辑室编.现代汉语词典(第6版)[Z].北京:商务印书馆,2012.高价:430;高速:432;袖珍:1467。
② 中国社会科学院语言研究所词典编辑室编.现代汉语词典(第6版)[Z].北京:商务印书馆,2012:1706。

的结果，整合过程大致如表2所示：

**表2 "抓周"的系列句法操作**

| ①一岁婴儿过周岁，一岁婴儿抓取物品 | 通过移位得到② |
|---|---|
| ②一岁婴儿抓取物品，一岁婴儿过周岁 | 各删除主语得到③ |
| ③抓取物品，过周岁 | 删除前宾语得到④ |
| ④抓取，过周岁 | 删除后谓语得到⑤ |
| ⑤抓取，周岁 | 各删除后字得到⑥ |
| ⑥抓，周 | 删除标点得到⑦ |
| ⑦抓周 | 整合成词 |

两个小句整合成一个动宾（vo）式二字词"抓周"，这样的二字词被称为带事件宾语的二字动词，简称"事宾动词"，其中的"o"是事件宾语。由此我们得到"句法饱和度A"（简称"句A"）：含事件宾语的二字组是二字词。进行一系列的句法操作，语言单位的理据由清晰到模糊、由分立到融合，最后实现由句法向词法的转移，这本身就是词汇化的主要途径。句法操作或句法还原过程越复杂，删除的信息量越大，语言单位的固化程度越高。现代汉语的事宾动词数以千计，如"找死""服软""告辞"等，构成了一种句法特异的基本分词单位。

四字格可以是"1+1+1+1"结构（听说读写），可以是"1+1+2"（打好基础），可以是"2+1+1"（价格之高），可以是"1+2+1"（吃青春饭），也可以是"2+2"（生活质量）。四字格能体现二字词的黏合能力，特别是"2+2"四字格。我们依据四字格的句法组合关系得到"句法饱和度B"（简称"句B"）：当一个二字组与另一个二字组连用，每一个二字组都可以自由灵活地居于四字格之首，也可以自由灵活地居于四字格之尾时，这两个二字组都是二字词。每个二字组组合的可及性（易联想性或组合能力）越强，二字组成词的概率越高。例如"生活质量"中的"生活"和"质量"都是基本分词单位，其依据就是它们在四字格中的自由度。四字格与二字词的关系如表3所示。

表3　四字格与二字词的关系

| ①艺术/文化/物质/改善，等，可前加于② | ②生活，可前加于③和⑤，后加于① | ③品味/道路/水平/富裕，等，可后加于② |
|---|---|---|
| ④空气/产品/提高，等，可前加于⑤ | ⑤质量，可前加于②和⑥，后加于②和④ | ⑥合格/监控/问题/标准，等，可后加于⑤ |

"生活"与"质量"构成"2+2"四字格；"生活"居后与"文化/艺术/物质"等构成"2+2"四字格，"生活"居前与"品味/道路/水平/富裕"等构成"2+2"四字格；"质量"居后与"空气/产品/提高/保证"构成"2+2"四字格，"质量"居前与"合格/监控/问题/标准"等构成"2+2"四字格。所以，"生活"和"质量"都是二字词。因为只有二字词与二字词之间才有接龙性和传递性，二字词与非二字词（"1+1"）之间不可以循环接龙和传递，非二字词在四字格中位置固定，要么居前，要么居后，不能出现两可的情况。"价格之高"，"价格"居前可以与"判断/体系……"、居后可以与"建议/提高/降低……"构成四字格，但"之高"却不可以居前与其他二字词构成"2+2"四字格，所以，"之高"不是二字词。由此可见，传递性也是巩固二字词词型的重要手段。"2+2"是鉴别二字词的理想四字格，其他四字格不足以鉴别二字词。

赵元任（1979）指出，词是最小的能够填进某些功能框架里的空位的单位。现代汉语里，有些二字空位可以作为鉴别二字词的功能框架，因为在这个位置的二字组只能是二字词。我们注意到：①如果一个二字组可以替换"加以/给予/进行/给以/予以/作（形式动词或虚化动词）+××"中的二字空位××，那么这个二字组是二字动词；②能够替代"××不××"中的二字空位××的一定是二字动词或二字形容词；③如果一个二字组可以替代"比我××"中的二字空位××，那么这个二字组一定是二字形容词；④在一些含有二字介词的结构里，如"根据（依照、按照等）你的××"中的二字空位××替代它的只能是二字名词或二字动词，"由于（因为、鉴于）你的××"中的二字空位只能填入二字词，可以是二字名词、二字动词或二字形容词；⑤一些含有起讫类的二字动词如"开始、继续、停止"等的结构里，如果"开始/继续/停止你的××"中的二字空位被替代，那么这个替代的二字组就是二字动词。这就是"句法饱和度C"（简称"句C"），这个规则还可以进一步扩充。

与二字名词争抢句法空位的主要是：①二字 AN，如"好书、新笔、绿树"等；②二字方位短语，如"家里、山上、水中"等；③并列式二字 NN，如"水电、纸笔、山河"等；④二字"的"字短语与"所"字短语，如"看的、卖的，所见，所闻"。与二字动词争抢句法空位的主要是：①二字 VO，如"吃饭、看书、写字"；②状中式二字 XV，如"能睡、好写"；③动补式二字 VR，如"吃好、写出、看累"；④带动态助词的二字组，如"吃了，看过，写着"；⑤并列式二字组 VV，如"吹剪、读写、吃睡"。与二字形容词争抢句法空位的主要是：①状中式"副词+A"，如"好美、真香，太大"；②少量形补二字组，如"帅呆、熟透、爽死"；③并列式二字 AA，如"新亮、甜脆"等。

　　这些二字组要么不能替代上述的二字功能空位，有些看起来可以替代，但仍觉不够自然。例如，"吃饭、看书、写字"似乎可以说成"吃饭不吃饭、看书不看书，写字不写字"，甚至"能睡、好写"也可以说成"能睡不能睡""好写不好写"，但是，这些二字组用重复首字的方式来提问更自然："吃不吃饭""看不看书""写不写字""能不能睡""好不好吃"。

　　有些二字词随着其意义的完全漂白，它的组合成分往往也是强制的。例如"提高"现在完全不表示具体的动作只表示抽象的行为义，它的具体动作义已经移植到"举高""拿高"之中，这时"提高"的宾语也要求意义完全漂白的抽象名词"水平""质量"等。形容词也存在类似现象，完全漂白的二字形容词只能修饰完全漂白的二字抽象名词，只不过完全漂白的形容词不仅包括"崇高、庄严"还包括前加"很、太、真、不 A"等的形容词，所以可以说"崇高的品质"，也可以说成"很好的品质"。因此，我们可以说：一个动词性的二字组只能带二字抽象宾语，那么这个动词性二字组一定是二字动词，这个二字抽象宾语一定是二字名词。一个形容词性二字组只能修饰一个抽象的名词性二字组，只要前者不含"很、太、真、不"，那么这个二字修饰语是二字形容词，修饰对象是二字名词。这就是"句法饱和度 D"（简称"句 D"）。语义组合上的强制性也形成了二字词固化的重要策略、手段。

　　兼类词反映了词的不同语法特征的一种稳固的联系。兼类词是词独有的语言现象，短语词，例如"深山""大河""高楼"等的语法特征是单一的，不存在兼类的情况，甚至作为基本分词单位的"词汇词"，如"高射""袖珍""高价"等也几乎不存在兼类的情况。因此，我们可以得到"句法饱和度 E"（简称"句 E"）：如果一个二字组出现了兼类现象，那么这个二字组一定是词。例如：

（29）我们要采用国际标准来检测粮食安全问题。
（30）讲一口标准的普通话找工作时有一定的优势。
（31）班长建议大家周六去郊游。这个建议大家表示同意。

因为"标准"和"建议"可兼作名词和动词，所以它们不可能是短语词或词汇词。二字词的兼类现象反映了无论在结构上还是语义上它都比短语词和词汇词更稳固。Clark 等（1979）集中研究了英语名词动兼类情况，其实，英语中兼类词也是基本分语单位。我们虽然给出了基本分词单位的五条句法饱和度规则，但这还不是最终的全部规则。

## 五、概念饱和度

有些二字组，可能都不满足上面的三个饱和度：结构饱和、语义饱和和句法饱和。它们在内部结构上甚至由两个自由语素构成，语义上也无法分析出特异之处，句法上的黏合能力差，也无复杂的内部句法操作，也找不到特定的鉴定框架。但是它们作为二字词几乎没有任何异议。例如：

（32）冬天到了，雪花飘飘，家里的鸡蛋、牛肉、羊肉、大米都吃完了，得去超市一趟了。

"雪花"等划线二字词，由两个自由实语素构成，都是向心结构，不存在实虚扭曲构词现象，用三个结构饱和度都无法鉴定它们是不是词。它们没有附加的色彩义，书面语、口语都可以使用，感情色彩和形象色彩都不显著，也不曾浮现出字面义之外的意义，三个语义饱和度对它们也不管用。它们不需要复杂的句法操作，可以构成"2＋2"四字格"喜欢羊肉"，但构成的四字格更多的是其他格式，如"不吃羊肉（1＋1＋2）""吃羊肉饭（1＋2＋

1)",它们不需要强制与语义完全漂白的二字动词或二字形容词组合,也很难找到特定的功能框架。

赵元任(1979)认为"名词"能回答"这是什么"的问题,问题的答案"这是××"看起来就像二字名词的功能框架,能填充××二字空位的就是二字名词。"雪花""鸡蛋"等都可以进入这个空位,所以可以用句法饱和度来控制这些二字名词。但是,"这是××"的句法强制性并不高,很多名词性的二字短语词也可以替代××,如"这是绿树,这是笔墨,这是大山"。

这些二字名词或许可以用词汇完整性原则(lexical integrity hypothesis),即"短语(句法)规则不能影响(适用)到词汇内部的任何部分"来区分。如"大米"不能进行任何句法操作"*大的米""*很大米""*大一碗米",但是像"鸡蛋""羊肉"之类,却可以进行有限的、蹩脚的句法操作"鸡的蛋""羊的肉"。"大米"与"鸡蛋"等的词汇完整性并不完全相同,词汇完整性原则如果遇到大量二字组时暴露的问题可能会更多。

黎锦熙(1933)说词就是说话的时候表示思想中一个观念的语词。黎先生看到了词与概念之间的紧密联系,虽然表示一个概念的不仅有词,还有短语等其他单位。赵元任(1979)用"这是什么"来鉴定名词,其实一定程度上也证明了名词与概念关系的密切。在逻辑上,二字词也可以达到饱和。这就是基本分词单位的概念饱和度规则:在结构、语义和句法上未必饱和的名词性二字组,但是它表达了现代汉语中独一无二的概念且有足够高的使用频率,那么它也是二字名词。有些不大常用的、虽然是独一无二的概念如"驼毛"(吕叔湘,1979)不大好看作一个词,而符合概念饱和度的、常用的"鸡毛""羊毛""鹅毛""牛毛"都是词,都可以看作基本分词单位。

## 六、饱和度的识词效度与基本分词单位的歧义消解规避功能

基本分词单位必须在结构、语义、句法或概念饱和度上四选一,至少满足其中的一个饱和度。我们从《现代汉语词典》(第7版)中任意抽出二字名词、二字动词和二字形容词计100个,对它们进行饱和度标注,一是看看有无四种饱和度没有覆盖的二字词,二是看看哪些饱和度效能更高,适用范围更广。标注的结果如表4所示。

表4　饱和度检测结果

| | 结A | 结B | 结C | 语A | 语B | 语C | 语D | 句A | 句B | 句C | 句D | 句E | 概念 |
|---|---|---|---|---|---|---|---|---|---|---|---|---|---|
| 数量 | 97 | 1 | 1 | 14 | 5 | 14 | 42 | 1 | 52 | 27 | 24 | 24 | 11 |
| 比例(%) | 97 | 1 | 1 | 14 | 5 | 14 | 42 | 1 | 52 | 27 | 24 | 24 | 11 |

从标注的情况来看，各种饱和度在二字词上的体现存在较大差异，"结A"的适用面最广、制约力最强，几乎达到100%，这表明现代汉语里，能单用且有一个黏合语素的二字词在整个二字词中占绝大多数。二字词相互勾连、前后接龙的现象也比较普遍（句B占52%），体现了二字词内部的关联性和系统性。二字词的这种关联性还可以通过同义和反义的方式建立（语D占42%）。功能框架、搭配成分的抽象度及二字词的兼类情况也不失为鉴定二字词的理想模式。同一个二字词，往往表现出多方面的饱和，只受制于某一个饱和度的二字词几乎不存在。

饱和度在词的辨识上具有很高的效度或效能，现代汉语绝不容许二字词在所有维度上都不饱和的情形。为什么现代汉语中典型的二字词与短语泾渭分明，不容置疑？多种句法语义特质的聚焦可能是一个极其重要的原因。句法语义特质将基本分词单位固化为一个边界清晰的可识记单元，同时也增强了基本分词单位的歧义消解和规避功能。

中文自动分词经常遇到的歧义有两种：交集型切分歧义（交集型）和多义组合型切分歧义（覆盖型或包孕型）（孙茂松、邹嘉彦，2001）。如果坚持"同一结构体内，基本分词单位优先"的原则，这两类歧义常常不成其为歧义。比如"结/合成""结合/成"通常构成交集型歧义，如果将"结合成"整体上看作一个意义相对完备的结构体，那么结构体内应该尽量分解成基本分词单位的组合，很显然，虽然双音节的"结合"和"合成"都是基本分词单位，但是单音节的"结"不是一个自由语素，不是基本分词单位，而"成"是自由语素，是基本分②词单位，因而"结合/成"较之"结/合成"具有优先选择权。

"结合成分子"算是比较复杂的交集型歧义了，它的链长为3（"合""成""分"），有三种切分形式：①结/合成/分子；②结合/成分/子；③结合

/成/分子。我们从语料库中找到 300 条含"结合成分子"的句子，发现所有句子中无一例外只有（3）是唯一正确的识读，因为句子中其他成分，即"结"前成分和"子"后成分都要分解成基本分词单位，因此，"基本分词单位优先"的原则阻断了交集型分词歧义分解为 ① 和 ② 的全部可能性。例如：

(33) 原子/是/如何/**结合**/**成**/**分子**/的/问题/大家/都/想/知道。
(34) 原子/根据/什么/力/**结合**/**成**/**分子**/的/呢？
(35) 单个/原子/对/定向/**结合**/**成**/**分子**。

加黑部分，即③结合/成/分子，歧义消解率达到了100%。

覆盖型歧义"他/站/起/身/来""他/明天/起身/去/北京"中，"起身"有文言色彩，在古代汉语里，通常"单音节""字""语素""词"四体合一，一个字常常就是一个基本分词单位，所以"他/明天/起身/去/北京"中将"起身"切分开来，并不影响整个结构体意义的识解。这种情况启示我们，古代汉语和现代汉语的基本分词单位用表要分开研制。

对于交集型和覆盖型构成的混合型分词歧义，孙茂松、邹嘉彦[①]举了一个有 19 种切分形式的复杂歧义结构，如下图所示。

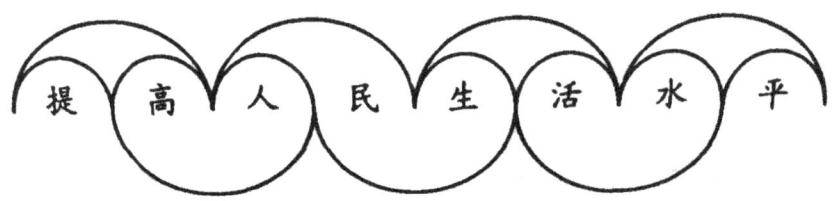

如果执行"同一结构体内，基本分词单位优先"原则，理想的分词结果还是"提高/人民/生活/水平"，因为"高人""活水""平"很难找到相应的饱和度与之匹配，因而很难将它们看作一个基本分词单位。由此可见，以具备消解和规避分词歧义功能的基本分词单位为基点，可以较高效能地消解和规避分词歧义。

---

① 孙茂松，邹嘉彦. 汉语自动分词研究述评 [J]. 当代语言学，2001（1）.

## 结　语

　　本文在深度标注二字词的句法语义属性过程中，首次将"基本分词单位"和"饱和度"关联起来，认为基本分词单位至少要满足结构饱和度、语义饱和度、句法饱和度和概念饱和度其中的一个饱和度规则，基本分词单位与短语以饱和度为临界点，短语没有饱和度与之匹配，具有饱和度的基本分词单位辨识度高，为各分词器所优先识别，几乎不构成分词歧义，可以较高效能地消解和规避分词歧义。每一种饱和度包含若干句法语义规则，但还有不少饱和度规则还没有被发现，有待后续的研究进一步总结。

**参考文献**

[1]　冯胜利．从韵律看汉语"词""语"分流之大界［J］．中国语文，2001（1）．
[2]　符淮青．现代汉语词汇［M］．北京：北京大学出版社，2004．
[3]　胡明扬．胡明扬语言学论文集［M］．北京：商务印书馆，2003．
[4]　胡明扬．说词语［J］．语言文字应用，1999（3）．
[5]　黎锦熙．新著国语文法［M］．北京：商务印书馆，1933．
[6]　刘贤俊．"V+趋"二字词及其句法语义特质考察［J］．语言教学与研究，2008（5）．
[7]　陆志韦．汉语的构词法［M］．北京：科学出版社，1957．
[8]　吕叔湘．汉语语法分析问题［M］．北京：商务印书馆，1979．
[9]　孙茂松，邹嘉彦．汉语自动分词研究述评［J］．当代语言学，2001（1）．
[10]　赵元任．北京口语语法［M］．吕叔湘译．北京：商务印书馆，1979．
[11]　中国社会科学院语言研究所词典编辑室编．现代汉语词典（第6版）［Z］．北京：商务印书馆，2012．
[12]　中华人民共和国机械电子工业部．信息处理用现代汉语分词规范［S］．北京：中国标准出版社，1992．
[13]　朱德熙．语法讲义［M］．北京：商务印书馆，1982．
[14]　Eve V. Clark and Herbert H. Clark. When Nouns Surface as Verbs［J］．*Language*，1979，Vol. 55，No. 4．

（刘贤俊　首都师范大学文学院）

# 基于 Word 2vec 神经网络模型的词典构建及认同感评测研究*

佟 悦

互联网时代网络发表评论是公民阐述观点与立场的权利,但由于缺乏监管导致负能量传播扩散,网络暴力、网络欺凌事件时有发生,不正确的世界观、人生观、价值观会影响社会的价值导向。面对网络时代信息传播的新形势、新挑战,自然语言处理技术发挥自身优势,构建面向网络价值取向分析的认同感评测系统,助力网络平台监管、网络环境整顿,营造一个纯净、健康、向好的网络环境。认同感是对自我或周围人物、事物、事件的认可程度与价值评估,是考察网络环境与网络信息价值取向的天然的情感评测维度,通过挖掘网络评论文本的认同程度与价值评估可对主体的世界观、人生观与价值观进行评测,有助于网络环境的监督与管理。

## 一、相关研究

情感词典是进行情感分析的重要资源,大部分计算机语言知识都来自机器词典、语义规则及相关知识库。基于情感词典的情感分析法属于传统性文本分类方法,是进行情感分析的重要方法,通过模拟人类记忆与判断的过程完成情感分类。首先记忆一些基本的正面词语和负面词语,对基本词进行修

---

\* 本文得到国家语委重点项目"智能辅助阅读系统关键技术研究及应用"(项目编号:ZDI135 - 79)、"面向散文体裁的篇章理解关键技术研究与模型验证"(项目编号:ZDI135 - 101);科技创新服务能力建设 - 基本科研业务费(科研类) - 19530050167 的支持。

饰的否定词、副词等,从而形成一个基础性存储记忆库。切分待测文本的词语并和情感词典进行对接匹配是情感分析过程中最核心的操作,根据词典存储的词语极性、规则设置的词语权重,对与词典匹配成功的文本词语进行计算,进而得出文本整体的情感倾向信息。基于情感词典的情感分析效率很大程度取决于词典的领域性、覆盖性与均衡性,构建一份覆盖面广、分布均衡的认同感分析用情感词典至关重要。Word 2vec[①]是一种高效的词向量训练模型,近年来越来越多地应用于词典构建任务并且收效良好,基于 Word 2vec 的方法既可以避免维度灾难又可以获取词语之间的语义关联。杨小平等(2017)采用 Word 2vec 神经网络语言模型自动构建包含 10 种情绪的词典,证实基于 Word 2vec 方法构建的词典在情感分类任务中效果良好。元海霞(2018)基于 Word 2vec 和 HowNet 的方法构建餐饮评论领域情感词典,该方法构建的情感词典具有较高的准确性与可利用性。目前基于 Word 2vec 构建的词典主要为褒贬词典与情绪词典,尚未有面向认同感构建的情感词典。本文采用 Word 2vec 模型自动构建认同感词典,基于认同感词典及相关情感词典与权重规则对网络评论文本进行认同感倾向分析与计算。

## 二、基于 Word 2vec 模型的认同感词典构建

认同感词典由正向认同词表与负向认同词表构成,分别存储用于表达正向认同与负向认同的词语及短语。在语义表现层面,正向认同主要使用与评价者价值取向趋同性词语,负向认同主要使用与评价者价值取向相异的词语。使用褒贬词语是表达正、负认同的主要手段之一,但有些认同词语只表示正、负认同不表示褒贬,如"同意""务必""理应""认准"等,这类词语没有褒贬色彩但能够表现评价者的主观态度,认同范畴比褒贬范畴更能全面地概括评价者的主观立场、态度、意图以及感受。在词类表现层面,名词、动词、

---

① Word 2vec 是谷歌在 2013 年开源的一款计算语义相似度的软件,Mikolov 等(2013)提出了 Word 2vec 模型,该模型将词语表示为向量并映射到向量空间用以计算词语之间的语义相似度。Word 2vec 包括 CBOW 和 Skip – gram 两种模型,层次 Softmax 和负采样两种提速手段。

形容词三大词类承担了主要的情感表现，具体认同感词典内部构成材料请参见表1。

表1 认同感词典正负词表及词性样例

| 词表类别 | 名词性认同词语 | 动词性认同词语 | 形容词性认同词语 |
| --- | --- | --- | --- |
| 正向认同词表 | 宝藏、恩人、才华、成就、赤子之心、初心、功勋、贡献、盛世、光辉 | 爱戴、褒奖、表扬、称赞、憧憬、崇拜、宠辱不惊、歌颂、关爱、欢迎 | 安宁、宝贵、博大、超群、诚恳、真诚、充足、出众、璀璨、德高望重 |
| 负向认同词表 | 把柄、绊脚石、帮凶、悲歌、弊病、惨案、藏身之处、谗言、歹徒、盗版 | 暗藏、霸占、暴虐、背信弃义、鄙视、贬低、残害、猖獗、嘲讽、沉溺 | 跋扈、卑劣、笨手笨脚、残暴、草率、迟钝、愁苦、毒辣、繁冗、肤浅 |

动词下位类中的情态词小类，也是用以表达认同感的主要手段之一，部分情态词及情态短语可表达正向认同义，比如表示动力情态的"希望""能""希望+能""想"；表示道义情态的"应当""应该""理应""务必""应该（+允许）""应该（+更加）"，认识情态的"肯定""肯定（+能）"等。部分正向认同情态词与否定词连用时，表示负向认同义，如"不必""不该""不能""不须"等。

（一）认同感种子词的选取

设置认同感正、负种子词①是构建认同感词典的首要步骤，种子词是指情感色彩鲜明清晰，在常规语境下情感倾向比较稳定的主观性评价词语。认同感种子词是指认同色彩显著而稳定的词或短语，分为正向认同种子词和负向认同种子词，正向认同种子词表征认可、赞成、崇敬义，负向认同种子词表征将就、反对、抗议义。通过参考主观性、议论性网络评论语料，由人工从中提取出立场、态度、观点鲜明的正、负认同感种子词，由于种子词的遴选对于后续自动扩充词典至关重要，因此需要保证种子词情感色彩的单一与明

---

① 种子词和基准词都是领域内最典型的词语，不同点主要在于功能视角，种子词是用来扩充词语数量的始源，基准词是用来测量其他词语的准绳。

晰。均衡覆盖高频认同类词语，确保种子词数量具有一定规模，数量过少不利于充分表现认同特征，数量过多将成为接下来扩充词典的噪声。经过反复甄别，最终保留正向认同种子词 1482 个，负向认同种子词 1779 个。

### （二）模型训练用语料数据

Quirk 等语料库语言学家认为，即使是最精到的理论、最细致的描写，也不过是对语言事实极度粗糙又不合理的简化，在自然状态下最简单的语言内部也是极其复杂的。鲜活、真实的语言资源对基于词典的情感评测效果尤为重要，数据资源甚至比算法模型更加重要，一份优质的语料可以使情感评测事半功倍。选取 26G 百度百科、15G 新闻、20G 小说作为 Word 2vec 训练语料，大规模吸收了学术、新闻、文学等信息，使语料具有代表性与均衡性，尽可能广泛地覆盖汉语各种鲜活的语言现象，尽可能普遍地包含汉语的句法结构和语用风格，尽可能真实地反映语言的实际用法。

### （三）Word 2vec 语言模型训练

对语料进行预处理后使用 Word 2vec 对 61G 大型语料资源进行词向量训练。使用 Gensim 库进行 Word 2vec 模型训练，经多次调参最后设定 voc_dim 为 300 维，alpha 为 0.025，Sg 为 1，Hs 为 1，Window_size 为 10，min_count 为 64，iter 为 10。[①] 其中 "Sg = 1" 表示此次训练所使用的模型为 Skip – gram，该模型方法为给定当前词 W，预测词汇表中每个词出现在当前词上下文的条件概率；"Hs = 1" 表示此次使用的提速手段为层次 Softmax，层次 Softmax 是 Word 2vec 用于提升性能的一项关键技术，可以避免计算输出层所有词语的 Softmax 概率，降低计算成本，优化 Word 2vec 模型结构。基于 Hs 的 Skip – gram 模型的目标函数为：

$$L = \sum_{w \in c} \log^{p(context(w)|w)} \tag{1}$$

公式（1）的具体表达式为：

---

① 其中 voc_dim 表示词向量维度，alpha 表示学习率，Sg 为 1 表示使用 Skip_gram，Hs 为 1 表示使用层次 Softmax，Window_size 表示上下文窗口大小，min_count 表示参与训练的最低词频，iter 表示迭代轮数。

$$L = \sum_{w \in c} \sum_{u \in context(w)} \sum_{j=2}^{l^u} \{(1-d_j^u) \cdot \log[\sigma(v(w)^T \theta_{j-1}^u)]\} \quad (2)$$

在公式（2）中 $l^u$ 表示从根节点到上下文词语 u 的节点个数，$d_j^u$ 表示词 u 在第 j 个节点对应的编码，$\theta_{j-1}^u$ 表示词 u 在第 j-1 个节点对应的向量。最后使用梯度上升法①对公式（2）进行优化，获取最大概率值。

### （四）近义词获取与词典构建

使用 model.most_similar 函数对训练好的 Word 2vec 模型进行数据挖掘，设定 Topn 为 3，获取与每个正、负认同感种子词语义距离最近的前 3 个词，所得结果分别存入正、负认同词表。由于语义距离相近只是共现频率较高的关联词并非都是近义词，并且不同词语所关联的近义词存在重复现象，因此需要自动去重与人工筛查，删除词表内情感色彩不鲜明甚至不一致的词语，确保两个词表内分别为情感色彩鲜明的正、负认同词语，最终正向认同词表获得 4306 个词，负向认同词表获得 4937 个词。具体认同感词语获取样例如表 2 所示。

表 2　基于 Cosine 语义距离的关联词获取

| 认同感倾向 | 种子词 | Top3 近义词获取 | 与种子词的 Cosine 语义距离 |
| --- | --- | --- | --- |
| 正向认同词语 | 认同 | 认可 | 0.7082992792129517 |
| | | 信任 | 0.6280206441879272 |
| | | 共识 | 0.6158506870269775 |
| | 赞扬 | 赞许 | 0.7620965242385864 |
| | | 称赞 | 0.7595683336257935 |
| | | 表扬 | 0.7081618309020996 |

---

① 基于梯度的方法广义上统称为（随机）梯度下降法，但狭义的梯度下降法只用于求解最小值，最大值需要使用梯度上升法求解。

续表

| 认同感倾向 | 种子词 | Top3 近义词获取 | 与种子词的 Cosine 语义距离 |
|---|---|---|---|
| 负向认同词语 | 反对 | 反对者 | 0.7017732858657837 |
| | | 反对派 | 0.6932185292243958 |
| | | 抨击 | 0.6777204871177673 |
| | 抗议 | 示威 | 0.8143160343170166 |
| | | 示威游行 | 0.7683563232421875 |
| | | 谴责 | 0.7341732978820801 |

在构建认同感词典过程中还参考了 HowNet 等其他情感词典，最终构建的认同感词典内部，正向认同词表 10776 个词，负向认同词表 14304 个词。

## 三、基于词典的文本认同感评测实验

### （一）实验设计

实验旨在评估认同感词典及相关词典、相关规则对于网络评论认同倾向的评测效率。测试语料来自网络爬取的 3306 份评论性语料，取出具有正向认同倾向或者负向认同倾向的句子共 500 条，分别存入两个数据集。实验导入这两个已知认同感倾向的数据集，标注好正、负标签，通过认同感多项相关词典及相关规则判断数据集中的认同感倾向，若判断出的认同感倾向与数据集标注的倾向一致，则判断正确；反之，则判断错误。

基于词典的文本认同感分析法需要将文本中的词语和词典中的词语进行匹配，所以将认同感分析所使用的多项词典加载到 Jieba 用户自定义分词词典中，以确保文本中被切分的词语和词典中的词语形式一致，避免文本词语和词典内相关词语不匹配而导致不能被识别。

实验设置为六组，前三组实验不考虑将认同感词典及相关词典作为 Jieba 用户自定义分词词典，后三组将认同感词典及相关词典加载到 Jieba 用户自定义分词词典中，这两种实验是为了对比用户自定义词典对于文本情感分析的作用。前三组实验中，第一组实验只通过认同感词典计算文本的认同感倾向，第二组实验使用程度词典与否定词典辅助认同感词典计算文本的认同感倾向，第三组实验使用程度词典与否定词典及语言学理论相关规则辅助认同感词典。这三组实验是为了考察认同感词典、否定词词典和程度词典、认同感评测的相关规则分别在文本认同感分析中的作用。后三组实验除增添了用户自定义分词词典外，其他配置与前三组相同。每组文本认同感分析实验使用准确率作为评估实验效率的指标。

### （二）实验内容

第一组实验。首先，导入测试语料，遍历正向认同数据集内的每条语料并标注为正向认同，遍历负向认同数据集内的每条语料并标注为负向认同。然后，将所有待测文本语料进行分词处理。然后导入认同感词典，其中包括正向认同词表与负向认同词表。使用正向认同词表与负向认同词表遍历待测文本内每一个词，对应词表为文本中每一个情感词赋值，文本内词语属于正向认同词表则分值（+1），属于负向认同词表则分值（-1）。最后将文本内所有词语进行分值求和，结果为正值则定义文本情感为正向认同倾向，结果为负值则定义文本情感为负向认同倾向，结果为0则定义文本无情感认同倾向。情感分值为0主要由两种情况导致，一种情况为文本内词语和情感词典内词语交集为空，文本的情感表达不明显；另一种情况为文本内正负认同分值持平抵消。将每条文本的评测结果与预先标注好的认同感标签进行对比，评测结果与标签一致则说明评测正确，评测结果与标签不同则说明评测错误。最后使用准确率评估文本认同感分析的效率。

第二组实验。在使用认同感词典的基础上，使用程度词典和否定词词典捕捉文本的情感动态。导入数据集和标注认同倾向的方法与第一组实验相同。首先，载入自定义程度词典与否定词典，执行规则为：依次遍历文本内所有词语，如果当前词语在正向认同词表内，如果当前词语前一个位置出现程度词则分值（+2），如果当前词语前一个位置出现否定词则分值（-1），如果当前词语前一个位置出现负向认同词语则分值（-1），否则分值（+1）；如果当前词语在负向认同词表内，如果当前词语前一个位置出现程度词则分值（-2），如果当前词语前一个位置出现否定词则分值（+1），否则分值（-1）。最后，将情感值进行求和计算，所得分值为正则文本情感倾向为正向认同；所得分值为负则文本情感倾向为负向认同；所得情感为0，则判定文本无情感认同倾向。最后使用准确率计算认同感及相关词典的情感评测效率。

第三组实验。在使用认同感词典、否定词典、程度词典的基础上，添加了其他词典及相关规则。

第一项改进，将文本分割至逗号层级，并设定两个变量分别存储正、负认同感分值，以减少正负分值抵消的情况。基于整条文本进行情感分值求和，其内部的正、负情感分值会出现相互抵消的现象，甚至以"。"（句号）作为 split 分割，分别计算每个句子的情感分值也不能完全消除正负分值抵消的现象，如"特别喜欢春天，特别不喜欢冬天"，一个句子内部既出现了"特别喜欢"又出现了"特别不喜欢"，导致正负分值叠加为 0。在第三组实验中，输入的文本分割到","（逗号）层级，被逗号分割后的文本情感分值数组被分别单列出来，同时将正向分值与负向分值使用两个变量分别存储，如果正、负情感词的分值出现负数，则将分数转加到相反倾向分值中，正向认同分值与负向认同分值并列呈现，以避免正负分值抵消的现象。比如上例中，假设"特别喜欢"分值为 4，"特别不喜欢"分值为（-4），经过分别写入列表以及负号反转情感倾向的规则，最终情感分值呈现为 [[4,0],[0,4]]，数组内每一组代表以逗号分割的一个单位，第 1 个位置为正向认同的分值，第二个位置为负向认同的分值，所以当例句既存在正向认同色彩又存在负向认同色彩，并不会由于正负叠加为 0 而导致句子无情感的现象。具体运行结果如图 1 所示，列表中的 6 个数值分别表示正向认同分值、负向认同分值、正向认同平均值、负向认同平均值、正向认同方差、负向认同方差。

```
Loading model cost 1.114 seconds.
Prefix dict has been succesfully.
['特别', '喜欢', '春天']
正向认同词语： 喜欢
最高程度： 特别
['特别', '不', '喜欢', '冬天']
正向认同词语： 喜欢
最高程度： 特别
否定词： 不
[[4.0, 0.0, 1.3, 0.0, 1.9, 0.0], [0.0, 4.0, 0.0, 1.0, 0.0, 1.7]]
```

**图 1 正负认同分值处理结果**

第二项改进，增加了句末负向认同词表，以识别句末位置的负向词语：

"不必""不好""不会""不可""不能""不是""不要""没有""未必"

通常情况下，基于词典的情感分析步骤为：先搜索正向词语和负向词语，如果存在正向词语，则扫描正向词语前面的程度词语和否定词语；如果存在负向词语，则扫描负向词语前面的程度词语和否定词语。上文列表中的词语全部被写入否定词表，使用否定词表的前提是其后存在情感词，但如果列表中的词语位于句末，其后没有词语，则不能进行分值计算。例如"人类不能破坏生态环境，不能"，其中句末的"不能"没有被计入情感分值但的确具有认同色彩。为此，第三组实验设定一条规则：如果输入文本的最后一个词语属于上文列表，则负向认同分值（+1）。通过这条规则可以搜索并捕捉到句末的负向词语。具体运行情况参见图2。

```
Loading model cost 0.981 seconds.
Prefix dict has been built succesfully.
['人类', '不能', '破坏', '生态环境']
负向认同词语：  破坏
否定词：  不能
['不能']
句末负向认同词语：  不能
[[1.0, 0.0, 0.2, 0.0, 0.4, 0.0], [0.0, 1.0, 0.0, 1.0, 0.0, 0.0]]
Process finished with exit code 0
```

**图2　句末负向认同运行结果**

第三项改进，细化了程度词典的层次与分值，更能反映文本的情感强度。程度词典内部表现的情感程度不尽相同，大体可分为三个等级，第三组实验将程度词典分为"high""middle"和"little"三个等级，每个等级设定不同的分值规则。"high"列表下的程度词在认同词语的基础上（*4）；"middle"列表下的程度词在认同词语的基础上（*2）；"little"列表下的程度词在认同词语的基础上（*0.5），这种区分层级的计算方式更能表现文本的情感强度。通常情况下，程度词语的搜索局限于情感词之前，但实际上情感词之后还有程度补语，也可表现文本的情感色彩，例如"开心极了""这个比刚才那个好得多",情感词后的程度词一般情感强度较高,与"high"层级的程度相当。对于情感词之后存在程度词语的情况,第三组实验在程度词典中增加了"behind"列表,并设定规则:从当前词之后的第一个位置到最后一个位置 [i+1:-1](当 i 不是最后一个词,if i < len(segtmp)-1),如果存在 "behind"列表中的词语,则程度分值(*4)。通过这条规则可以搜索并捕捉情感词后的程度词语。具体运行结果参见图3。

```
['特别', '喜欢']
正向认同词语:  喜欢
最高程度:  特别
['比较', '喜欢']
正向认同词语:  喜欢
中等程度:  比较
['有点儿', '喜欢']
正向认同词语:  喜欢
Prefix dict has been built succesfully.
轻微程度:  有点儿
['喜欢', '极了']
正向认同词语:  喜欢
正向认同词后的程度补语:  极
[[4.0, 0.0, 2.0, 0.0, 2.0, 0.0], [2.0, 0.0, 1.0, 0.0, 1.0, 0.0], [0.5,
 0.0, 0.2, 0.0, 0.2, 0.0], [4.0, 0.0, 2.0, 0.0, 2.0, 0.0]]
```

**图3　多层级程度词运行结果**

第四项改进,区分了"最高程度词+否定词+情感词"与"否定词+最高程度词+情感词"两种模式的情感分值计算规则。这两种模式中程度词和否定词的位置不同,情感强度也不同。通过语料测试发现,"最高程度词+否定词+情感词"的情感程度与"最高程度词+情感词"的情感程度相同,情感程度都较为强烈,因此,"最高程度词+否定词+情感词"模式的情感分值计算规则保持不变。比如,设定最高层级程度词分值为情感词分值(*4),否定词分值为情感词分值[*(-1)],那么"很不开心"的情感分值为(-4)。但是"否定词+最高程度词+情感词"的情感程度却并不是在"最高程度词+情感词"的情感程度基础上[*(-1)],在最高程度词之前添加否定词,会导致最高程度词的情感程度降一级,降为中等情感程度,所以"否定词+最高程度词+情感词"要在原来程度词语分值的基础上(*0.5),比如,"不是很开心"的情感分值为(-2)。具体运行结果参见图4。

```
Loading model cost 1.010 seconds.
Prefix dict has been built succesfully.
['很', '不', '开心']
```
正向认同词语：　开心
最高程度：　很
否定词：　不
```
['不是', '很', '开心']
```
正向认同词语：　开心
否定词：　不是
（否定词+）最高程度：　很
最高程度：　很
`[[0.0, 4.0, 0.0, 1.3, 0.0, 1.9], [0.0, 2.0, 0.0, 0.7, 0.0, 0.9]]`

**图 4　两种"程度""否定"组合模式的认同分值运行结果**

  第五项，使用正则表达式设定构式层面的情感规则，以挖掘构式语块的认同倾向。有些词语在独立的词汇层面并没有认同感特征，但与其他词语组合后便会浮现出认同感倾向，比如"本着……原则"，"本着"和"原则"单独状态下并没有情感倾向，但二者组合后可以表达一种正向认同语义，如"本着一颗心一件事的原则"；"表面……实际"，"表面"和"实际"分开来讲并没有认同感倾向，但组合后却能够表达一种表里不一的负向认同语义，如"表面上关系密切，实际上是两条心"。所以使用正则表达式抽取文本中的正、负认同构式，通过正则表达式 re. findall（pattern ='本着.*?原则 | 表面上.*?实际上'，string = data）可以成功识别出正、负认同构式。如果构式为正向认同倾向，则正向认同分值（+1）；如果构式为负向认同倾向，则负向认同分值（+1）。由于正则表达式识别的主要是短语甚至是句子，而词典识别的主要是词语，为避免两种规则相互干扰，关于正、负认同的正则表达式及分值规则只在文本中没有认同感词语的情况下有效。

  第三组实验步骤。首先，导入数据集并定义文本的认同倾向。加载认同感词典、程度词典、否定词典、句末负向认同词表，然后对数据集内的每一条文本进行认同感倾向判定。文本分割至逗号层级，遍历逗号区域内的每个词语。

  如果当前词是正向认同词，则正向认同分值（+1）。如果当前词之前存在"high level"程度词，则正向认同分值（*4）；如果"high level"程度词之前存在否定词，则正向认同分值（*2）；如果当前词之前存在"middle level"程度词，则正向认同分值（*2）；如果当前词之前存在"little level"程度词，则正向认同分值（*0.5）；如果当前词之后存在"high level"程度词，则正向认同分值（*4）；如果当前词之前存在否定词，并且出现次数为奇数，则正向认同分值［*（-1）］；如果否定词出现的次数为偶数，则正向认同分值不变。如果正向认同分值小于0，则将该分值叠加到负向认同分值中。

如果当前词是负向认同词，则负向认知分值（+1）。如果当前词之前存在"high level"程度词，则负向认同分值（*4）；如果当前词之前存在"middle level"程度词，则负向认同分值（*2）；如果当前词之前存在"little level"程度词，则负向认同分值（*0.5）；如果当前词之后存在"high level"程度词，则负向认同分值（*4）；如果当前词之前存在否定词，并且出现次数为奇数，则负向认同分值（* -1）；如果否定词出现次数为偶数，则负向认同分值不变。如果负向认同分值小于0，则将该分值叠加到正向认同分值中。

如果文本中最后一个词语属于句末认同词表，则负向认同分值（+1）；如果文本中既没有正向认同词语也没有负向认同词语，但存在否定词，则负向认同分值（+1）；如果文本存在感叹号，如果该句存在正向认同词语，则正向认同分值（+2），如果该句存在负向认同词语，则负向认同分值（+2）；如果文本中没有情感词，如果存在正向认同构式，则正向认同分值（+1），如果存在负向认同构式，则负向认同分值（+1）。

在判断文本认同感倾向部分，将文本内部多个逗号切片的正、负认同分值分别合并，如果正向认同分值大于0并且负向认同分值等于0，则判定该文本认同倾向为正；如果负向认同分值大于0并且正向认同分值等于0，则判定该文本认同倾向为负；如果正向认同分值等于0并且负向认同分值等于0，则判定该文本认同倾向为0；如果正向认同分值不等于0并且负向认同分值不等于0，则从后向前扫描文本列表至存在情感分值的逗号切片，该切片中如果正向认同分值大于负向认同分值，则判定该文本的认同倾向为正，如果负向认同分值大于正向认同分值，则判定该文本的认同倾向为负。最后，对比基于认同感词典及相关规则得出的文本认同倾向与测试集认同倾向标签，如果二者标签相同，则判定正确，如果二者标签不相同，则判定错误。通过准确率来评估基于词典及相关规则的文本认同感分析效率。第三组实验步骤流程如图5所示。

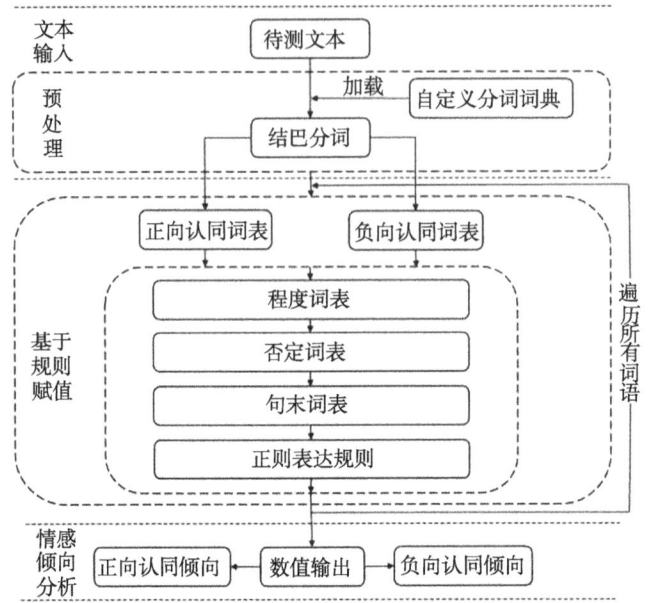

图 5　文本认同感倾向评测流程

## （三）实验结果及分析

六组文本认同感倾向分析实验结果如表 3 所示。

表 3　文本认同感倾向评测实验结果

| 未添加多项词典到自定义分词词典的认同感评测结果 | | |
|---|---|---|
| 实验组别 | 评价指标：准确率（％） | 运行用时（seconds） |
| 第一组 | 62.40 | 1.119 |
| 第二组 | 68.47 | 1.197 |
| 第三组 | 74.33 | 1.441 |
| 已添加多项词典到自定义分词词典的认同感评测结果 | | |
| 实验组别 | 评价指标：准确率（％） | 运行用时（seconds） |
| 第四组 | 64.58 | 1.128 |
| 第五组 | 70.71 | 1.191 |
| 第六组 | 76.92 | 1.198 |

前三组是未将认同感相关词典加载到用户自定义分词词典中的实验结果，后三组是将认同感相关词典加载到分词词典中的实验结果，二者内部三组实验的配置与步骤分别对应一致，第一组对应第四组，第二组对应第五组，第三组对应第六组。从前三组与后三组的准确率可知，添加用户分词词典比未添加用户分词词典的准确率平均提高了 2.33 个百分点，说明将认同感词典及相关词典加载到用户自定义分词词典对于文本的分词效率起到了积极作用。

第四组实验只使用了认同感词典来分析文本的认同感倾向，准确率为 64.58%，准确率不高。只使用认同感词典还不能识别文本中的否定成分，无法正确评测反转认同倾向的文本。第五组实验在认同感词典的基础上，添加了否定词典和程度词典，准确率为 70.71%，在第四组的基础上提升了 6.13 个百分点，说明添加了否定词典与程度词典更能反映文本的认同倾向与认同程度。第六组实验的准确率为 76.92%，较第五组实验结果提升了 6.21 个百分点，说明实验六所设的多项规则起到了提升评测效率的作用。

在六组实验结果对比中，第六组实验的准确率较第一组实验提升了 14.52 个百分点，这个提升幅度较大。但从绝对准确率方面看，第六组实验 76.92% 的准确率尚未达到人类的可接受范围，这是由于网络评论语料表现认同感的方式不只在使用实词方面，而情感词典中收录的主要是实词，所以情感词典还需要考虑吸纳认同类虚词，也可以通过深度学习模型提升认同感倾向分析的准确率。

## 结　语

本文基于认同感词典及相关规则进行认同感倾向评测实验。采用 Word 2vec 神经网络模型自动构建了认同感词典，将程度词典分为 3 层强度等级，构建了句末认同词表，设置了认同感正则表达式。在认同感倾向评测实验中，使用了多项词典与分值规则，该评测方法的准确率高于常规评测方法准确率 14.52 个百分点。在后续研究中，将深入探索虚词的认同感倾向，进一步扩充与完善认同感词典及相关规则。

## 参考文献

[1] 柳位平. 基于情感词的中文文本情感分类研究［D］. 株洲：湖南工业大学硕士学位论文, 2010.

[2] 唐慧丰, 谭松波, 程学旗. 基于监督学习的中文情感分类技术比较研究［J］. 中文信息学报, 2007, 21（6）.

[3] 王科, 夏睿. 情感词典自动构建方法综述［J］. 自动化学报, 2016, 42（4）.

[4] 杨小平, 张中夏, 王良等. 基于 Word 2vec 的情感词典自动构建与优化［J］. 计算机科学, 2017, 44（1）.

[5] 俞岩, 佟悦等. 句法宾语的主题表现力研究［J］. 语言文字应用, 2018（1）.

[6] 元海霞. 基于 Word 2vec 和 HowNet 的情感词典构建方法［J］. 研究与开发, 2018, 4（2）.

[7] 赵妍妍, 秦兵, 石秋慧等. 大规模情感词典的构建及其在情感分类中的应用［J］. 中文信息学报, 2017, 31（2）.

[8] 周建设. 语言智能, 在未来教育中扮演什么角色［N］. 光明日报, 2019 – 03 – 02.

[9] Mikolov T, Sutskever I, Chen K, et al., Distributed Representations of Words and Phrases and Their Compositionality［C］// Proceedings of the 27th Annual Conference on Neural Information Processing Systems. Cambridge, Nevada, December 5 – 10, 2013. Cambridge, MA：MIT Press, 2013.

[10] Mohammad S M, Turney P D. Emotions Evoked by Common Words and Phrases：Using Mechanical Turk to Create an Emotion Lexicon［C］// Proceedings of the NAACL HLT 2010 Workshop on Computational Approaches to Analysis and Generation of Emotion in Text. Stroudsburg, PA：Association for Computational Linguistics, 2010.

[11] Turney P D. Thumbs Up or Thumbs Down? Semantic Orientation Applied to Unsupervised Classification of Reviews［C］// Proceedings of Annual Meeting of the Association for Computational Linguistics. Stroudsburg, PA：Association for Computational Linguistics, 2002.

[12] Weibe J, Wilson T, Cardie C. Annotating Expressions of Opinions and Emotions in Language［J］. *Language Resources and Evaluation*, 2005, 39（2/3）.

（佟悦　黑龙江大学文学院）

# "丧"字形音补说

陈 琦

## 一、"丧"字形补说

禤健聪（2017）梳理了楚简中的"丧"字形体，指出了将 字隶为"艹"释为"芒"读为"亡"的不妥，认为其为"丧"字的特殊省形，厘清了"丧"字 形上端的小弯头 断裂为 ，进一步讹成中形作 ，中类化为艹后则与"芒"同形的演变路径，指出这些"怪字"仍旧是"丧"字。

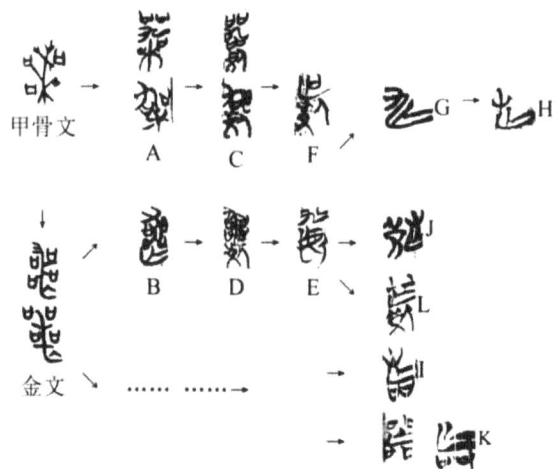

图1 禤文所列楚简"丧"字的演变序列

禤文的主要问题在于采信了"丧"从"亡"声的意见，同时虽然发现了小弯头㇆在"丧""亡"两字区分中的重要作用，但未明确指出，最终使得仍有部分"亡"字的异体（比如 K 类形体）与"丧"字相纠葛。而且禤先生在辨析"丧""亡"两字时，未关注 A 类形体常用为｛桑｝的独特用字习惯，将 A 类形体错归为"丧"字异体，忽略了 A 类形体为楚文字中"桑"的专字的可能。同时禤先生所列"丧"的字形演变序列侧重于梳理楚文字中"丧"字花样繁多的异体，省略了金文阶段的一些中间字形，使我们对"丧"字形体演变的中间环节仍有不清楚的地方。新出的简牍材料也增添了一些演变的中间环节，可为禤文之补。

据我们对"丧"字字音的认识①和近年来的新材料，我们将对禤先生的意见做一些订补。

**（一）〖字形〗、〖字形〗（A）类形体应撤去**

此形非"丧"字，《安大一·诗》中也多次出现此字，兹列字形与辞例于下（释文依原书）：

（1）阪又（有）〖字形〗（桑），湿（湿）有樰（杨）（《车邻》简42）

（2）敊＝（敊敊）黄鸣（鸟），止于〖字形〗（桑）（《黄鸟》简51）

（3）十畮（亩）之肩（间），〖字形〗（桑）者閒＝（闲闲），行与子还。十畮（亩）之外，〖字形〗（桑）者大＝（泄泄），行与子逝（逝）（《十亩之间》简82 - 83）

（4）羿（期）我〖字形〗（桑）审（中），遱（邀）我上宫，遗＜送＞②我沵（淇）之上可（兮）……羿（期）我〖字形〗（桑）[审（中），遱（邀）]我上宫，遗＜送＞我沵（淇）之上可（兮）……羿（期）我〖字形〗（桑）审（中），遱（邀）我上宫，遗＜送＞我沵（淇）之上可（兮）（《桑中》简90 - 92）

（5）臦（望）疋（楚）与堂，羕（景）山与京，降观于〖字形〗（桑）（《定之

---

① 详见下文。
② 此从陈剑先生改释，下皆同。说见陈剑. 简谈安大简中几处攸关《诗》之原貌原义的文字错讹 [EB/OL]. http：//www.bsm.org.cn/show_article.php? id = 3429.

方中》简94）

（6）肃=（肃肃）䳒（鸨）羽（行），集于苞（苞）桑（桑）（《鸨羽》简115）

安大简外也有此字的用例，我们列于下：

（1）"述（遂）逃达（去），之※（苍）虖（梧）之埜（野）。"（《上博二·容成氏》简41）

（2）※（桑）之末（《上博四·采风曲目》简1）

（3）鄝人※（桑）賏（《包山》简167）

（4）新者※（桑）夜公达（《包山》简113）

（5）亡（无）备（服）之※（丧）（《上博二·民之父母》简6）①

（6）※（丧）亓子丹（《包山》简92）

（7）刚（勾）于上※（桑）丘（《新蔡》甲三·简400）

我们发现，A形大量地用为｛桑｝，也有少量用为｛丧｝，乃至通假"苍"的用例，这值得注意。整理者将此形隶定为"丧"。大概跟禤先生的看法一样，认为此形直接继承自甲骨文从"桑"从众口之"丧"，但细察字形，我们可以发现此字中间一笔与下部的"木"并不相连，此字严格来讲应理解为从"木"，"丧"声。张新俊、张胜波两位先生即将此形隶定为"槡"②，汤余惠先生将此字释为"桑"③，极是。虽然上部构件的主流写法颇简省，好像正如禤先生图中所示，直接源于甲骨文中的"丧"，只是中部产生了裂化。但这可以得到合理的解释。据现有的材料，我们可以整理出"槡"字大致的演变链条：

※→※→※→※→※→※

前两个形体还可以大致看出上半部分为"丧"字的Ⅰ类形体，只是禤先

---

① 简7、11、12字形辞例无别，略。《民之父母》集中的以"槡"为｛丧｝，可能是书手特殊的用字习惯。

② 见张新俊，张胜波编．新蔡葛陵楚简文字编［M］．成都：巴蜀书社，2008：110．

③ 见汤余惠编．战国文字编［M］．福州：福建人民出版社，2001：385．

生图中的 I 类形体口旁在下，而两字的"口"在旁边罢了。此类形体大概源于春秋晚期丧史寰瓶（《集成》9982）的▨和战国早期冉钲铖（《集成》428）的▨，清华简中也出现了此字，作▨（《清华六·子产》简 6），口形正在两旁。之后进一步讹变到第三个形体，义符"亡"已然不明显了，到了形体四，"亡"彻底消失，中间部分类化为"九"。之后的形体五中，先前"九"形下半部分的拐弯也消失了，形体六的"丧"字中上半部分的弯笔也写直了。可以看出，楚文字中较为主流的字形中，上部确实不易识别为"丧"，但这类形体由较为标准的写法一步步省讹而来，省讹路线清晰可见，我们仍可以认定此字确实从"木"，"丧"声。

因此，我们可以得知：楚简中没有与甲骨文、秦汉文字相对应的严格意义上的"桑"字，楚文字中的"槡"字即是{桑}的专字。徐在国先生将楚玺中的▨字释为"桑"①，但如果将此字释为"桑"，则似乎与同时代的楚简相悖。细审字形，我们可以发现此字上半部分有一个小弯头▨②。陈英杰老师指示，此字也可能是"槡"字的进一步省讹，非常有启发性。楚简"丧"字最简单的写法也可不加口，此字上半或即为不从口的最简的 G 形之"丧"的进一步讹变。既然 I 形可省去"口"而成为 H 形，那么▨大概也是▨省去"口"得到的异体③。退一步讲，如果认为 A 形中部断裂是"裂化"，此字就是底部不从"亡"的"丧"字，我们也应将此形系联到金文上。金文中并非没有底部不从"亡"的"丧"字，史墙盘（《集成》10175）▨字所从之"丧"即是一例，此形不是裘先生图中所示的继承自甲骨文▨形的存古字形。

既然认为"槡"字是楚文字中{桑}的专字，那么我们恐怕要重新考虑"霜"字的构形问题了。《玺汇》0164 中有一个字，辞例作：

---

① 徐在国．楚国玺印中的两个地名［M］//安徽大学汉语言文字研究丛书·徐在国卷．合肥：安徽大学出版社，2013：49－51．
② 我们认为，这是楚文字"丧"字的一个关键特征，详见下文．
③ "故字中一些从口的字常可省去口字"，见刘钊．古文字构形学［M］．修订本．福州：福建人民出版社，2011：341．

▣（湘）陵莫嚣（敖）①

徐在国先生认为，此字从"桑"从"相"，"桑""相"借笔共用了"木"旁，"可隶作'霜'，'桑'、'相'二字均是声符，二字古音同属心纽阳部。'霜'字似应释为'相'，'桑'可视为叠加的声符。"②禤健聪先生则说："此字当是上从丧省、下从相，可隶定为'䡄'，相、丧双声符……字形认定虽不同，但仍可依何、徐等先生法为'湘'。从丧不省的'䡄'字，可参看新蔡简甲三253、甲三357+359等。"③在讨论这个字前，我们先看看禤先生所说的新蔡简中丧不省的'䡄'字辞例：

(1) ▣緅（组），▣（丧）④者甫▣（甲三253）

(2) ▣䅻一豢，唎（刉）于▣（桑）⑤丘、桐冪二豭（䝅）▣（甲三325-1）

(3) ▣唎（刉）于▣（桑）丘、无与▣（甲三383+甲三357+359）⑥

此字用为{桑}的辞例值得注意。我们赞同禤健聪先生的隶定，此字上从丧，下从相，很容易识别。但我们已知，"喿"是楚文字中{桑}的专字，且"䡄"又多用为{桑}，那么很容易得出一个结论："䡄"是在"喿"基础上累加"相"声的{桑}之专字。这样的话，在徐在国先生（2013）对此字构形理解的基础上，我们认为此字从"喿"，"相"声，"喿""相"两字共用"木"形，可隶定为"䡄"，是"桑"字多次累加构件的后起形声字。陈剑先

---

① 何琳仪. 战国古文字典 [M]. 重印本. 北京：中华书局，2004：708.
② 徐在国. 楚国玺印中的两个地名 [M]//安徽大学汉语言文字研究丛书·徐在国卷. 合肥：安徽大学出版社，2013：50-51.
③ 禤健聪. 楚简"丧"字补释 [M]//战国楚系简帛用字习惯研究. 北京：科学出版社，2017：516.
④ 此字《楚地出土战国简册合集（二）：葛陵楚墓竹简长台关楚墓竹简》（以下简称《楚地》）一书的整理者隶作"霜"，恐非。新蔡葛陵简原整理者隶为"䡄"，非常正确。但我们与整理者的构形理解略有不同，详见下文。
⑤ 从宋华强先生读，新蔡葛陵楚简新探 [M]. 武汉：武汉大学出版社，2010：359.《史记》中齐国据有"桑丘"，楚地则有"乘丘"，程浩先生指出，"桑""乘"二字互讹，齐国的"桑丘"当据《左传》正为"乘丘"，楚国的"乘丘"当据《六国年表》正为"桑丘"，清华简新见郑国人物考略 [J]. 文献，2020（1）：20-32.
⑥ 依宋华强先生，将甲三383与甲三357+359缀合，见宋华强. 新蔡葛陵楚简新探 [M]. 武汉：武汉大学出版社，2010：459.

生征引裘先生旧文中所说的几条规律性案例后总结道："我们在为某古字寻找后来所造的表示其本义之字时……（应）优先在直接或间接以之为声符之字中去寻找。"① 楚文字中记录｛桑｝的字从"桑"演变到"䘮"，就是此规律的一种体现。

（二）䘮、𠃋（K）类形体应剔除

我们先将《上博六·孔子见季桓子》的辞例列于下：

民䘮（氓）不可㥾（侮），众之所槀（植），莫之能瀻（废）也。（简25）②

原整理者将此形隶为"丧"，不可从。遍查资料，我们可以发现，楚系文字中确定无疑的"丧"字的主要结体有：〓、〓、〓、〓、〓、〓、〓、等。即使形体极近于"亡"的"丧"字，也都有一个关键性的小弯头𠃋，这是区分"丧""亡"两字的关键③。小弯头𠃋也会类化得近似"中"，之后又进一步类化得与"芒"接近，不过仍旧是"丧"字。但此字形径从"亡"字，是一个规则外的形体。陈伟先生将此字改读为"氓"，文从字顺。"丧"字声母非复辅音 *sm -④，那么如果认定此字为"丧"字的异体，在音理上无法解释何以与"氓"沟通，如果径以此字为"丧"之异体，文句的通读又会遇到额外的阻碍。陈剑先生将此字隶为"䚋"，可从。我们认为此字就是"亡"字加义符"昍"的异体，为丧亡之｛亡｝的专字。此字的构意可以比拟"丧"字理解。陈英杰老师指出：此字形很可能即改造自"丧"，甚是。"䚋"把"丧"字的声符"桑"改造为了"亡"，来记录与｛丧｝叠韵的近义词｛亡｝。"丧亡"后来凝固成了一个双音节词⑤，合成的主要原因就是义近且叠

---

① 中西学术名篇精读3·裘锡圭卷［M］. 上海：中西书局，2015：261 - 263.
② "氓"从陈伟先生读，见《读〈上博六〉条记之二》，http：//www.bsm.org.cn/show_article.php？id=602，余皆从陈剑先生的意见，参陈剑.《上博（六）·孔子见季桓子》重编新释［G］//战国竹书论集. 上海：上海古籍出版社，2013：293.
③ 在"丧""亡"两字的区分中，小弯头𠃋是认定"丧"字的充分条件；在"丧""桑"两字的区分中，"口"形是认定"丧"字的充分条件。具体的"丧"字字形中，"口"形与小弯头𠃋，至少需有其一。
④ 详见下文
⑤ 例如《新序·杂事五》："宗庙丧亡，社稷不祀。"

韵。"亡"受"丧"字影响类化而成"𠱣",专用以记录丧亡之{亡}。将此形改释后,我们也可以考虑 K 类的另一个形体了,我们先将文例列于下:

(1) 意幾(豈)微□不可得而睹乎?(《上博七·武王践阼》简4)

(2) 怠胜义则□,义胜怠则长。(《上博七·武王践阼》简4)

禤先生说:"上博《武王践阼》另有句云:'志胜欲则利,欲胜志则丧。'(简13-14)此句丧字作□……故可知 K(琦按:即□)也应是'丧'……省口即为□(G),省桑即为□、□。两种省变,'亡'旁均被保留。"① 今按,我们可据同篇中相同的辞例推定□是"丧"的近义词,但不代表这个词就是"丧"。高佑仁先生指出:"原考释者读作'丧'训作'亡',不免曲折,该字今本《武王践阼》正对应'亡'字,直接读作'亡'即可"②,非常正确。据上文推论,我们已将"𠱣"认定为丧亡之{亡}的专字,那么□字亦可据以认定为丧亡之{亡}的专字,可隶为"𠱛",此字应为"𠱣"之异体,从"叩"从"吅"构意相近③。禤先生据关键性的小弯头判断□(死)、□(丧)非一字④,□(頁)、□(賓)非一字⑤,□、□二字构形的关系正与□、□和□、□相似⑥。K 类形体也可据此排除出"丧"字的演变序列。

将"𠱣""𠱛"两字认定为丧亡之{亡}的专字的一个前提,是此时"亡"已有丧亡义,所以我们得稍提及一下"亡"字的音义问题。亡本为锋

---

① 禤健聪. 楚简"丧"字补释[M]//战国楚系简帛用字习惯研究. 北京:科学出版社,2017:511.
② 高佑仁. 也谈《武王践阼》简1之"微丧"[EB/OL]. http://www.gwz.fudan.edu.cn/Web/Show/652.
③ 可比照"哭"字理解。
④ 禤健聪. 楚简"丧"字补释[M]//战国楚系简帛用字习惯研究. 北京:科学出版社,2017:510.
⑤ 禤健聪. 楚简"丧"字补释[M]//战国楚系简帛用字习惯研究. 北京:科学出版社,2017:516.
⑥ 如前文所说的"𠱣"改造自"丧",□也可能改造自□。

芒之芒的初文，从亡得声之字①均为阳部字，所以亡亦应是阳部字。假借来表示有无之｛无｝②，后在此义的基础上引申出丧亡之义。③ 亡的丧亡之义在战国时代已经产生。中山王䯝方壶（《集成》9735）中有："邦迲身死。""迲"即为丧亡之｛亡｝的一个专字。后用字习惯变迁，多用"无"为｛无｝，"亡"则多取丧亡之义。

**（三）䍙（E）类形体应替换**
《清华七·子犯子余》中有一字，原整理者依样隶定为"㱪"，辞例为：

(1) 邦乃述（遂）䍙（《清华七·子犯子余》简13）

(2) 䍙［人］不孙（逊）（《清华七·子犯子余》简13–14）

整理者将"㱪"读为｛亡｝。云间先生已指出："末字为丧。虽然意同，但字异。"④ 此形与禤先生（2017）所论 E 形同类，应释为丧。且据我们对古

---

① 甲骨文中有"犾"字，或释为"狐"，或释为"狼"。《郭店·性自命出》、《上博一·性情论》、左冢漆桐（《铭图》19919）中亦有此字，均读此字为｛猛｝，值得注意。《说文》训猛字为"健犬"，但甲骨文的辞例中"犾"常为被狩猎的野兽，应非健犬。《山海经·西山经》："兽多猛豹"郭璞注曰："猛豹，似熊而小，毛浅有光泽，能食蛇，食铜铁。出蜀中。"《段注》曰："貘，似熊而黄黑色。出蜀中。即诸书所谓食铁之兽也。见《尔雅》；《上林赋》、《蜀都赋》注；《后汉书》。《尔雅》谓之白豹。《山海经》谓之猛豹。"甲骨文中有"白犾"的辞例，似可与"白豹"相对应。则"犾"可能即古书中的"猛豹""貘"。

② 我们怀疑，出土文献中用为有无之｛无｝的"亡"实际上对应的是《诗》《书》中的"罔"（裘锡圭先生在《史墙盘铭解释》中即读"方𧽋亡不䢋见"为"方蛮罔不慑见"；在《释"虫"》中指出：《尚书·金縢》"王其罔害"中的"罔害"就是卜辞的"亡虫（害）"；在《卜辞"异"字和诗、书里的"式"字》的注②中明确说："卜辞里当没有讲的'亡'一般读为'无'，其实很可能应该读'罔'"。说见《裘锡圭学术文集3》第8页、滕《裘锡圭学术文集1》第210页、《裘锡圭学术文集1》第212页），这个词在上古前期或本就读 * maŋʔ，只是后世发生了 * maŋʔ > * mãʔ > * maʔ > * ma 的音变，遂改用"舞（无）"字来记录。荞字在上古同时有阳部（《广韵》模朗切）和鱼部（《广韵》莫补切）两种读音就是一个相关的例子。

③ 犹今人讳言"死"，有人故亦称"没了"。

④ 见《清华七〈子犯子余〉初读》第21楼，http：//www.bsm.org.cn/forum/forum.php?mod=viewthread&tid=3458&page=3。

音的梳理，此字不可通亡①。"丧人"一词在古书中有用例，《礼记·檀弓下》中也记述了子犯子余与秦穆公的对话，中有"丧人无宝，仁亲以为宝。"《春秋公羊传·宣公十二年》亦有"君如矜此丧人"之句，《春秋公羊传·昭公二十五年》中更有"丧人不佞"之辞，与简文极其相似。"丧人"犹"亡人"，指亡丧国政之人，与"亡人"一词侧重点不同。某邦国"丧"，古书中亦有用例，《尚书·微子》中有"殷遂丧，越至于今"。禤先生所列原图中的E是讹形，歺的下部讹变为了"女"，清华简中此形可以代替之，放在原来的E处。

通过上文的梳理，我们可以整理出一个新的"丧"字演变序列图：

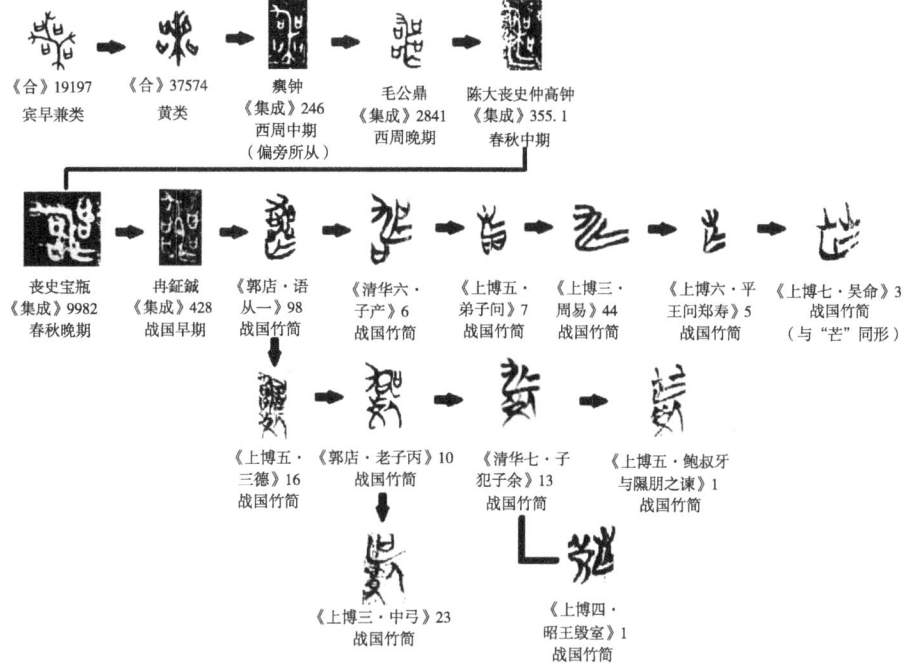

## 二、"丧"字声母非复辅音补说

我们先从古文字与古音学者都很熟悉的《说文解字》谈起。《说文·哭部》曰："丧，亡也。从哭，从亡，会意。亡亦声。"其中的"亡亦声"引人

---

① 详见下文。

注意。"丧"字的中古音声母为心母＊s-，而"亡"字的中古音声母为明母＊m-，二字声母远隔。但是两者的韵母关系却极近，"丧"字为一等字，在上古的阳部，"亡"字为三等字，也在上古的阳部，二者的韵母实际上只有是否三等字的差别。自上古汉语有复辅音说被提出以来，"丧"字的声母问题似乎已成了"定论"，古音学家纷纷将"丧"字的上古声母拟为＊sm-，以解释"丧"字何以"亡亦声"。除了解释谐声外，这种构拟还有别的功效。比较新颖的观点认为上古汉语具有语法功能的＊s-前缀，"丧""亡"的差别就是有无＊s-前缀。① 基于以上原因，古音学家对"丧"字的拟音似乎达成了某种共识，郑张尚芳（2013）将"丧"字拟为＊smaŋ，白一平和沙加尔（2020）拟为＊s-mˤaŋ，潘悟云（2020）拟为＊smaŋ②，大同小异。但赵彤先生提出了不同的看法，他指出：

> "丧"甲骨文作🌿，于省吾先生认为"本从桑声"……甲骨文"桑"字作🌿，丧从桑声是很清楚的。金文"丧"字作🌿，下部从"亡"，后来发展为小篆"丧"字的写法。其所从的"亡"究竟是形旁还是声旁？这个问题可以从楚简中找到答案。楚简中"丧"有三种写法：🌿、🌿、🌿。第一种写法直接承自甲骨文，第二种写法加"亡"，第三种写法加"死"，从"亡"从"死"显然是同义意符互换。可见，《说文》根据小篆对"丧"字字形的分析完全是错误的。有些学者把"丧"的上古声母拟作

---

① 潘悟云认为："'亡'和'丧'，'亡'是＊maŋ，'丧'很多人认为是＊smaŋ。这两个也构成一对自动和使动。"见白一平，潘悟云. 上古音对谈实录［G］//语言研究集刊. 上海：上海辞书出版社，2018：411. 白一平和沙加尔认为："前缀＊s2-派生出情境名词（circumstantialnouns）（地点、时间、工具）：（102）亡＊maŋ > mjang > wáng（逃走；消失；死亡）丧＊s-mˤaŋ > sang > sāng（丧服，葬礼 < 与死亡有关的情景）""'丧'字中的＊s-前缀产生了一个从动词派生而来的名词，指的是一个事件中的情景（见 3.3.2.3）：'丧服，丧礼'<'与死亡有关的情景'。"说见 William H. Baxterand LaurentSagart, Old Chinese: A New Reconstruction, New York: Oxford University Press, 2014, p.56, p.145. 译文采用北京大学上古音小组译. 上古汉语：构拟新论（未刊稿）［M］，对其中翻译有误者有订正。
② 潘悟云先生（2020）的拟音取自复旦大学中华文明数据中心网，http://ccdc.fudan.edu.cn/bases/index.jsp，以下皆同。

*sm-，现在看来是不对的，因为：第一，"丧"并不从"亡"声；第二，"丧"本从"桑"声，"桑"并没有与明母相通的证据；第三，免簋铭文有一个从日、丧声的字，读为"昧爽"之"爽"，"爽"字也没有与明母相通的证据。至于"亡"和"丧"是否是同源关系，目前也无法证实①

赵说极是，然而可能是由于此文仅发布在互联网上，且论证较为简略，没有得到注意。我们将从谐声规则、通假行为、民族语言三个角度对赵说进一步申述，并梳理相关的一些问题。

### （一）谐声规则证据

"丧"从"桑"得声，这是古文字与古音学家的共识，确不可移。近年来随着作为上古音研究材料的出土文献不断增长，我们对上古音的认识也不断地深入了。近年赵彤先生与张富海先生均对谐声规则进行了进一步的论说，读者可参看②。由于下文涉及郑张尚芳先生的古音构拟问题，兹转引在郑张尚芳先生谐声观点③基础上详细申说的张富海文于下：

> 复辅音声母有两种类型：一种是声干加流介音的 Cr、Cl 型④，另一种是冠音（前置辅音）加声干的类型，如 sC。两种类型的复辅音声母的谐声假借原则有所不同。Cr、Cl 型复辅音声母的谐声假借除了依据声干外，也可以仅仅依据流介音。冠音加声干类型的复辅音声母只能依据声干谐声假借，而与冠音无关。换言之，流介音参与谐声假借，而冠音不

---

① 赵彤. 利用古文字资料考订几个上古音问题 [EB/OL]. http：// www. gwz. fudan. edu. cn/Web/Show/384#_edn1.
② 赵彤. 谐声、假借和通假的语音性质 [C]// [韩] 朴慧莉，程少轩编. 古文字与汉语历史比较音韵学. 上海：复旦大学出版社，2017：3-14；张富海. 谐声假借的原则及复杂性 [J]. 岭南学报，2018（2）.
③ 郑张尚芳. 上古音系（第二版）[M]. 上海：上海教育出版社，2013：80-81.
④ 笔者按：C 指辅音。

参与谐声假借。①

落实到"丧"字上，如果我们认为"丧"字的声母为复辅音 *sm-，那么"丧"字只能跟声母为复辅音 *sm-、*mr-、*ml 的字或声母为单辅音 *m- 的字有谐声关系、通假行为，而不可与声母为单辅音 *s- 的字相谐声、通假。

"丧"字的谐声"桑"，通常不被认为有复辅音。斯塔罗斯京（2012）将"桑"字拟为 *saːŋ，白一平和沙加尔（2014）拟为 *[s]ˤaŋ，均以"桑"字声母为单辅音 *s-。但"桑"字的构拟也有不同意见。郑张尚芳（2013）将"桑"拟为 *sŋaːŋ，潘悟云（2020）拟为 *sŋaŋ，均认为"桑"字声母为复辅音 *sŋ-，此做法不可取。

首先，这样的构拟造成了冗余的例外谐声。依照郑张尚芳先生（2013）对谐声的观点，如果"桑"字是复辅音 *sŋaːŋ，那么它一般不会作为异部位复辅音字②"丧"（*smaːŋ）的谐声。③ 其次，郑张尚芳与潘悟云将"桑"字拟为复辅音的一大原因，是认为"丧/桑"④ 与"噩"在甲骨文中同字。"噩"字为疑母铎部字，郑张尚芳（2013）将其拟为 *ŋaːg，与"桑"字阳入对转。为了解释甲骨文中的所谓"丧""噩"同字现象，郑张尚芳（2013）将桑的

---

① 张富海. 谐声假借的原则及复杂性[J]. 岭南学报，2018（2）：100.
② 笔者按：异部位指发音部位相异。[m] 为双唇音，[ŋ] 为舌根音，二者发音部位不同，一般不可相通。
③ 潘悟云先生的古音框架与郑张尚芳先生总体相同，故不再单独论述。
④ 旧说多以为"丧""桑"同字，后来有"口"形饰符的"丧"分化出来专门表示{丧}。在上文所引的赵彤（2008）文后注 10 中赵先生加按语说："'丧'或许是从'桑'分化出来，专门表示'丧失'之'丧'的，未必是'采桑'的本字……陈剑先生说：也可能'丧'所从'叩'或众口作义符乃表示哭泣意［犹'哭'之从口（笔者按，口或为'吅'之误），或'噩'之'昍'，表示众口发声］，故'丧'或即丧事之丧之本字。"陈说可从，依今日所见出土文献的用字习惯，楚简中无严格意义上的"桑"字，以"罧""槡"为{桑}。楚文字中另有从死或从亡之丧，是{丧}的专字。金文中以"丧"为{丧}，也有以"桑"之讹字为{丧}的例子，应被理解为以"桑"通{丧}。秦系文字中，"桑""丧"二字判然有别，分别源自甲骨文中的"桑""丧"两字，可为陈说之证。

声母拟为复辅音＊sŋ-。但据马保春先生的研究①，"丧""噩"不同字，"噩"有自己独立的来源，冯时先生②对此问题有进一步申说。"丧""噩"二字不同源，今盖已成共识。那么郑张尚芳先生对"桑""噩"两字的字际关系判断有误，桑字声母非复辅音＊sŋ-。

将"丧"拟为＊smaːŋ还会造成例外音变的产生。潘悟云先生将中古声母为心母的"丧"拟为＊smaːŋ，将中古声母为晓母的"威"字拟为＊smed。白一平先生已经指出，在潘先生的体系中＊sm类复辅音应演变为中古的晓母，"丧"字中古为心母是一个例外音变。③潘先生认为："'丧'的心母读音，可能是音变过程中的滞后现象。常用字的音变往往滞后……'丧'在古代是哀葬死者的礼仪，即丧礼……我们研究音变的时候，必须考虑非线性的变化，即同一个音会有不同的变化结果。"④潘先生对自身构拟的回护是有道理的，白一平（2018）则统一将潘先生这类与明母有谐声关系，中古声母为晓母的字拟为＊m̥，以此来避免例外音变的产生。后来，潘悟云先生（2020）似乎接受了这种处理方法，将威改拟为＊m̥hed。其实，"丧"字例外音变的根源在于对"丧""亡"谐声关系的处理失误。将"丧"字的声母改拟为单辅音＊s-，即可除去一条例外音变。

依据禤健聪（2017）的研究，我们还知道楚简中"桑"字有一个加声符"相"的写法，作"𣞼"。那么依据谐声规则，既然"桑""丧""相"三字有谐声的关系，则三者或均为复辅音＊sm-，或均为单辅音＊s-，三字的声母具体是什么，我们将通过对三字通假行为的分析来确定。

---

① 马保春. 说地名字"鄂"及相关问题［G］//古文字研究（第31辑）. 北京：中华书局，2016：543.
② 冯时. 丧、噩考——兼论丧礼的形成及其意义［J］. 中原文物，2019（1）：104-105. 按：冯时先生以为"丧""噩"二字阳铎对转，古音读音相同，不确。二字声、韵皆不同。
③ 两位先生的说法，见白一平，潘悟云. 上古音对谈实录［G］//语言研究集刊. 上海：上海辞书出版社，2018：引用页码.
④ 白一平，潘悟云. 上古音对谈实录［G］//语言研究集刊. 上海：上海辞书出版社，2018：引用页码.

### (二) 通假行为证据

因为"桑""丧""相"三字有谐声关系,三字的声母只有同为复辅音 *sm - 或同非复辅音 *s - 的可能。所以我们略去"丧""桑""相"三字内部相通的例子。① 将"丧""桑""相"三字的通假例合而视之。

1. 支持单辅音 *s - 构拟的通假现象

(1) 桑通仓:《康熙字典·子集中·人部》:"仓,又与桑通。亢仓子,亦作庚桑子。"

(2) 丧通苍:《上博二·容成氏》简 41 "述(遂)逃达(去),之丧虖之埜(野)。""丧虖"即"苍梧"。

(3) 丧通藏:《墨子·备城门》:"五步积狗尸五百枚,狗尸长三尺,丧以弟,瓮亓端,坚约弋。"孙诒让《閒诂》引毕云:"丧,藏也。"

(4) 丧通胥:《新序·杂事》:"船人固桑进对曰。"《韩诗外传》"固桑",作"盍胥"。②

(5) 丧通爽:

①兔簋(《集成》4240):"隹(唯)十又二月初吉。王才(在)周。昧〕 䰜(爽)。王各(格)于大(太)庙。"③

②《山海经·南山经》:"又东五百里曰发爽之山。"郭注:"爽一作丧。"

(6) 箱通仓:《诗·小雅·楚茨》:"我仓既盈。"《太平御览》三五引仓作箱。

(7) 仓通相:《楚帛书·丙》:"仓莫(?)旻(得)"、"仓(相),不可以川囗,大不训(顺)于邦,又(有)梟内(入)于卡=(上下)。"仓即《尔雅·释天》十二月名之相,指秋七月。

---

① 新见大河口墓地所出霸国诸器中的"丧原"当读为"桑原",或读为"上原",不确。
② 斯塔罗斯京(2012)与白一平、沙加尔(2020)都将"疋"谐声拟为单辅音 *s -,但郑张尚芳(2013)将"疋"谐声拟为 *sŋ - 类复辅音。张富海先生指出:郑张先生的构拟是为了解释古文以"疋"为{雅}的现象,但所谓用为{雅}的"疋",其实是战国文字"夏"字之讹省。"疋"谐声中不含 *ŋ - 成分,应拟为单辅音。张富海. 据古文字论"色"、"所"、"疋"三字的上古声母[M]//[韩]朴慧莉,程少轩. 古文字与汉语历史比较音韵学. 上海:复旦大学出版社,2017:196 - 197.
③ 从于省吾先生读,见《释桑》,《甲骨文字释林》第 98 页。䰜即训为明的爽的专字。

(8) 相通壮：《清华五·汤在啻门》简 8-9："亓（其）燮（气）奋（奋）昌，是亓（其）为竖（当）煭（壮）。

(9) 相通将：《上博·父母之命》简 2："亡（无）臂（体）之豊（礼），日述（就）月相（将）。"①

(10) 相谐声通爽谐声：

①《老子》十二章："五味令人口爽。"汉帛书甲本爽作唰。

②《左传·定公三年》："有肃爽马。"《正义》："爽或作霜。"《国语·楚语下》韦注引肃爽作骕骦。

③《楚辞·大招》："鸿鹄代游，曼鹔鹩只。"《考异》："鹩一作鹇。"

④《北大汉简·反淫》："鸿（鸿）鹄鹇鹩（雏），弋（鸢）鸡肃（鹔）相（鹩），[连] 翟（翅）比翼，椄（接）遻（沓）苟（柯）闲。"

⑤《睡虎地秦简·日书甲·诘咎》："……食之以喷，饮以爽（霜）路（露），三日乃能人矣。"

以上"桑""丧""相"谐声均与齿音相通，支持丧字声母单辅音 *s- 的构拟。

2. 可能不支持单辅音 *s- 构拟的通假现象

文献中有一些似乎不支持单辅音 *s- 构拟的通假现象，我们将对此予以解释。

丧通亡：据禤健聪先生（2017）的研究，许多所谓亡声，与丧相通的怪字，其实都是楚文字中"丧"字讹变后产生的异体，兹不赘述。有些简本用"丧"，传世本用"亡"的版本异文，也"只是音义相近的'亡'和'丧'同义换用"②。禤先生进一步指出甲骨、金文多以"亡"为{无}，而非丧亡

---

① 据此，则典籍中与盲人相关，训为{扶}的相，可能都通"扶将"之{将}。《论语·季氏》"则将焉用彼相矣"朱熹集注曰："相，瞽者之相也。"《礼记·仲尼燕居》"譬犹瞽之无相与"孔颖达疏曰："相，谓扶相。"《论语·卫灵公》"固相师之道也"陆德明释文引郑云："相，扶也。"《仪礼·乡饮酒礼》"相者二人"郑玄注曰："相，扶工也。"《乡射礼》"相者皆左"郑玄注曰："相，扶工也。"《燕礼》"相入"郑玄注曰："相，扶工也。"《周礼·春官·眡瞭》"凡乐事相瞽"郑玄注曰："相，谓扶工。"

② 禤健聪. 楚简"丧"字补释 [M]//战国楚系简帛用字习惯研究. 北京：科学出版社，2017：512-514.

之亡。以"无"来表示有无之{无}，是较晚的用字习惯①。所谓的"丧"与"亡"相通的例子不成立。

襄通丧：《玺汇》0309："下𣍘（蔡）哉（职）襄（丧）。"②

相通禳：《礼记·祭法》："埋少牢于泰昭，祭时也；相近于坎坛，祭寒暑也。"郑玄注："相近当为禳祈"，《通典·礼十五》引此相作禳。

襄谐声与桑、丧、相同为阳部字叠韵，但声母远隔。襄谐声声母的声干为 ∗n－，丧、相的中古声母为心母 ∗s－。襄的中古声母为心母，依据谐声系考虑，上古声母应为 ∗sn－，在上古汉语晚期，发生了 ∗sn－＞∗s－的音变，故可与丧通假。"禳"字上古声母为泥母 ∗n－，与中古声母为心母 ∗s－的"相"远隔，但如果不依郑玄破读，此句难解。我们怀疑《礼记·祭法》中此句底本之"相"本写作"襄"，读为"禳"，出土简牍中常见径以谐声偏旁读为某个后代同谐声分化字的用例。在"襄"字发生 ∗sn－＞∗s－的音变后，产生了把"襄"写作"相"的音近通假字，此句本义遂湮，直到郑玄才有了正确的破读。③

相通横：《诅楚文》："又（有）秦嗣王，敢用吉玉宣璧，使其祝䰙布憝告于大神厥湫，以底（诋）楚王熊相之多辜。""今楚王熊相，康回无道。"欧阳修《集古录》初推断为楚顷襄王横。④ 何琳仪先生认为："相、横叠韵，例可通假，何况自成王以下，'十八世'也恰好是楚顷襄王。"⑤ 但多数学者以为《诅楚文》作于秦惠文王时，其时楚为怀王熊槐。此条通假不可信。⑥

湘通鬺：《诗·召南·采蘋》："于以湘之，维锜及釜。"《汉书·郊祀志》

---

① 禤健聪．楚简"丧"字补释［M］//战国楚系简帛用字习惯研究．北京：科学出版社，2017：512－514.
② 从何琳仪先生读。
③ 陈英杰老师指示说："襄的佐助义的本字就是相"，值得注意。王力先生认为襄的佐助义引申自"成"义，但成与佐助关系没有那么密切，佐助义的襄应是可训为助的相之借字。襄的成义应引申自禳，二者关系可成功之{功}与衽》祭之{衽}理解。
④ 转引自郭沫若．郭沫若全集·考古编09［M］．北京：科学出版社，2002：286.
⑤ 何琳仪．战国文字通论［M］．北京：中华书局，1989：160.
⑥ 熊相或应读为熊桑，桑、槐一名一字，详下文。

颜注引《韩诗》湘作瀜。①

瀜与湘同为阳部字，瀜的中古声母为书母，与中古声母为心母的桑、丧、相声母似乎远隔，但据古音学家的研究，谐声上看与中古以母发声关系的书母，上古音当为清边音 $*\underset{\circ}{l}$，而清边音 $*\underset{\circ}{l}$ 来源于复辅音 $*sl-$。我们推测，清边音 $*\underset{\circ}{l}$ 与心母 $*s-$ 有通假关系的文献，大概是因为抄手或作者的方言中有存古成分，仍将雅言中的清边音 $*\underset{\circ}{l}$ 读为复辅音 $*sl-$，复辅音 $*sl-$ 与心母 $*s-$ 音近，只有是否有 $*-l-$ 介音的区别，故可通假。②

小结一下，除了所谓的与"亡"相通外，"桑""丧""相"三字都只有与齿音相通，而无与明母相通的例子，这不由得使人生疑。而据禤健聪（2017）的研究，我们已知的所谓与亡"相通"的通假例都不成立。那么我们可以得出结论，通假行为并不支持将丧字声母拟为复辅音 $*sm-$。另外值得注意的是，出土文献中没有"丧"与明母 $*m-$ 相通的例子，而上古音的复辅音是自汉语与藏缅语分家以来逐渐消亡的，复辅音的消亡是汉语演变的一个趋势。如果时间上更早的出土文献没有"丧"字声母读复辅音 $*sm-$ 的证据，我们没有理由相信许慎的东汉音保存了更多的复辅音。事实上许慎有时候会将"某声""某亦声"的标准放得很宽，具体到这个问题，许慎很可能指的仅是叠韵。《说文》中还有两个所谓"亡声"的叠韵字：

良，善也。从畗省，亡声。

长，久远也。从兀从匕……亡声。厃者，倒亡也。凡长之属皆从长。

二字均无与明母 $*m-$ 的通假例，也没有古音学家为二字构拟含有明母 $*m-$ 成分的复辅音声母。论者切勿据谬说，错作通假。我们认为"丧"字

---

① 以上通假例多引自白于蓝. 简帛古书通假字大系 [M]. 福州：福建人民出版社，2017；王辉编. 古文字通假会典 [M]. 北京：中华书局，2008；高亨，董治安. 古字通假会典 [M]. 济南：齐鲁书社，1989。有改动、补充。

② 传抄古文中有些字形为"丧"者放在"郶"字条目下，暂且存疑。

所从的"亡声"与此二字一样是"变形音化"①而来的构件,这种有提示读音作用的构件不能跟严格的谐声等而视之。只是恰巧亡、丧义近,遂迷人耳目。

### (三) 民族语言证据

汉语与藏缅语有亲属关系,与侗台语、苗瑶语有亲属或接触关系,这是语言学家的共识。一般来说,这些民族语言相对于汉语更好地保留了原始祖语中的复辅音成分。在上古汉语进行古音构拟时,学者多引以为旁证。民族语言可用来进一步验证"丧"字的上古音声母问题。为求简便,我们在引用民族语时仅采拉丁化转写。民族语中可以与汉语相对应的关系词有以下几种。

藏语:dar shing、o se shing、srin shing 三词,义为{桑树},其中 shing 与汉语中的"桑"相对应。②

壮语:$ko^1$ $sa:ŋ^6$ 义为{桑树},$bau^1$ $fai^4$ $sa:ŋ^6$ 义为{桑叶},其中 $sa:ŋ^6$ 与汉语中的"桑"相对应。③

临高语:$dun^3$ $sam^1$ 义为{桑树},$bɔ^2$ $sam^1$ 义为{桑叶},其中 $sam^1$ 与汉语中的"桑"相对应。

毛难语:$zɔŋ^2$ $sa:ŋ^3$ 义为{桑树},$va^5$ $sa:ŋ^3$ 义为{桑叶},其中 $sa:ŋ^3$ 与汉语中的"桑"相对应。

民族语中"桑"的关系词也仅仅是单纯的单辅音 *s-,理应具有更丰富复辅音的民族语并不支持对"丧"字声母进行复辅音 *sm- 的构拟。

综上所述,无论是汉语内部材料:宏观的谐声规则,微观的通假行为,还是外部材料:民族语言,三个角度都不支持对"丧"字声母进行复辅音 *sm- 的构拟。丧字的声母当从赵彤先生(2008)说拟为单辅音 *s-。

---

① "丧"字还有自己的特殊性,"亡""丧"义近,这种形体变化或具有所谓"理据重构"的意味。
② 张怡荪主编. 藏汉大辞典 [M]. 北京:民族出版社,1993:1253、2528、2982.
③ 中央民族学院主编. 壮侗语族语言词汇集 [M]. 北京:中央民族学院出版社,1985:72-73.

## 三、基于"丧"字新认识的三个考订

### （一）楚帛书"霝"字臆测

《楚帛书·乙》中有这样一个字，辞例如下。

秊（李）戢（岁）□月，内（入）月七日、[八日]，又（有）雺（雾）■、雨土，不晏（得）亓（其）䎽（参）职，天雨彭（彭）彭（彭），是遻（失）月闰之勿行①。

其中的■字，诸家多隶定为"霝"，没有问题。学者多从李学勤先生将此字读为"霜"。李先生说："'霝'，读为'霜'，《白虎通义·灾变》：'霜之言亡也。'"② 何琳仪先生在此基础上补充道："《释名·释天》：'霜，丧也。''丧'亦从'亡'得声。《古文四声韵》引《义云章》'霜'作'■'，从'亡'，尤为明证。"③ 何先生所论的传抄古文更清晰的字形作"■"④，此字形在《集篆古文韵海》中也有收录，作"■"⑤。很明显，《古文四声韵》中的字体是《集篆古文韵海》这个形体之讹。非常容易看出，此字其实是"露"之异体，《汗简》"露"字头下即是"■"⑥ 形，与以上两形无甚差别。"露"误为"霜"，大概是由于义近。《淮南子·天文训》中说："阳气胜则散而为雨露，阴气胜则凝而为霜雪。"足见二者在概念上的相关。除传抄古文外，两位先生所依据的声训恐怕也不是铁证。《白虎通·灾变》："霜之言亡也。"和《释名·释天》："霜，丧也。"其实都是从数术的角度认为"霜"是一种代表不祥的天象。"声训"与严格的谐声不同，只是用同音或近音词来指

---

① 释文依陈媛媛女史作，见陈媛媛.《楚帛书·乙篇》集释 [D]. 长春：吉林大学，2009：10.
② 李学勤. 楚帛书中的天象 [G] // 简帛佚籍与学术史. 南昌：江西教育出版社，2001：40.
③ 何琳仪. 长沙帛书通释 [G] // 安徽大学汉语言文字研究丛书·何琳仪卷. 合肥：安徽大学出版社，2013：456.
④ 字形转引自徐在国编. 传抄古文字编 [M]. 北京：线装书局，2016：1151.
⑤ 字形转引自徐在国编. 传抄古文字编 [M]. 北京：线装书局，2016：1151.
⑥ 字形转引自徐在国编. 传抄古文字编 [M]. 北京：线装书局，2016：1151.

出被训字的其中一个特点。在上文的研究中，我们已经知道了"相""桑"谐声不可与"亡"谐声相通，所以"霝"字不可读为"霜"。饶宗颐先生将此字读为"芒"："霝字从雨从亡，字书未见。霝可读为'芒'，甘氏《岁星法》：'其状作作有芒。'指闪电光芒。"① 饶先生将此字读为"芒"的一个前置条件，是旧曾误释"霝"字为"电"。"电芒"成词，但"雾芒"似不成词，古书中未见用例。但饶先生的读法在语音上契合度较高，暂且备考。

我们认为"雾霝"当读为"雾雰"。饶先生已经征引古书指出"雨土"即霾，是灾异凶咎之象。② "雾雰"也应是同类事物。裘锡圭先生指出，"亡""方"古同字。③ 二者双声准叠韵，同时"战国楚方言中的鼻音声母很可能带有塞音的成分"④，二者声母的关系更近了。"霝"读为"雰"，在古音的会通上没有问题。"雰"训为大。从方得声的字多有大义，如"磅礴"之"磅"，"滂沱"之"滂"，"霶霈"之"霶"。临纽的"荒"可训为"大"⑤，"芔"《说文》训为"众艸"，亦与"大"义相关。"雾雰"语法结构近于《诗·邶风·北风》中的"雨雪其雱"，汉人扬雄《甘泉赋》中有"云飞扬兮雨雰霈"，晋人陆机《浮云赋》亦有"甘泽雾霈"，"雾霈"一词也可写作"霶霈"，正用以形容雨大的样子⑥。我们认为"雾雰"可以依此理解为大雾，与霾相近，亦为凶咎之象。如果认为此说不可信，可暂从饶宗颐先生读为"雾芒"。

### (二)《诅楚文》中的"熊相"

《诅楚文》中的楚王熊相，为传世文献所未见，学者多以此为楚怀王熊

---

① 饶宗颐. 楚帛书新证 [G]//饶宗颐二十世纪学术文集·卷三·简帛学. 北京：中国人民大学出版社，2009：182.
② 饶宗颐. 楚帛书新证 [G]//饶宗颐二十世纪学术文集·卷三·简帛学. 北京：中国人民大学出版社，2009：182.
③ 说见裘锡圭. 释"无终"[G]//裘锡圭学术文集3. 重印本. 上海：复旦大学出版社，2015：61.
④ 赵彤. 中古舌根声母字和双唇声母字在战国楚系文献中的交替现象及其解释 [J]. 中国语文，2006（3）：249-255.
⑤ 《尚书·皋陶谟》："荒度土功。"《尚书·吕刑》："荒度作刑。"
⑥ 《论语·乡党》："迅雷风烈，必变。"其中"远雷"为常见的定中结构，"风烈"则反之。"雾雰"盖与反者相类，"雨土"盖与前者相类。

槐，但是楚怀王为什么会有熊相、熊槐两个名字，我们必须解释。郭沫若先生引《周礼·秋官·司寇》中的"面三槐，三公位焉"的书证，说"三公是论道经邦的相位，故名相可字槐，秦人出于敌忾，当呼名，楚人由于避讳，故传其字。"① 郭先生的说法过于迂曲，不可从。我们怀疑熊相之相应读为桑树之桑。先前我们已经论及楚文字中用为{桑}的"𣞤"字，桑、相二字双声叠韵，可通假。"𣞤"字上半部分的构件"丧"，多有讹变，且与秦文字的"丧"字构形差异较大。我们怀疑秦人不识楚文字"𣞤"字上半部分的构件，无法确定"𣞤"字记录的是哪个词，因而无法正确地转写，故仅仅截取下半部分的"相"，将楚王的名记录为了"相"。文献中也有"桑""相"相通的例证，我们列于下。

《玺汇》0164："𣞤（湘）陵莫嚣（敖）"

《古玺汇考》第111页："桑（相）昜（阳）亘（官）"②

越王者旨于赐钟（《集成》0144）："顺（训）余子孙。万枼（世）亡（无）疆。用之勿相（丧）。"

《荀子·解蔽》"乘杜作乘马。"杨注："《世本》云：'相土作乘马。'"《读书杂志》中王念孙曰："乘杜盖桑杜之误。"

《尔雅·释虫》"诸虑悉相。"《释文》："相，舍人本作桑。"

除了语音可以相通并有相通的例证外，桑、槐两种树在古人的观念中关系密切，有"指桑骂槐"的成语，并且二者在今时的民俗中都被认为是"鬼树"，房前屋后不可栽之。除了民俗之外，更可能是与改火制度相关。《论语集解·阳货》宰我问三年之丧章的"钻燧改火"后马融注曰："《周书·月令》有更火之文。春取榆柳之火，夏取枣杏之火，季夏取桑柘之火，秋取柞楢之火，冬取槐檀之火。一年之中，钻火各异木，故曰改火也。"《周礼·司爟》郑玄注转引郑司农引邹衍说："春取榆柳之火，夏取枣杏之火，季夏取桑柘之火，秋取柞楢之火，冬取槐檀之火。"与之相同。季夏用桑，冬用槐，可以相对应。所谓"季夏"本就是为了与五行相牵合，强行插入夏、秋季之中

---

① 郭沫若. 郭沫若全集·考古编09［M］. 北京：科学出版社，2002：292.
② 今按，古地名中似无相阳、桑阳、湘阳，颇疑此印当读为"襄阳官"，但前提是此印是战国晚期以后之物。姑存以备考。

的一个人造季节。不采纳五季系统的《淮南子·时则训》则说春"爨其燧火",夏、秋"爨柘燧火",冬"爨松燧火"。夏、秋两季用柘取火,似乎正好与"季夏取桑柘之火"相应,据"季夏取桑柘之火"反推,《淮南子》中记录的改火用木,可能也是夏、秋用"桑柘"。另外有趣的一点是,《管子·地员》篇中说在"五粟之土"上"桐柞莫不秀长,其榆其柳,其檿其桑,其柘其栎,其槐其杨,群木蕃滋数大,条直以长。"在一连串树木名的排比中,第一对"其榆其柳"似可与《月令》中的"春取榆柳之火"相对应,第二对"其檿其桑"似可与《月令》中的"季夏取桑柘之火"相对应,第三对"其柘其栎"似乎可以与《月令》中的"季夏取桑柘之火"和《时则训》中的秋"爨柘燧火"相对应,第四对"其槐其杨"似乎可以与《月令》中的"冬取槐檀之火"相对应。我们怀疑,《地员》如此排列树木的背后,可能源自另一种四季改火系统,这种系统大概是"春用榆柳、夏用檿桑、秋用柘栎、冬用槐杨"。在更早的时候,桑和槐有可能就是夏和冬取火所用树木的关系。① 古人名字关系极近,多用同义、近义或者反义词,因此"熊相(桑)"和"熊槐"二者当如郭沫若先生(2002)所说,是一名一字的关系。联系到古人对"名"的重视,《诅楚文》中国称楚怀王为"熊相"大概如郭老所说"秦人出于敌忾,当呼名"是一种直呼其名的侮辱。但是郭老认为"楚人由于避讳,故传其字"。我们与之看法不同。传世古书中其余楚王的名字与出土文献中所见的楚王名字都可对应,没有理由仅仅避讳楚怀王的名。楚怀王以字行于世,我们怀疑与其谥号相关。"怀""槐"二字音近可通。《说文》中多以"裹"字记录{怀},我们列于下。

《包部》:"包,象人裹妊,巳在中,象子未成形也。"

《壬部》:"壬……象人裹妊之形。"

《子部》:"孕,裹子也。"

《亥部》:"亥……象裹子咳咳之形。"

裹、槐二字谐声相通②。楚怀王大概是受了其谥号"怀"的语音影响,才在传世文献中以其字"槐"而非名"桑"行于世。

---

① 桑、槐与改火制度的关系蒙王翊学长提示。
② 槐字亦有异体作櫰。《玉篇》:"櫰,槐之别名。"《尔雅·释木》:"櫰,槐大叶而黑。"

**(三)《尚书·微子》中的"荒"或为"𦒇（丧）"之误释**

今传梅本《尚书·微子》中有一句话，历来难以确诂："吾家耄逊于荒?"这句话在《史记·宋世家》作："吾家保于丧?"更易理解。

《尚书》中的"荒"字有以下几种用法。

（1）用为动词，训为荒废。

《盘庚上》："非予自荒兹德。"

《盘庚中》："明听朕言，无荒失朕命！"

《酒诰》："惟荒腆于酒。"

《无逸》："不敢荒宁。"

《文侯之命》："无荒宁。"

（2）用为副词，训为大。

《皋陶谟》："荒度土功。"

《吕刑》："荒度作刑，以诘四方。"

（3）用为名词，但仅见于"荒服"这一专有名词中。

《禹贡》："五百里荒服。"

"吾家耄逊于荒"中的"荒"用为名词，"伪孔传"训为荒野，与《尚书》中其他"荒"的用法不同。同时，荒野义晚出，在先秦古书中除了"荒服"一词与此义有涉，似无单以"荒"训为荒野者，那么《微子》这里"荒"字的用法成了例外，惹人生疑。《史记》中以"丧"字对应"荒"，给人以启发。我们怀疑，此处之"荒"或为楚文字中写作"𦒇"的丧字之误释。传抄者可能将这个写法特殊的"丧"字错误地分析成了从死、芒声，进而错误地转写为了"同声符"又形近的"荒"字。荒可训为废，故以死为义符并不奇怪，可以被理解。如果将"荒"字理解为"𦒇"字的误释，那么今传梅本《尚书》与《史记》间的"荒""丧"异文，可以得到很好的解释。

同篇中另有一句话："天毒降灾荒殷邦"，《史记·宋世家》作："天笃下菑亡殷国"。二者虽有异文，但无涉文意。这里的"荒"字，用法也比较奇特，"孔传"将"灾荒"理解为近义连用的双音节名词，训为"灾"。但"灾荒"一词晚出，又多训为"饥荒"，如果将"荒"字理解为与"灾"近义的名词，又无法确诂。似乎只能从俞樾先生的意见，将此字读为"亡"，训为亡国之亡。但以"荒"为{亡}，通假例极为罕见。我们怀疑这里的"荒"也是"𢠳"字的误释，如果将这里的"荒"字也理解为"𢠳"字的误释，那么原文即为"天毒降灾丧殷邦"。《尚书·大诰》中也有相类的"天惟丧殷"，文从字顺，非常容易理解。《史记》作"亡殷国"，避讳邦字，将"丧"替换为训诂字"亡"，异文也能得到更好的解释。古书中义为"亡国"的"丧国""丧邦"的说法很常见。《论语·子路》："一言而丧邦"，《吕氏春秋·孝行览·遇合》："恶足以骇人，言足以丧国"，《国语·晋语一》："可以小戕，而不能丧国"，可为此说之证。《微子》中也有正确转写的"丧"字，但这并不构成我们意见的反例。这与今传梅本《尚书》中"文"字既有错误转写为"宁"者，又有正确转写为"文"者相类。采用的异体字难识者，转写错误，采用的字体常见者，转写正确，并不奇怪。

## 结　语

　　总结一下，本文利用新出的安大简材料，在禤健聪先生（2017）研究的基础上论证了楚简文字中以"䍷""䋻"为{桑}的用字习惯，依据"丧"字特有的小弯头𠃌与上古音方面的证据，论述了"㗊""喦"二字非"丧"字异体，而是改造自"丧"字的"亡"字异体。订改了《清华七·子犯子余》以"㗊（丧）"通"亡"的一处释文。依据谐声规则、通假行为、民族语言旁证等证据，在赵彤先生（2008）的基础上对"丧"字的上古音进行了补充论证，证实了"丧"字声母非复辅音 *sm-，可拟单辅音 *s-。依据对"丧"字形音的新认识，否定了《楚帛书·乙》中的"雾雺"读为"雾霜"的旧释，将其读为"雾雺"。联系楚文字以"䋻"为{桑}的用字习惯与改火制度，将《诅楚文》中的"熊相"改读为"熊桑"。通过《尚书》中"荒"字常见辞例的梳理，认为《微子》中的"荒"可能是"𢠳（丧）"之误释。

2020 年 2 月 27 日凌晨初稿
2020 年 6 月 16 日凌晨改定

【附记】本文写作蒙陈英杰老师悉心指导，匿名审稿专家及梁睿成、刘华阳、王翊、王精松、朱胄等学兄也提供了宝贵意见和建议，在此一并致以谢忱！

**参考文献**

［1］白一平，潘悟云．上古音对谈实录［G］∥语言研究集刊．上海：上海辞书出版社，2018.

［2］白于蓝．简帛古书通假字大系［M］．福州：福建人民出版社，2017.

［3］陈剑．简谈安大简中几处攸关《诗》之原貌原义的文字错讹［EB/OL］．http：∥www.bsm.org.cn/show_article.php?id=3429.

［4］陈剑．战国竹书论集［M］．上海：中西书局，2013.

［5］陈伟．读《上博六》条记之二［EB/OL］．http：∥www.bsm.org.cn/show_article.php?id=602.

［6］陈媛媛．《楚帛书·乙篇》集释［D］．长春：吉林大学硕士学位论文，2009.

［7］程浩．清华简新见郑国人物考略［J］．文献，2020（1）．

［8］［清］段玉裁．说文解字注［M］．上海：上海古籍出版社，1988.

［9］董莲池．新金文编［M］．北京：作家出版社，2011.

［10］冯时．丧、噩考——兼论丧礼的形成及其意义［J］．中原文物，2019（1）．

［11］高亨，董治安．古字通假会典［M］．济南：齐鲁书社，1989.

［12］高佑仁．也谈《武王践阼》简1之"微丧"［EB/OL］．http：∥www.gwz.fudan.edu.cn/Web/Show/652.

［13］郭沫若．郭沫若全集·考古编09［M］．北京：科学出版社，2002.

［14］何琳仪．安徽大学汉语言文字研究丛书·何琳仪卷［M］．合肥：安徽大学出版社，2013.

［15］何琳仪．战国古文字典［M］．重印本．北京：中华书局，2004.

［16］湖北省荆沙铁路考古队编．包山楚简［M］．北京：文物出版社，1991.

［17］黄德宽，徐在国主编．安徽大学藏战国竹简（一）［M］．上海：中西书局，2019.

［18］黄德宽主编．古文字谱系疏证［M］．北京：商务印书馆，2007.

［19］李方桂．上古音研究［M］．北京：商务印书馆，2015.

［20］李学勤．简帛佚籍与学术史［M］．南昌：江西教育出版社，2001.

［21］李学勤主编．清华大学藏战国竹简（柒）［M］．上海：中西书局，2017.

[22] 李学勤主编. 字源 [M]. 天津：天津古籍出版社，2013.

[23] 刘钊. 古文字构形学 [M]. 修订本. 福州：福建人民出版社，2011.

[24] 刘钊主编. 新甲骨文编 [M]. 福州：福建人民出版社，2014.

[25] 罗福颐主编. 古玺汇编 [M]. 北京：文物出版社，1981.

[26] 马保春. 说地名字"鄂"及相关问题 [G]//古文字研究（第31辑）. 北京：中华书局，2016.

[27] 马承源主编. 上海博物馆藏战国楚竹书（二）[M]. 上海：上海古籍出版社，2002.

[28] 马承源主编. 上海博物馆藏战国楚竹书（六）[M]. 上海：上海古籍出版社，2007.

[29] 马承源主编. 上海博物馆藏战国楚竹书（七）[M]. 上海：上海古籍出版社，2008.

[30] 马承源主编. 上海博物馆藏战国楚竹书（四）[M]. 上海：上海古籍出版社，2005.

[31] 马楠. 周秦两汉书经考 [D]. 北京：清华大学，2012.

[32] 潘悟云. 上古音拟音，复旦大学中华文明数据中心网：http：//ccdc.fudan.edu.cn/bases/index.jsp，2020.

[33] 裘锡圭. 裘锡圭学术文集 [M]. 重印版. 上海：复旦大学出版社，2015.

[34] 裘锡圭. 文字学概要. 修订本. [M]. 北京：商务印书馆，2013.

[35] 裘锡圭等. 中西学术名篇精读3·裘锡圭卷 [M]. 上海：中西书局，2015.

[36] 饶宗颐. 饶宗颐二十世纪学术文集 [M]. 北京：中国人民大学出版社，2009.

[37] 宋华强. 新蔡葛陵楚简新探 [M]. 武汉：武汉大学出版社，2010.

[38] 汤余惠编. 战国文字编 [M]. 福州：福建人民出版社，2001.

[39] 滕壬生编. 楚系简帛文字编 [M]. 增订本. 武汉：湖北教育出版社，2008.

[40] 王辉编. 古文字通假会典 [M]. 北京：中华书局，2008.

[41] 王辉主编. 秦文字编 [M]. 北京：中华书局，2015.

[42] 王力. 汉语语音史 [M]. 北京：中华书局，2014.

[43] 武汉大学简帛研究中心，河南省文物考古研究所编. 楚地出土战国简册合集（二）：葛陵楚墓竹简长台关楚墓竹简 [M]. 北京：文物出版社，2013.

[44] 徐在国. 安徽大学汉语言文字研究丛书·徐在国卷 [M]. 合肥：安徽大学出版社，2013.

[45] 徐在国编. 传抄古文字编 [M]. 北京：线装书局，2016.

[46] 禤健聪. 战国楚系简帛用字习惯研究 [M]. 北京：科学出版社，2017.

[47] 于省吾. 甲骨文字释林 [M]. 北京：商务印书馆，2010.

[48] 云间等. 清华七《子犯子余》初读 [EB/OL]. http：//www.bsm.org.cn/forum/forum.php?mod=viewthread&tid=3458&page=3.

[49] 张富海. 谐声假借的原则及复杂性 [J]. 岭南学报, 2018 (2).
[50] 张新俊, 张胜波编. 新蔡葛陵楚简文字编 [M]. 成都: 巴蜀书社, 2008.
[51] 张怡荪主编. 藏汉大辞典 [M]. 北京: 民族出版社, 1993.
[52] 赵彤. 利用古文字资料考订几个上古音问题 [EB/OL]. http://www.gwz.fudan.edu.cn/Web/Show/384#_edn1, 2008.
[53] 赵彤. 中古舌根声母字和双唇声母字在战国楚系文献中的交替现象及其解释 [J]. 中国语文, 2006 (3).
[54] 郑张尚芳. 上古音系 (第二版) [M]. 上海: 上海教育出版社, 2013.
[55] 中国社会科学院考古研究所编. 殷周金文集成 [M]. 修订增补本. 北京: 中华书局, 2007.
[56] 中央民族学院主编. 壮侗语族语言词汇集 [M]. 北京: 中央民族学院出版社, 1985.
[57] 宗福邦, 陈世铙, 萧海波主编. 故训汇纂 [M]. 北京: 商务印书馆, 2003.
[58] [俄] C. A. 斯塔罗思京. 古汉语音系的构拟 [M]. 张兴亚译, 唐作藩审定. 北京: 北京大学出版社, 2012.
[59] [韩] 朴慧莉, 程少轩. 古文字与汉语历史比较音韵学 [M]. 上海: 复旦大学出版社, 2017.
[60] [美] 白一平, [法] 沙加尔. 上古汉语新构拟 [M]. 上海: 上海教育出版社, 2020.
[61] William H. Baxter and Laurent Sagart. *Old Chinese: A New Reconstruction* [M]. New York: Oxford University Press, 2014.

(陈琦 复旦大学出土文献与古文字研究中心)

同人文选

# 商代军事战略战术思想举隅

## 王子杨

商代方国林立。《吕氏春秋·用民》云："当禹之时，天下万国，至于汤而三千余国。"言商汤时有方国三千多个，虽有夸大，但当时的不同国族数量当不会太少。各个国族之间冲突频繁，战争不断。从今天所见的甲骨卜辞材料看，贞问商王攻伐敌对方国的卜辞数量巨大，亦可见当时战争之频繁。

有战争就有战术，就有战术思想的指导。关于商代军事战术思想讨论最为集中的，可能要数罗琨的《商代战争与军制》一书。该书单辟"军事思想萌芽"一节，详细讨论了商代的"慎战"、"兼弱攻昧"和"止戈为武"思想，但对商代具体应用的军事战术思想用墨不多。另外，刘钊也对殷人的军事战略有所揭示，提出"侦察""骚扰""偷袭"等战术[1]，读者可以参看。我们在阅读甲骨卜辞时，注意到不少甲骨卜辞很可能也反映了殷人的军事战术思想，现略举数例，算是对罗书、刘文的补充。

## 一、作战位置的选定

古往今来，在战争中，地利因素是交战双方格外看重的。《孙子·地形》曰："夫地形者，兵之助也。"[2] 说的就是地形对战争结果的重要性。因此，殷人非常重视作战位置的选定。请看下引卜辞：

---

[1] 刘钊. 卜辞所见殷代的军事活动 [J]. 古文字研究, 1989 (16): 102-106.
[2] 李零.《孙子》十三篇综合研究 [M]. 北京：中华书局, 2006: 68.

(1a) 于 [字] 立，王弗每（悔），有捷。

(1b) 于 [字] 立，王弗每（悔），有捷。

(1c) 于 [字] 立，王弗每（悔），有捷。

(1d) 于家邑 [字] 立，王弗每（悔），有捷。

(1e) 其迟往于之，有捷。

(1f) 达往于之，有捷。

《美藏》490 +《合集》27745（《拼续》364）[无名]

这是一版非常典型的贞问作战位置的卜辞。(1a)—(1d)选择贞问在"[字]""[字]""[字]""家邑[字]"哪个地点就位，商王才能没有悔吝，会战胜敌方。由于《美国所藏甲骨录》490号拓本非常漫漶①，就笔者所见，目前没有哪个摹本把本辞涉及的四个地名完全摹写正确。其实，这版甲骨又见于饶宗颐先生《欧美亚所见甲骨录存》第86号②，照片非常清晰，足可参考。"[字]"，在"卩"和"止"的两侧，自上而下点缀六个点画，过去多漏摹"止"旁两侧的点画。"[字]"，"工"旁下尚有三个点画，如果过去释"工"为"丑"（展）无误，则此字当是以"癸"为意符、以"工"为声符的一个会意兼形声字，也许就是《说文·食部》的"饘"，也就是《说文》中的"餰鍵"，③说详另文。"[字]"，以往的释文和摹本都脱漏左侧的"水"旁，也是不对的。"家邑[字]"

---

① 拓本可参看周鸿翔编. 美国所藏甲骨录 [M]. 加州：加利福尼亚大学出版社，1976：LXV.
② 饶宗颐. 欧美亚所见甲骨录存 [M]. 出版单位不详，1970.
③ "鍵"，《说文》正篆作从"鬲"、侃声的形体，或体有从食、衍声，从食、干声，从食、建声等不同写法。而"饘"也是其中的一个异体，且为古书常用的形体。饘，《说文》云："糜也。从食亶声。周谓之饘，宋谓之餬。"《广韵》："饘，厚粥也。"以"亶"为声之字经常跟以"丑"为声之字相通，详细用例请参张儒，刘毓庆. 汉字通用声素研究 [M]. 太原：山西古籍出版社，2002：679.

之"✦",不少学者也都把下部的"止"旁误看作"屮"形,并不可取,"家邑✦"应该是名"家"之邑下的"✦"地。

(1e)、(1f)则是进一步占问是急速前往该地,还是缓迟赶往能够战胜敌方。"达",从"大"得声,跟后世的"达"只是同形字,两者应该没有任何关系。从其与"迟"对贞的情形看,该字肯定有"迅""疾"一类意义。《马王堆汉墓帛书·老子甲本·德经》有"齤莫大于不知足,咎莫憯于欲得",今本四十六章"憯"作"大",可见"大"可以跟以"朁"为声的字相通。颇疑甲骨文"达"就读作"憯",训"急""疾"①,如此才能跟"迟"意义相对。因此,(1e)、(1f)反映的是殷人对战机的把握。

"✦"、"✦"(饐)、"✦"、"家邑✦"四地虽然不能确知具体地点,但可以确定这是殷人在选择跟敌方作战的位置。可能在殷人看来,这四个地点都适合与敌方作战,最终把选择作战地点的决定权交给了占卜。甲骨文中这种选择作战地点的卜辞还有不少,如下引诸辞皆是:

(2) 惠戍先,呼立(莅)于涂,王弗省(眚②)。
弜先,□在涂□王弗[省(眚)]。
《合补》10347(《天理》554清晰)[无名]
(3) 惠入戍辟立(莅)于[汱],自之㡭羌方,[不失人。]
戍辟立(莅)于寻,自之㡭羌方,不失人。
《合集》26895(《安明》2116)[无名]
(4) 惠商方步,立(莅)于汱,捷羌方。
皆□汱,[捷羌方。]  《合集》27982[无名]
(5) 戍永于义立(莅),有捷。 《屯南》4197[无名]
(6a) 其御羌方,注(驻)人,羌方异其大出。大吉。
(6b) 于洿帝(禘),呼御羌方于之,捷。

---

① 《墨子·明鬼下》:"凡杀不辜者,其得不详。鬼神之诛,若此之憯遫也。"孙诒让《墨子闲诂》:"憯、速,义同。《玉篇·手部》云:'撍,急疾也。'憯与撍通。"
② 《小尔雅·广诂》:"眚,过也。"

(6c) 其呼戍御羌方于义，即，捷羌方，不丧众。

(6d) 戍其归，呼驟，王弗每（悔）。

(6e) 戍其迟，毋（母）归，于之若，捷羌方。

《合补》8969［无名］

(7) 自新㠯，捷。

　　自盂㠯，捷。　《屯南》2119［无名］

(8a) 弜注（驻）①裏人，方不出于之。

(8b) 弜注（驻）涂人，方不出于之。

(8c) 王其呼卫于㚔，方出于之，有捷。

(8d) ［于］㚔卫，［方］出于［之］，有捷。

《合集》28012（《安明》2126 清晰）［无名］

（2）辞是占问是否命令戍守部队作先锋，莅临涂地，商王不会有过失。（3）辞是选择占问戍守辟地的军队莅临汰地还是寻地，并以此地发起进攻羌方不会失众。"自之"的"之"分别指代前面的"汰"和"寻"。过去，一般都把"汰"释作"大乙"，是不正确的。《俄藏》164 正有辞云："乙巳卜：戍辟往㠯，不失□。"显然是跟本辞就同一件事的占卜，只是文字更为简洁罢了。不但如此，从都含有"汰"这个地名看，恐怕（4）辞应该也是就同一件事所做的占卜。（5）贞问戍守在永地的部队莅临义地，是否会有捷获。（6）辞也是就抵御羌方而作的系列占卜。（6a）占问抵御羌方，驻守族众，羌方是否会大肆出动。（6b）、（6c）关系密切，虽然结构不是严格对立，但表达的基本信息应该是相对的。总体来说，这是占问戍守部队在泞地还是义地抵御羌方，会战胜羌方。具体来说，（6b）占问在泞地举行禘祭，呼令在此地抵御羌方，会战胜羌方。（6c）占问在义地呼令戍守部队抵御羌方，并且举行"即"②的活动，会战胜羌方。两相比较，"即"跟"禘"对立，"义"跟

---

① 释"注"读作"驻"是裘锡圭先生的意见，参裘锡圭. 殷墟甲骨文字考释（七篇）［J］. 湖北大学学报（哲学社会科学版），1990（1）：55–57.

② 陈剑先生指出，"即"象以刀切割俎案上肉之形，读音应该跟"姪""秩"相同或相近。参陈剑. 甲骨金文旧释"𦥑"之字及相关诸字新释［G］∥出土文献与古文字研究（第二辑）. 上海：复旦大学出版社，2008：40–44.

"泞"对立。说到底还是为选择作战地点而贞问。"义"地殷代末年地理位置比较重要,殷人曾经在这里设置"甸",如《屯南》2179云:"丁丑卜:在义田(甸)来执羌,王其升于[上甲]、大乙、祖乙,又正。"大概义地跟羌方活动的中心区域较近,所以义地之甸经常能抓捕到羌人,进献于商王以作祭祀之用。(7)辞是占问从新地还是盂地进攻敌方,会获得胜利。(8a)、(8b)占问要不要在襄地、涂地驻军的问题,(8c)、(8d)是选择在罙地还是䜌地组织防卫,能够歼灭羌方的问题。

以上这些都是无名组卜辞,主要反映了康丁、武乙时期针对羌方作战时对作战地点的选择,同时也昭示了当时对作战地点的高度重视。这种对作战位置的选择可能来源于殷人的田猎实践。请看下揭卜辞:

(9) 王其焚兟西彔(麓),王于东立,豕出,擒。大吉。
　　弗擒。吉。　《合集》28799[无名]
(10) 丁酉卜,狄,贞:王田,于西立,擒。吉。
《合集》28831[何组]
(11) 丁丑卜,贞:王其田于盂,𠂤南兆立。
　　贞:于北兆立。
　　丁丑卜,狄,贞:王其田,遝往。
　　丁丑卜,狄,贞:王迟往。孚。
《合集》29084(《甲编》3919清晰)[何组]
(12) 乙未卜:子其往田,惠豕求,遴。子占曰:"其遴。"不用。
　　乙未卜:子其往田,惠鹿求,遴。用。
　　乙未卜:子其田从玺,求豕,遴。用。不豕。
　　丁亥卜:子立于左。
　　丁亥卜:子立于右。　《花东》50

(9)辞占问焚烧"兟"地西部的山麓,商王在山麓东部就位,野猪慌乱而出,商王是否会有擒获。(10)辞占问商王田猎,在西部就位,是否会有擒获。(11)辞占问商王在盂地田猎,是在"南兆"就位呢还是在"北兆"就位。(12) 辞占问的也是田猎方位,最后两辞是占问"子"在左面还是右面就位(才能有所擒获)。上古田猎和军事关系非常紧密,对田猎方位、田猎地点的贞问,反映的实质跟前引军事卜辞是相同的。

殷人不但对作战位置、作战地点高度重视,而且还对作战的进攻方向也十分关注。比如下引这条出类卜辞:

(13) 甲子卜:王从东戈䧹侯,狋(捷)。
乙丑卜:王从南戈䧹侯,狋(捷)。
丙寅卜:王从西戈䧹侯,狋(捷)。
丁卯卜:王从北戈䧹侯,狋(捷)。

《合集》33208 (《甲编》622) [出类]

屈万里曾经怀疑此版卜辞为习刻者所为,并说"原有乎侯弒之卜辞,习刻者仿其文而自拟干支以重复刻之耳"①。吴振武认为,"从其内容看,即使是习刻,亦当是一种既有所本,同时也是仿得较为准确的习刻。故对研究语词而言,无大妨碍"②。我们同意吴先生的意见。从《合集》33071"雀剪䧹侯"、《合集》33072"令雀伐䧹侯"这些卜辞看,本辞确实有所根据,因此(13) 辞也可以用来作研究材料。"戈",吴振武读作"敤"③,并引《广雅·释诂》"敤、伐、挞、搏,击也"为证。朱凤瀚则读作"果"④,认为即《左传》"杀敌为果"之"果",又读作"惈",《尔雅·释诂》云"惈,胜也。"读"敤""果""惈",音、义皆无悖逆之处,但尚不能坐实。无论如何,这里的"戈"是表示攻伐一类的动词当是没有问题的。(13) 辞是占问从东、西、南、北哪个方向攻伐䧹侯能够有所捷获。

---

① 屈万里. 殷墟文字甲编考释 [M]. 台北:"中央研究院"历史语言研究所, 1961:97.
② 吴振武. 《合集》33208 号卜辞的文字学解释 [J]. 史学集刊, 2002 (1):20-23.
③ 吴振武. 《合集》33208 号卜辞的文字学解释 [J]. 史学集刊, 2002 (1):20-23.
④ 朱凤瀚. 殷墟卜辞中"侯"的身份补正——兼论"侯"、"伯"之异同 [G] //古文字与古代史(第四辑). 台北:"中央研究院"历史语言研究所, 2015:9-10.

## 二、作战路线的选定

确定了作战地点后，戍守人员的行军路线也极为重要，尤其是敌方经常骚扰、出没的地域，如果行军不慎，很容易遭遇敌方的埋伏和攻击，付出惨重的代价。反映到甲骨卜辞中，殷人对行军路线的贞问也不少，突出反映了殷人对行军路线的重视。请看以下卜辞：

(14) 贞：非行用，捷，不失众。　《合集》26887 ［何二］

(15) 贞：弜用非［行］，惠𢆶行用，捷羌人于之，不失人。
《合集》26896（《甲编》1909 清晰）［何二］

(16) 从瓒行来，遘方，不获围。　《合集》20447 ［师组小字］

(14)、(15) 二辞字体相同，辞例近似，无疑是就同事而卜。据 (14) 辞"非行"可知 (15) 辞"非"下残去一"行"字，今据补。(15) 辞贞问：不要用"非行"，用"𢆶行"，是否可以于此战胜羌人，不损失族众。"于之"的"之"显然指代"𢆶行"而言，按照甲骨文中的"于之"通例，则"𢆶行"肯定是表示地点的名词。过去，很多学者把卜辞中的"某行"之"行"理解为军事组织，仅从这条卜辞看就不能成立。屈万里、连劭名、严志斌等学者先后指出，"行"当指道路①，我们同意这个看法。"𢆶"，黄天树师谓"从心䇂声，可以释作'惑'"②。检视《甲编》1909 的照片，左侧偏旁确实跟"䇂"相似，而与过去认定的"示"形不符，右部偏旁如果是"心"的话（与"心"仍有差距），则黄师释"惑"确实可备一说。综上，(15) 辞的行军路线是不走"非行"，选用"𢆶行"行军，会在这条路上战胜羌人。(14) 辞则相反。(16) 辞占问经由"瓒行"这条路而来，如果遇到敌方，是否会

---

① 屈万里．殷墟文字甲编考释［M］．台北："中央研究院"历史语言研究所，1961：450；连劭名．殷墟卜辞中的戍和奠［J］．殷都学刊，1997（1）：1-6；严志斌．商代的"戍"［G］//江苏省甲骨文学会主编．甲骨文研究文集．南京：江苏科学技术出版社，2012：647.

② 黄天树老师在甲骨拓片选读课堂上所讲内容。

获得包围敌方的情势。

由上述这组卜辞可以看出，殷人十分关注行军路线的选择，因为路线选择正确，则会取得对羌人作战的有利形势。类似的甲骨卜辞还可以引出如下一些：

(17) 戍惠㐭（廪）行用，捷羌方。
戍惠𣄼行［用］☒。吉。　《合集》27978（《甲编》574）［无名］
(18) 戍惠乂行用，遘羌方，有捷。
弜用乂行，弗遘方。
☒有捷。　《合集》27979（后编下 13.5 清晰）［无名］
(19) ☒乂行☒羌［方］，有捷。　《合集》27980［无名］

上引这组卜辞性质跟（14）—（16）相同。（17）辞"廪行""𣄼行"，陈梦家认为是人名①，屈万里认为"廪""𣄼"是人名，"行"意为往、遣戍②。寒峰认为"行"是军队行列，"廪行""𣄼行""乂行"等可能都是由地名或族名组成的军行名称③。温少峰、袁庭栋认为，"行"就是交通大路之称，"廪行"之"廪"乃地名，全辞大意为：若从廪地之大道进兵，会战胜羌方吗④。严志斌指出"辞中的乂行、𣄼行、㐭行即是选择戍守行军路线。⑤以上两辞卜问经由乂行、𣄼行、㐭行时是否会遭遇羌方"。我们同意温少峰、袁庭栋、严志斌等先生的意见，"乂行"就是乂地的大路，"𣄼行""㐭行"就是𣄼地、廪地的大路。（17）辞贞问戍守部队选择廪地的道路还是𣄼地的道

---

① 陈梦家. 殷虚卜辞综述［M］. 北京：中华书局，1988：515.
② 屈万里. 殷墟文字甲编考释［M］. 台北："中央研究院"历史语言研究所，1961：90.
③ 寒峰. 甲骨文所见的商代军制数则［G］//甲骨文探史录. 北京：三联书店，1982：400-404.
④ 温少峰，袁庭栋. 殷墟卜辞研究——科学技术篇［M］. 成都：四川省社会科学院出版社，1983：278-279.
⑤ 严志斌. 商代的"戍"［G］//江苏省甲骨文学会主编. 甲骨文研究文集. 南京：江苏科学技术出版社，2012：647.

路，会战胜羌方。(18) 辞贞问戍守部队选择了义地道路，遇到羌方会不会有捷获。如前引严志斌先生所言，这些卜辞都是贞问行军路线的选择问题，选择路线的目的是翦灭羌方，因此殷人在贞卜选择"某行"时，是希望翦伐羌方，而并没有忌惮遭遇羌方的心理。只有这样理解上述卜辞，才是合理的。把"行"讲成军事组织单位，是错误的，尤其下引之辞，更不能讲成军事队列：

(20) 惠行南麓散，擒又犰。吉。
《合集》28320（《甲编》703）[无名]

我们释作"麓散"两个字的，原来只是一个形体，整个形体刻写较为狭长，上面从四木，下面从鹿（鹿头），再下面从"攴"，无疑就是裘锡圭释作"散"的字①。甲骨文"散"字一般从林从攴，也有不少写作从林从鹿从攴之形的，本辞从四"木"，当也是散字无疑。考虑到卜辞辞例，颇疑这个形体当读作"麓散"，也就是说这个形体也许是"麓散"二字之合文，像这种没有合文符号的情况在甲骨文中并不罕见，裘锡圭论之已详②。这是贞问在道路南侧的山麓芟杀草木，是否会擒获山麓里面的"犰"。由于本辞的"行"是占卜之人熟知的，就用行作为地标，来指称它南侧的山麓（或许道路两侧都有山麓，为了确指，使用"行南麓"的说法）。这是卜辞中的"行"用作"道路"之义的强证（本辞"行南麓"充当"散"的地点宾语，如果"行"是军事组织，本辞要说成"惠行散南麓"云云）。再如下引之辞：

(21) 癸未卜，王曰贞：又咒在行，其左射，获。
《合集》24391 [出二]

冯时指出，"咒"增加"夕"旁，可证字当读作"咒"③。"左射"应即

---

① 裘锡圭. 古文字论集 [M]. 北京：中华书局，1992：171－173.
② 裘锡圭. 古文字论集 [M]. 北京：中华书局，1992：144.
③ 冯时. 殷田射御考 [G]//甲骨文与殷商史（新一辑）. 北京：线装书局，2008：85.

车左之主射者。若舆容二人，则御者居右，射者居左。……此为王贞之辞，或王亲田而为左射。冯先生这些意见都很好，但把我们释作"获"之字释作"发"则于字形不合。这是王贞问有兕牛出没在道路上，从左面射杀，是否会有擒获。"又兕在行"之"行"理解为道路再合适不过。《屯南》2718 有辞"丁酉卜：擒。○弗擒。○遘在行。""遘在行"之"行"联系本版的"擒""弗擒"等占问，无疑也是"道路"之义。可是有学者囿于旧说，仍把这里的"行"理解为军队而强为之解，是没有道理的。准此，下引之"行"也应该理解为"道路"之义：

（22）☐惠可行用☐方。　《屯南》3245〔历组〕

（23）☐行，弗捷。　《合集》31249〔无名〕

（24）丙寅贞：行惠🈳用，若。

《合集》32934（《京人》2541）〔历一〕

（25）戊戌卜，扶①：缶中行围方。九月丙午遘☐。

《怀特》1504〔师组小字〕

（22）辞"可行"意谓"可"地之行，"可"是无名组卜辞常见的地名或族名，如《合集》27991+《屯南》4197"自可至于宁"、《合集》27990"可伯"等即是。本辞句式同于前引（17）、（18），不论。（25）辞"🈳""🈳"不识，推测是作为地名来使用的。（25）辞"中行"也是道路名称，本辞占问"缶"选用"中行"是否能包围敌方。（22）—（25）诸辞大概都是围绕行军路线而做的占卜。

甲骨文中还有几条"复屮行"之例，此种用法的"行"可能也要理解为"道路"之意。

（26）甲申卜，宾，贞：惠今十月令🈳。

☐令郭曰犬延田。

---

① 不少学者释"扶"，很可能靠不住，为了排印方便暂时用"扶"来指称这个形体。

乙酉卜，宾，贞：呼延复㞢行。十月。

乙酉卜，贞：延复㞢行☐。　《合补》1245〔典宾〕

(27) 贞：延复萑行。十月。　《合集》19114〔宾出〕

(28) 逃三羌其得，复㞢行。

《合集》19755＋20923（蒋玉斌先生缀合）〔师组小字〕

上引诸辞的"延"是人名，不能理解为"延续"等意义。《合集》7076有辞曰："其先延。○其先琼。"陈剑指出："据位于龟版同样水平位置更靠外的左右两辞'其先雀，蒉'，可知上两辞系贞卜作战时选派作先锋的问题。"①陈说可从，这里的"延"就是用作人名的，亦可证。(26) 是关于田猎的一组卜辞，乙酉条占问是否呼令犬延"复㞢行"，"㞢"可能相当于"毕"，"复㞢行"意谓回到他本来的道路上去。(27) 辞"萑"可以理解为地名，"复萑行"即回到萑地之道路。(28) 辞占问逃逸的三个羌人被抓获，是否让他们回到本来的行进道路上去。下面的"大行""上行""东行"之"行"理解为道路似乎也比较合适：

(29) 辛酉卜：惠大行用。

师惠律用。　《合补》9632＋《京人》2289〔历二〕

(30) 惠𦥑用东行，王受又。

惠𦥑从上行左𦥑，王受又。

惠𦥑右𦥑，王受又。　《怀特》1464（《合补》10387）〔历无名〕

## 三、战术配合问题

无名组卜辞常见占问"马其先"的贞卜：

(31) 丁酉卜：马其先，弗每（悔）。

---

① 陈剑. 甲骨金文考释论集［M］. 北京：线装书局，2007：297.

弜先。　《合集》27946［无名］

(32) 戊申卜：马其先，王兑比。　《合集》27945［无名］

(33) ［马其］先，王［弗］每（悔），雨。

马惠翌日丁先，戊王兑比，不雨。

马弜先，王其每（悔），雨。　《屯南》8［无名］

(34) 马其先，王兑比，不遘大雨。　《屯南》1127［无名］

(35) □□卜，其呼马先，弗每（悔），不遘☒。大吉。
《合集》27954［无名］

(36) 其呼马先，兑☒。　《合集》27965［无名］

(37) 比先马，其雨。　《合集》27955［无名］

上述卜辞中的"马"，一般认为就是骑兵。"马其先"之"先"，沈培、裘锡圭都指出为动词，义为"先行"①。这无疑是正确的。(35)、(36) 二辞明确说"其呼马先"，可证。"兑"，蔡哲茂读作"遂"②，可备一说。(31) 辞是占问丁酉日骑兵是否先行的问题，(32) 辞是第二日戊申骑兵先行，商王是否紧随其后。(33) 辞的丁日、戊日与 (32)、(31) 占卜之日重合，应该是就同一事而作的占卜。(37) 辞"比先马"意谓密切配合先行的骑兵。

上引皆为无名组卜辞，可见"马其先""呼马先"一类的话属于无名组卜辞的表述特征。呼令骑兵先行，显然是用作先锋部队的。《合集》35307 有残辞"☒其先启"，也许"先"跟"启"之间应该连读，言某某力量先行，并且作为先锋部队。商王命令某人或某族作为先锋，宾组、黄组卜辞也很常见，只是表述跟无名组卜辞不同。请看以下卜辞：

(38) 甲午卜，宾［贞］：沚𢦏启，王比，伐巴方，受有祐。

甲午卜，宾贞：沚𢦏启，王勿比，弗其受有［祐］。

---

① 沈培. 殷墟甲骨卜辞语序研究［M］. 台北：文津出版社，1991：128；
裘锡圭. 谈谈殷墟甲骨卜辞中的"于"［G］//裘锡圭学术文集·甲骨文卷. 上海：复旦大学出版社，2012A：531.

② 蔡哲茂. 说殷卜辞的"多马"与"多射"［G］//古文字与古代史（第四辑）. 台北："中央研究院"历史语言研究所，2015：233.

《合集》6471 正［典宾］

(39) 丙辰卜，争贞：沚𢦔启，王比，帝若，受我祐。

贞：沚𢦔启，王勿比，帝弗若，不我其受祐。

《合集》7440 正［典宾］

(40) 贞：沚𢦔启，王比。　《合集》7441 正［典宾］

(41) 贞：王惠沚𢦔启，比。

《合集》6457 正+《合集》17337（林宏明先生缀合）［典宾］

(42) 辛卯卜，宾贞：沚𢦔启巴，王惠之比。五月。

辛卯卜，宾贞：沚𢦔启巴，王勿唯之比。（以上正面）王占曰："吉。沚𢦔……"

（以上反面）　《合集》6461 正［典宾］

(43) 壬申卜，在伐贞：右牧𫝈告启，王其呼戍比，宿①伐，弗悔，利。

……利。《合集》35345［黄组］

(38)—(42) 都是占问令沚𢦔这个人做先锋，商王比随其后，是否受到祐助。这里讲的也是战术配合问题。(43) 命辞贞问"右牧𫝈"做先锋，商王呼令戍守部队配合作战，实施包围战术，不会有悔吝，且有利吧。显然也是讲各方力量配合作战的问题。有的时候，表示商王密切配合比竝的动词"比"还可以换作其他的词，如：

(44) □□卜，宾贞：羌舟启，王𠬝。　《合集》7345［典宾］

(45) 癸卯卜，□贞：有启龙，王从，受有祐。

贞：有启龙，王勿从。　《合集》6582［典宾］

(45) 辞是贞问有部队作为征伐龙方的先锋（即前军），商王跟从、比随其后，是否能受到祐助。"有启龙"可以类比前面引出的"沚𢦔启巴"，显然

---

① 暂隶定作此，下部所谓的"舟"旁侧还有一竖笔，并非"舟"字。甲骨卜辞可以单独使用，如《合集》30757。金文中常见这个字，目前并无定释，待考。

是沚戓作为征伐巴方的先头部队。因此，军事卜辞言"启某"往往可以理解为"作为征伐某方（或某族）的先头部队"。(45) 辞的"从"按照本义来理解，并无窒碍，没有必要非要视作"比"之误刻。(44) 辞的"𠂤"当以右下的"次"为声符，整个字应该读作"次"，即"比次"之"次"。① 实际上，上述表示先锋的"启""先"跟后面王的行为"比""从""次"在逻辑上就构成了一组匹偶关系，有"启""先"，后面必有"比""次"，即便有的卜辞没有交代"比""次"的信息，事实上也是应该存在的。

上述讨论的武装力量的战术配合，在甲骨文所书作战或田猎活动中经常出现，比较集中地反映了殷人在这些活动中具有成熟的战术配合思想。又如《缀汇》401 有辞曰：

(46) 乙未卜，贞：□②立事于南，右从我，中从举③，左从曾。十二月。

贞：勿立事于南。 《缀汇》401（《合集》5504 同文）［宾三］

本辞"从"作前后两人相从之形，形体大概没有问题，用"相从""跟从"去理解卜辞，也很合适。细细想来，表示"跟从""随从"之"从"，含义跟"比随"之"比"也是很相近的。本辞大意是讲，莅事南土，由于不熟悉南土地理环境，左中右三军跟从在南土"我""举""曾"三族的武装力量之后是很好理解的。本辞把军队分为左中右三股力量，并做了不同的战略部署，很值得我们注意。又如下引之辞：

---

① 王子杨. 释甲骨文"比次"之"次"［G］//古文字研究（第三十二辑），北京：中华书局，2018。
② 赵鹏先生认为这个字是"宰"。参赵鹏. 谈谈殷墟甲骨文中的"左"、"中"、"右"［G］//甲骨文与殷商史（新四辑）. 上海：上海古籍出版社，2014：146.
③ 李学勤先生释"举"，他认为"舁"中间的偏旁不是"车"，而是囊橐的象形，和商代铜器铭文中像人背负囊橐的字一致。文中像众手共举沉重的囊橐，应为"与（举）"字的古体。李说有一定道理，但是否应该释作"举"还可以讨论。为了排印方便，暂依李先生说。参李学勤. 盘龙城与商代的南土［J］. 文物，1976（2）：44.

(47a) 王族其敦夷方邑𦉢，右、左其叔（周）。

(47b) 弜（勿）叔（周），其䤜𦉢，于之若。

(47c) 右旅［弜（勿）］失众。　《屯南》2064［无名］

李学勤对这版卜辞有很好的解释，他说："'王族其敦夷方邑𦉢，右、左其叠'，'叠'字又见《合集》29185，字疑从'吕'声，读为营，意思是环绕。'弜叠，其䤜𦉢'，'䤜'从'串'声，读为'串'，意思是贯穿。这是卜问战术的安排，在作为中坚的王族攻打𦉢时，右、左两旅将𦉢包围，或者配合进捣。"① 后来谢明文把"叠"改释作"叔"，读为"周"，意为"环绕""包围"②。释"叔"正确可从。这组卜辞主要是占问敦伐夷方城邑"𦉢"前商王采取的战术策略：一是王族从正面敦伐夷方，左旅、右旅左右包抄；一是不要分左右二旅环绕包抄，索性集中兵力直接正面进捣。

## 四、伏击战术

过去，伏击战术讨论得并不是很多，能够明确作为伏击战术来讨论的主要是《合集》6480这条卜辞：

(48) 辛未卜，争，贞：妇好其比沚𢦚伐巴方，王自东罙伐，戎陷于妇好立（位）。

贞：妇好其［比］沚𢦚伐巴方，王勿自东罙伐，戎陷于妇好立（位）。　《合集》6480［典宾］

裘锡圭解释这条卜辞说："让妇好和沚𢦚一起去征伐巴方，而王则亲自从东方深入进击巴方，敌人会陷入妇好的埋伏吗？"③裘说可信。可以推测，在

---

① 李学勤. 商代夷方的名号和地望［J］. 中国史研究，2006（4）：3-7.
② 谢明文. 释甲骨文中的"叔"字［G］//商周文字论集. 上海：上海古籍出版社，2017：6-15.
③ 裘锡圭. 裘锡圭学术文集·杂著卷［M］. 上海：复旦大学出版社，2012B：244.

对巴方作战上,殷人战前制定了一套作战战术,由王亲自率众自东进击巴方,目的可能并非歼灭全部巴方,而是将巴方敌戎尽量驱赶到妇好设下埋伏的方向。从占问焦点上也支持这样的意图,商王是否从东部进击是本辞尤其关注的,这涉及巴方残部是否会陷入妇好、沚馘预先设定的包围圈。

王子杨详细讨论了甲骨文"梦(鬱)"字的用法,把甲骨文下引之字释作"鬱"①:

A. ▨、▨ 《合集》20624  ▨ 《合集》20625
B. ▨ 《合集》8313  ▨ 《合集》8638  ▨ 《合集》8640
   ▨ 《合集》11253  ▨ 《合集》11473 + 《合集》864
   《合集》20626
C. ▨ 《合集》33201

过去多把这种形体释作"苞"②,认为用作人名、地名或方国之名。我们通过对相关卜辞的分析,认为这种形体当依《古文字谱系疏证》("物部字"乃陈秉新先生执笔)的意见,分析作从勹(俯之初文)从林,或从艹、从棥(与从林同义),会人俯行于丛林中之意,乃鬱之初文。③ 其用法是表示军事行为的动词,含义跟《淮南子·兵略训》中的"蔚伏"之"蔚"相同,表示于草木繁茂之处设伏袭击一类的意思。请看相关辞例:

(49) 壬戌卜:☐弜鬱[方],有戋☐。 《合集》11253(《安明》121 清晰)[师宾间]

(50) ☐鬱[方],[有]戋☐。 《合集》11252(11254 同文)[师宾间]

(51) ☐弜鬱方。 《合集》8640(中历藏10 清楚)[师宾间]

---

① 王子杨. 甲骨文(鬱)的用法 [J]. 文史,2016 (3):43 – 56.
② 吴振武. 说"苞""鬱"[J]. 中原文物,1990 (3):32 – 36.
③ 黄德宽主编. 古文字谱系疏证 [M]. 北京:商务印书馆,2007:3201.

(52) □□卜，王：☐弜曰☐方，☐鬱。　《合集》8638［师宾间］

(53) 乙丑，王：柞①鬱方。

　　乙丑，王：蓐鬱方。

　　己巳卜，王：方围。

《合集》20624（《乙编》8502 清晰）［师组肥笔］

(54) ☐✿（畏）☐方鬱。　《合集》20625［师组肥笔］

上引诸辞的"鬱方"就是伏击敌方。（49）—（52）之辞都是就是否伏击敌方而作的占问。（53）辞乙丑两条选贞卜辞是占问是在"柞"地还是"蓐"地伏击敌方。

甲骨文又有下引一组卜辞：

(55a) 于甲步。

(55b) 丁亥卜，贞：︎人中＜才＞珏，乎（呼）鬱召，牢。在四月卜。

(55c) 贞：弜︎人中＜才＞珏。

《合集》33201（《京人》2894 清晰）［历一］

(56) 贞：︎师般才（在）誖，乎（呼）㠯（次）才（在）之鄟。

《合集》7361（《京人》387 清晰）［典宾］

(57) ☐︎［师］般才（在）誖，乎（呼）㠯（次）才（在）之鄟。十三月。　《合集》4258+《安明》597=《合补》1203［典宾］

（55）辞"中"，拓片并不清晰，贝冢茂树先生摹写作"中"，并说："在的异体字。"② 甲骨文有把"才（在）"刻写为"中"的情况，如《合集》

---

① 裘锡圭先生怀疑此字当是"柞"，本文为了行文方便，暂从裘先生把此字隶写为"柞"。裘说参裘锡圭. 甲骨文中所见的商代农业［G］//裘锡圭学术文集·甲骨文卷. 上海：复旦大学出版社，2012：250.

② ［日］贝冢茂树. 京都大学人文科学研究所所藏甲骨文字·本文篇［M］. 京都大学人文科学研究所，1960：661.

27218"中祖乙"即"在祖乙",是其证。另外,从《合集》7361、《合补》1203 的辞例来看,贝冢先生的释写也是非常正确的。将(55)辞跟(56)、(57)二辞比较,可见两者句式十分相似,都是先"⿱"某人在某地,然后呼令这个人去执行某个任务。先说(56)、(57)。两辞实乃同文,陈梦家曾经释"⿱"为"亦",释"之"为"止",认为"止奠"即当为"此奠",亦即"北奠"①。裘锡圭纠正了"止"释之误,并且说"此辞的'奠'也许是动词"②。裘说可从。体会辞意,"⿱师般在誖"应该是后面呼令驻扎的前提,由于"⿱"字不识,很难敲定准确的含义,但"⿱"应该是表示军事调遣、派驻一类意义的动词。③《合集》32278 说"师般以人于北奠𠂤(次)",赵鹏指出这条卜辞跟前引(56)辞可能有关④,是正确的意见。这条卜辞占问师般率领众人于北奠驻扎好不好,由此反观(56)、(57)二辞,很容易揣摩出"⿱"字确有"调遣""派驻"一类意义。

(55)辞也是先言"⿱人在珏",然后说"呼鬱召,幸"。"召",历组卜辞常见的敌对方国,即"召方"(或写作"刀方"),自不待言。"幸",这里

---

① 陈梦家.殷虚卜辞综述[M].北京:中华书局,1988:324.
② 裘锡圭.裘锡圭学术文集·古代历史、思想、民俗卷[M].上海:复旦大学出版社,2012C:184.
③ "⿱",过去并无良释,学界多把它跟"⿱"加以认同,一并隶定为"汱"。从卜辞用法上看,这种处理略显粗疏。因为卜辞"⿱"多用于"子⿱",显然是人名;而"⿱"则多用为动词,已见前引诸辞。两者用法判然有别,可能是两个不同的字。这就好比"⿱"跟甲骨文中的"舛",点画位置不同,是两个不同的字。"⿱"字还见于如下之辞:弜乎(呼)⿱帝(嫡)子御史(事),王其每(悔)。《合集》30390[无名]丁亥贞:王其⿱方⿱,呼御事。《屯南》1059[历二]㞢(勿)⿱囗。《合集》9935[典宾]囗⿱罙肉(多)囗。《合集》4765(北图2415清晰)[宾三]吉牛囗示。《花东》228[花东子组]"囗"仍然是一个动词。字释待考。
④ 赵鹏.殷墟甲骨文人名与断代的初步研究[M].北京:线装书局,2007:175-176.

显然应理解为"拘执""执获"①。笔者认为,"呼鬱召"之"鬱"显然就是前面讨论的"鬱方"之"鬱",意思是呼令所"󰀀"之人伏击召方,是否有所执获。② 值得注意的是,从(55b)、(55c)正反对贞的命辞看,占问的焦点并非"鬱召方"是否有所擒获,而是是否"󰀀人在珏",这显然是基于战略战术的高度来卜问的,也就是说"󰀀人在珏"至关重要,也许这个决策本身关系战争全局,也许是珏地的地理位置本身重要。

大家知道,对于伏击战术而言,伏击实施方的士兵数量和伏击地点是至关重要的两个因素。在冷兵器时代,如果伏击士兵数量太少,不会产生很好的伏击效果,相反还有可能被对方控制,因此,实施伏击战术需要具备一定数量的兵力。另外,伏击地点的选择更是十分重要,要充分掌握敌方的行进路线,要选择这一路线沿途地势高亢者部署兵士,居高临下,则歼敌的几率会大大提高。(55)辞"󰀀人"是调集人手,增加参战人数,"在珏"则是选择伏击地点,目的就是取得对召方作战的胜利。正因为"󰀀人在珏"关涉重大军事部署,才会成为占卜主体极为关心的占问事项。

甲骨文又有下引卜辞,可能也与伏击术有关:

(58a) 戊午卜,𤉲:令养[白(伯)]𠃔(比),擒。
(58b) 戊午卜,𤉲:令养白(伯)󰀁鬱。
《合集》20017(《乙编》409+169倒)[师组肥笔]

---

① 葛亮先生曾经指出,甲骨卜辞中的"幸"跟"执"有严格的区别,即"幸"表示的应该是"抓获"一类的客观结果,是占卜主体无法控制的情况,而"执"表示的则是"抓捕"一类的主动行为,占卜主体可以控制。葛先生辨明"幸"与"执"之别举出两种强有力的理由:第一,"幸"之前出现的否定副词只有"不""弗",而绝没有"勿""弜"。第二,"幸""执"出现同一条卜辞,如《合补》1270"呼犬登执豕,幸"、《英》863"执鹿,弗幸"。证据一可以说明"幸""执"在可控性上存在差异,证据二反映两者一个强调结果一个强调主观行为。因此葛先生的理由充分,十分可信。详参葛亮. 甲骨文田猎动词研究[G]//出土文献与古文字研究(第五辑). 上海:上海古籍出版社,2013:92-97.
② 先生曾怀疑本辞之"鬱"可能是人名,吴说参吴振武. 说"苞""鬱"[J]. 中原文物,1990(3):32.

我们释作"鬱"的字旧多释作上"林"下"辰"之字。从笔势上看，"林"旁下应该是"伏"之初文，当释作"鬱"无疑。由于本版拓本效果不是很好，加之师组肥笔类卜辞行款凌乱，因此，关于这两条卜辞的释文颇费思量。李学勤曾经把（58a）释文隶写作"戊午卜犬，令🅧人擒养伯农"①，李先生在另外一篇文章中做出相同的释文，并解释说"'养伯农'是人名，辞云命其国人（或族人）擒之，事例在甲骨文中很是罕见"②。细看拓本，所谓的"人"当为"匕"字，请参《合集》19883"匕（妣）己"和《合集》19904"匕（妣）癸"之"匕"，形体完全相同。另外，《合集》20017本版自有"人"字，形体跟所谓的"人"并不相同，亦可证。所谓的"农"当为"鬱"，理由已见前说。查考各种工具书，释文多前后因袭，跟李先生释文大体相同。③ 既然"人""农"皆为误释，则李先生的释文显然不可信据。(58b)"鬱"上面的字过去多释作"追""先"二字，其实笔画并不合，很可能是一个字的左右部分，颇疑即甲骨文中的"🅧"，可以理解为养伯的私名，也可能是修饰限定后面动词"鬱"的。《凿破鸿蒙——纪念董作宾逝世五十周年》公布了这版卜甲照片，④ 比较清晰，从照片上看，此字正作"🅧"，与我们的判断相合。笔者认为，(58)辞是占问如何派遣养伯的问题，是呼令养伯比竝商王作战有所擒获呢，还是命令养伯伏击有所擒获呢，这是两个完全不同的作战方案。前者是养伯同商王一道，比肩配合商王同敌方正面作战；后者是派遣养伯独自设伏。

## 五、攻城战术

在先秦时代，攻城略地是稀松平常的事情。尤其是在早期的城市国家时

---

① 李学勤. 曾侯戈 [M]//缀古集. 上海：上海古籍出版社，1998：114.
② 李学勤. 论养侯玉佩 [M]//比较考古学随笔. 桂林：广西师范大学出版社，1997：168.
③ 胡厚宣主编. 甲骨文合集释文 [M]. 第20017条. 北京：中国社会科学出版社，1999；曹锦炎，沈建华编著. 甲骨文校释总集 [M]. 上海：上海辞书出版社，2006：2306.
④ 李宗焜编著. 凿破鸿蒙——纪念董作宾逝世五十周年 [M]. 台北："中央研究院"历史语言研究所，2013：67.

期，攻陷城池意义非凡。甲骨卜辞中经常可以见到一些攻城记录，有的卜辞内容十分丰富，反映了当时商人的一些攻城战术思想。

### （一）临冲攻城

(59) 癸丑卜，争，贞：自今至于丁巳，我弗其捷￼。

癸丑卜，争，贞：自今至于丁巳，我捷￼。王占曰："丁巳我毋其捷；于来甲子捷。"旬又一日癸亥￼，弗捷。之夕向甲子允捷。

《合集》6834 ［典宾］

(60) ……日［癸］亥￼……允……

《合集》11451+13190（李爱辉缀合）［典宾］

(61) 戊午卜，殻，贞：我其呼￼￼，捷。

戊午卜，殻，贞：我￼￼，捷。 《醉古集》350 ［宾一］

韩国学者金赫在一篇未刊稿中讨论了卜辞中的￼字，认为是临冲之车的象形字。① 黄天树老师也认为￼字是"冲车"之"冲"的象形初文，即古书中的"轒辒"，乃一种攻城之车②。《孙子·谋攻》曰："修橹轒辒，具器械，三月而后成。"杜牧注："轒辒，四轮车。排大木为之，上蒙以生牛皮，下可容十人，往来运土填堑，木石所不能伤。今俗所谓木驴是也。"金赫、黄老师的观点是很对的。杜牧用后来的轒辒之制说解显然不适合商代的冲车。我们看甲骨文这个字形，车前插入（或绑缚）一个有柄、前头似扁平长阔之矢镞之形的锐器，杀伤力可见一斑。因此，商代这种冲车应该主要是以攻城为目的的工具。其异体写作"￼"，正象以冲车冲撞城邑之形，只是冲车形体略有省简罢了。

《诗经·大雅·皇矣》记述周文王攻打崇国时的情形："以尔钩援，与尔临冲，以伐崇墉。临冲闲闲，崇墉言言。……临冲茀茀，崇墉仡仡。"郑笺曰："钩，钩梯也，所以钩引上城者。临，临车也。冲，冲车也。墉，城也。"

---

① 金赫，苗丰．释甲骨文中的"￼（冲）"，未刊稿．
② 黄天树．黄天树甲骨金文论集［M］．北京：学苑出版社，2014：238．

周文王攻崇，是商末的重大历史事件。从《诗经》记载看，本次攻伐场面很大，各种攻城工具悉数登场，尤其是冲车的使用，证实了至迟到商末，攻城的冲车就已经登上历史舞台了。

**（二）距闉攻城**

(62) 辛丑卜，殻，贞：今日子商其敢基①方缶，捷。五月。

辛丑卜，殻，贞：今日子商其敢基方缶，弗其捷。

壬寅卜，殻，贞：尊雀惠廪敢基方缶，捷。

壬寅卜，殻，贞：子商不莧（缓）捷基方。

贞：自今壬寅至于甲辰子商捷基方。

壬寅卜，殻，贞：自今壬寅至于甲辰子商弗其捷基方。

壬寅卜，殻，贞：自今壬寅至于甲辰子商捷基方。

壬寅卜，殻，贞：曰子商丙癸敦。五月。

曰：丙甲敦。

曰：子商于乙敦。

贞：曰子商至于凵（城），作山，捷。

勿曰子商至于凵（城），作山，捷。

甲辰卜，殻，贞：翌乙巳曰子商敦，至于丁未捷。

《合集》6571（《丙编》302）[宾一]

黄天树老师指出，"凵口"读为"有城"，"有"，词头，无义②。"有城"即"城"，当城邑讲。"作"后之字一般释作"火"，是不正确的，当释作"山"。"作山"是一种攻城的手段，即《孙子·谋攻篇》"距闉又三月而后已"之"闉"，《逸周书》作"潭"，《左传》作"堙"。《逸周书·大明武》："城高难平，潭之以土。"孔晁云："潭土，谓为土山以临之也。"《左传·襄公六年》："遂围莱。甲寅，堙之环城，傅于堞。"杨伯峻注云："堙亦作垔，堆土为山曰堙。句谓环莱城之四周皆筑土山。"卜辞"作山"即是在城郭周边

---

① 暂用"基"字表示这个形体。
② 黄天树．黄天树甲骨金文论集［M］．北京：学苑出版社，2014：236.

堆起土山，子商便可以率领军队凭借土山，登临城垣，攻破城池。黄师这个说法很有道理，当可信从。有学者把辞中的"山"释作"火"，并以前引卜辞作为依据，认为后世频见文献记载的火攻战术当可追溯到商代。[①] 读者可以参看。

甲骨卜辞中还可以找出一些反映商代军事战略战术思想的例子，小文只是选取比较有代表性的辞例略作陈述，供对殷商史尤其是商代思想史感兴趣的朋友参考。

【附记】本文曾经在中国社会科学院历史研究所主办的"首届夏商周思想史论坛"（2017年11月11日至12日，北京）上宣读。

引书简称对照：
《美藏》——《美国所藏甲骨录》
《合集》——《甲骨文合集》
《拼续》——《甲骨拼合续集》
《合补》——《甲骨文合集补编》
《天理》——《天理大学附属天理参考馆藏甲骨文字》
《安明》——《明义士收藏甲骨文字》
《屯南》——《小屯南地甲骨》
《俄藏》——《俄罗斯国立爱米塔什博物馆藏殷墟甲骨》
《甲编》——《殷虚文字甲编》
《花东》——《殷墟花园庄东地甲骨》
《京人》——《京都大学人文科学研究所藏甲骨文字》
《怀特》——《怀特氏等收藏甲骨文字》
《缀汇》——《甲骨缀合汇编》
《乙编》——《殷虚文字乙编》
《醉古集》——《醉古集——甲骨的缀合与研究》

---

① 张惟捷. 略论我国火攻战法的上古渊源——以甲骨文资料为例［G］//甲骨文与殷商史（新五辑）. 上海：上海古籍出版社，2015：38-48.

《丙编》——《殷虚文字丙编》

原载《中国文字》（海外版），2018 年第 4 期

**参考文献**

[1] 蔡哲茂. 说殷卜辞的"多马"与"多射"[G]//古文字与古代史（第四辑）. 台北："中央研究院"历史语言研究所，2015.

[2] 陈剑. 甲骨金文考释论集[M]. 北京：线装书局，2007.

[3] 陈梦家. 殷虚卜辞综述[M]. 北京：中华书局，1988.

[4] 冯时. 殷田射御考[G]//甲骨文与殷商史（新一辑）. 北京：线装书局，2008.

[5] 葛亮. 甲骨文田猎动词研究[G]//出土文献与古文字研究（第五辑）. 上海：上海古籍出版社，2013.

[6] 黄天树. 黄天树甲骨金文论集[M]. 北京：学苑出版社，2014.

[7] 李学勤. 商代夷方的名号和地望[J]. 中国史研究，2006（4）.

[8] 李学勤. 曾侯戈[G]//缀古集. 上海：上海古籍出版社，1998.

[9] 李学勤. 论养侯玉佩[G]//比较考古学随笔. 桂林：广西师范大学出版社，1997.

[10] 李宗焜. 凿破鸿蒙——纪念董作宾逝世五十周年[M]. 台北："中央研究院"历史语言研究所，2013.

[11] 连劭名. 殷墟卜辞中的"戍"和"奠"[J]. 殷都学刊，1997（1）.

[12] 刘钊. 卜辞所见殷代的军事活动[J]. 古文字研究，1989（16）.

[13] 罗琨. 商代战争与军制（《商代史》卷九）[M]. 北京：中国社会科学出版社，2010.

[14] 裘锡圭. 殷墟甲骨文字考释（七篇）[J]. 湖北大学学报，1990（1）.

[15] 裘锡圭. 古文字论集[M]. 北京：中华书局，1992.

[16] 裘锡圭. 谈谈殷墟甲骨卜辞中的"于"[G]//裘锡圭学术文集·甲骨文卷. 上海：复旦大学出版社，2012A.

[17] 裘锡圭. 裘锡圭学术文集·杂著卷[M]. 上海：复旦大学出版社，2012B.

[18] 裘锡圭. 裘锡圭学术文集·古代历史、思想、民俗卷[M]. 上海：复旦大学出版社，2012C.

[19] 屈万里. 殷墟文字甲编考释[M]. 台北："中央研究院"历史语言研究所，1961.

[20] 饶宗颐. 欧美亚所见甲骨录存[M]. 出版单位不详，1970.

[21] 沈培. 殷墟甲骨卜辞语序研究[M]. 台北：文津出版社，1991.

［22］王子杨. 甲骨文芟（鬱）的用法［J］. 文史，2016（3）.
［23］温少峰，袁庭栋. 殷墟卜辞研究——科学技术篇［M］. 成都：四川省社会科学院出版社，1983.
［24］吴振武.《合集》33208号卜辞的文字学解释［J］. 史学集刊，2002（1）.
［25］谢明文. 释甲骨文中的"叔"字［G］∥商周文字论集. 上海：上海古籍出版社，2017.
［26］严志斌. 商代的"戍"［G］∥江苏省甲骨文学会主编. 甲骨文研究文集. 南京：江苏科学技术出版社，2012.
［27］于省吾. 甲骨文字诂林［M］. 北京：中华书局，1996.
［28］赵鹏. 殷墟甲骨文人名与断代的初步研究［M］. 北京：线装书局，2007.
［29］朱凤瀚. 殷墟卜辞中"侯"的身份补正——兼论"侯"、"伯"之异同［G］∥古文字与古代史（第四辑）. 台北："中央研究院"历史语言研究所，2015.

# 利用甲骨缀合还原商代的一场火灾<sup>*</sup>

刘 影

《中国火灾大典》记录的中国最早的火灾①出自甲骨卜辞《合集》583、《合集》584②，但书中引用卜辞存在疏漏与错误，兹不俱引，此处仅将有关火灾的卜辞重新释写如下：

王固（占）曰："有求（咎）、叟，气其有来艰。"气至六日戊戌允有[来艰]。有㞢才（在）叟，㞢才（在）☐田䢅亦焚卣（廪）三。十一月。

《合集》583反（《合集》584反同文③） ［典宾］

因为有"焚廪三"，所以《中国火灾大典》将这次事件当成一次火灾。

---

* 本文是2016年国家社会科学研究青年基金项目"殷墟甲骨文形态研究与数据库建设"课题（项目编号：16CYY049）的阶段性成果。
① 中国火灾大典编辑委员会. 中国火灾大典［M］. 上海：上海科学技术出版社，1997：10.
② 郭沫若主编，胡厚宣总编. 甲骨文合集［M］. 北京：中华书局，1978–1982. 简称《合集》，以下正文不另注。后来的学者对两版卜辞多有缀全，增加了很多信息。如《合集》583可与《合集》7130缀合（蔡哲茂. 甲骨缀合集［M］. 台北：乐学书局，1999：23–24）。《合集》584可加缀《合集》9498、《合集》7143、《东大》571、《合补》5597等。
③ 《合集》584反与《合集》583反虽为同文卜辞，但有个别用字的差异。如《合集》584反"有求（咎）"二字后没有"叟""气"二字。

董作宾先生在排谱的过程中,将"焚廪三"看成舌方入侵所造成的灾害①,萧良琼女士同意胡厚宣先生的意见,将卜辞中的"亦"读为"夜",将"夜焚廪三"解释成奴隶夜间焚烧了三座粮仓,即将这条卜辞看成奴隶反抗奴隶主压迫所造成的灾害。② 卜辞中的"亦"字,以前多有学者读为"夜",杨树达先生通过分析相关卜辞,已经指出读"亦"为"夜",虽然音理可通,但非为确诂。③ 事实上,典宾类卜辞中的"亦"没有"夜"的用法,"亦"均作副词使用,本辞中的"亦"也应当是副词,不能读为"夜"。由于这条卜辞部分文字缺失,"𠂤""田""𡐞"等字在文中的词性与用法并不明确,所以"焚廪三"究竟是由于舌方入侵所造成的灾害,还是由于奴隶反抗奴隶主压迫所造成的灾害尚不能做出确凿的判断,但是有一点可以肯定的是:无论是由于舌方入侵所造成的灾害还是由于奴隶反抗奴隶主压迫所造成的灾害,其本质上都是战争的灾害,不是单纯的火灾。这样看来,将《中国火灾大典》记录的火灾视为战争灾害貌似更为妥当。

甲骨卜辞另外记录了商代一次失火事件引发的火灾,应该才是真正意义上的火灾。本文讨论这场"失火"事件的前提是赵平安先生正确释读了卜辞中从止从辛构形的一批字,并将其读为"失",进而发现"失火"这一古语词。

卜辞中的"𦐇"字,可隶定为"𡴂",赵平安先生认为"𡴂从止从辛,而止在辛外,本义当为逃逸……逸和失韵部相同,声母同为舌音,古音很近,常相通用……把古文字数据中的𡴂理解为逸或读为失,除了极个别的例子外,绝大多数都可以讲通"④。赵先生进一步将甲骨卜辞中的"𡴂火"读为"失火",辞意非常通顺。之后甲骨卜辞中由于"失火"造成的火灾事件进入大家的视野,引发了研究者的关注。

赵平安先生文中有关"失火"的卜辞只提到了《合集》17066,当时这

---

① 董作宾. 殷历谱 [M]. 台北:艺文印书馆,1977:702-703.
② 胡厚宣. 甲骨文所见殷代奴隶的反压迫斗争 [J]. 考古学报,1976(1):1-18;萧良琼. 卜辞文例与卜辞的整理和研究 [G] // 胡厚宣主编. 甲骨文与殷商史(第二辑). 上海:上海古籍出版社,1986:43-44.
③ 杨树达. 积微居甲文说·释亦 [G] // 杨树达文集. 上海:上海古籍出版社,2013:23-25.
④ 赵平安. 战国文字的"𨓚"与甲骨文"𡴂"为一字说 [G] // 新出简帛与古文字古文献研究. 北京:商务印书馆,2009:44.

版卜辞尚未被缀合，所提供的信息有限。下文会陆续提到若干版缀合及相关同文卜辞，"失火"事项被反复贞卜，足见商王对此次"失火"事件的重视，同时"失火"事件造成了人员伤亡，是一场意外的"火灾"。

还原这场火灾还主要得益于一版甲骨缀合：《合集》26628+《合集》26630+《合集》17066①。《合集》26628与《合集》26630的缀合大部分卜辞均为贞人"兄"所卜之贞旬卜辞，唯骨扇处的"司龚"二字似乎隐含着某些信息。《合集》17066被加缀后，卜辞出现"司龚奉（失）火，帚（妇）𡥅子盂（殤）②"等重要信息。此组缀合与《合集》17067+《合集》5934③、《合集》5928同文，三版同文卜辞均为牛胛骨骨扇部位残辞，可能是成套卜辞中的三版，释文如下：

癸亥卜，兄贞：旬亡囗。旬𠦪，壬申囗司龚囗（失）火，帚（妇）𡥅子盂（殤）。甲(?)囗。

　　　　　　《合集》26628+《合集》26630+《合集》17066　　[出一]

囗旬亡囗。旬囗囗（失）火，帚（妇）𡥅子盂（殤）。

囗𠦪囗。

　　　　　　　　　　　《合集》17067④+《合集》5934　　[出一]

[癸]囗[卜]，兄贞：囗[龚]囗（失）囗。

　　　　　　　　　　　　　　　《合集》5928　　[出一]

---

① 《合集》26628+《合集》26630为蔡哲茂先生缀合，见蔡哲茂．甲骨缀合集[M]．台北：乐学书局，1999：1-2；《合集》17066为蒋玉斌先生加缀，见先秦史研究室网站：2009年9月14日，http：//www.xianqin.org/blog/archives/1639.html．莫伯峰先生在此组缀合的基础上又加缀《合集》26680与《合集》26649，见黄天树主编．甲骨拼合续集[M]．北京：学苑出版社，2011：55．因为本文主要讨论"失火"卜辞，故未在正文全部引用。
② 陈剑．殷墟卜辞的分期分类对甲骨文字考释的重要性[G]//陈剑．甲骨金文考释论集．北京：线装书局，2007：431-436．
③ 蒋玉斌先生缀合，见先秦史研究室网站：2013年9月18日，http：//www.xianqin.org/blog/archives/3292.html．
④ 《合集》17067拓面不全，"𠦪"字难以辨识，可参《前》6.49.3，拓面全而且文字完整。

以上卜辞已经涵盖了火灾的重要信息，但卜辞仍有缺文，并不完整，将火灾信息补充得更为完整的是另外几版刻于龟腹甲的同文卜辞《合集》17069、《合集》14815、《合集》2861，释文如下：

☐壬申☐［司］龚☐［㞢］子盅（殙）。
《合集》17069　　［宾出］

☐夕盅（向）☐司龚☐［帚（妇）］㞢子［盅（殙）］。
《合集》14815　　［宾出］

☐旬㞢，［壬］申夕盅（向）［癸］酉司龚☐，帚（妇）㞢☐。
《合集》2861　　［宾出］

以上牛胛骨骨扇部位的三版卜辞与龟腹甲部位的三版卜辞同卜一事，但是没有任何一版涵盖了火灾的完整信息，六版卜辞残辞互补，才最大限度地将卜辞补足如下：

癸亥卜，兄贞：旬亡☒。旬㞢，壬申夕盅（向）癸酉司龚☐（失）火，帚（妇）㞢子盅（殙）。

如此看来，蒋先生所缀之《合集》26628＋《合集》26630＋《合集》17066 相对来说是最完整的。但是释文最后的"甲"字颇令人费解，是否后面还有其他卜辞？关于这场火灾是否还有其他重要信息？解开这个疑团的是另外一组缀合：《合集》2861（《北图》2352）＋《北图》2382＋《合集》11573（《北图》2353）①。

三版甲骨均藏于国家图书馆，可能原本就是一片，不知由于何种原因碎裂而被分别冠以不同的号码，缀合后三版又重归于一片。卜辞中"龚"上一

---

① 《北图》2382 与《合集》11573（《北图》2353）为李延彦女士缀合，见黄天树主编. 甲骨拼合三集［M］. 北京：学苑出版社，2013：206；《合集》2861 为笔者加缀，见先秦史研究室网站：2015 年 10 月 9 日，http：//www.xianqin.org/blog/archives/5555.html.

字，王子杨先生认为作"㕮"形，并举《合集》2861、《合集》14815之例①。
"㕮"这个字形，卜辞中作"㕮"（《合集》3087）、"㕮"（《合集》1711 反）、
"㕮"（《合集》9663）、"㕮"（《合集》17106）等形②，刀形斜出的一小笔或
有或无，有斜出的笔画时，一般是向下斜出的，此形则斜出向上，且仅此一
见，值得怀疑。由上文所列六版同文卜辞推之，王子杨文中的这个字很可能
是"西"字下部残画与"司"字粘连而成的一个字，中间的一小横，可能为
泐痕。实际上，《合集》14815中的这个字是完整的，就是"司"字，并不作
"㕮"形。这个字还见于同文卜辞《合集》17069，《合集》17069中此字也只
剩余下部残画，参照同文卜辞《合集》14815以及《合集》26628+《合集》
26630+《合集》17066、《合集》17067+《合集》5934、《合集》5928等，
可知《合集》2861、《合集》17069卜辞中的这个字应当都是"司"字。

虽然我们不同意王子杨先生对"㕮"这个字的释写，但是却非常同意他关
于宾组三类与出组一类卜辞中"'㕮'这个形体，一般不用于表示'姒'，而
是用于表示'司室'之'司'、'品司'之'司'"的结论③。饶宗颐先生在
《殷代贞卜人物通考》一文中说"'龚司'亦作'龚㕮'"④，裘锡圭先生在
《说"姻"》一文中也认为"卜辞所见的祭祀对象'龚司'与'龚㕮'是一回
事"⑤，这些都是基于不同类组卜辞的比对得出的结论，是没有问题的。在宾
出类（出组一类）卜辞中，作为祭祀对象的龚姒之姒⑥，一般作"㕮"或
"㕮"，从不作"司"形。而且这些失火卜辞中出现的是"司龚"这个词，

---

① 王子扬. 甲骨文字形类组差异现象研究 [M]. 上海：中西书局，2013：127.
② 参李宗焜. 甲骨文字编 [M]. 北京：中华书局，2012：978.
③ 王子扬. 甲骨文字形类组差异现象研究 [M]. 上海，中西书局，2013：127.
④ 饶宗颐. 殷代贞卜人物通考 [G] //甲骨文献集成第十六册. 成都：四川大学出版社，2001：444.
⑤ 裘锡圭. 说姻 [M] //裘锡圭学术文集·甲骨文卷. 上海：复旦大学出版社，2012：524.
⑥ 从裘锡圭先生说，司、㕮、㕮等均可读为"姒"，是对年长女性的尊称。见裘锡圭. 裘锡圭学术文集·甲骨文卷 [M]. 上海：复旦大学出版社，2012：523-526.

"司龚"与"龚司"既在用字上有别，亦在词序上有别，是绝不能混同的。搞清楚这个问题，将失火卜辞中的"司龚"与作为祭祀对象的"龚司"区别开，才能进一步讨论"司龚"的含义。

先看一组文献中关于失火的辞例：

河内失火，烧千余家，上使黯往视之。(《汉书》卷五十)
俄而家果失火，邻里共救之，幸而得息于是。(《汉书卷》六十八)
宫中尝夜失火，武帝登楼望之。(《晋书》卷五十三《列传》卷第二十三)
时柩在殡而西邻失火，风势甚盛。(《晋书》卷八十八《列传》卷第五十八《孝友》)
宗庙失火，边有侵地，有囚色，丁壮多死以兵，所留舍其国君遂亡。(《唐开元占经》卷三十《荧惑占一》)
一曰：王者治宫室，民多病，宫中失火。(《观象玩占》卷十八)

由以上辞例观之，位于"失火"前的"河内""家""宫中""西邻""宗庙"等均为处所主语，所以我们认为"司龚"也是一个表处所的名词，失火的地点就是"司龚"。卜辞中的"龚"多用为人名、族名或地名，"司龚"大概是龚族的祭祀场所，"司龚"失火与文献所载之"宗庙"失火性质相同。

上文提到《合集》26628＋《合集》26630＋《合集》17066 这一组缀合，蒋玉斌先生所作释文最后的"甲"字颇令人费解①。《合集》2861（《北图》2352）＋《北图》2382＋《合集》11573（《北图》2353）的缀合解决了这个问题。缀合卜辞辞末附记时间"七月"，蒋先生所缀卜辞与本辞为同文关系，故原释文中的"甲"也应该是"七"，后面的"月"字残缺，但是可以根据同文卜辞补出。甲骨文中"甲""七"同形，蒋先生在没有本组缀合参照的

---

① 蒋先生的释文附于缀合图片之后，见先秦史研究室网站：2009 年 9 月 14 日，http：//www.xianqin.org/blog/archives/1639.html。莫伯峰先生对《甲骨拼合续集》第 366 组所作的释文沿袭了"甲"字之误，当一并改为"七"。

情况下释为"甲"是可以理解的。本组缀合在纠正卜辞释文的同时，也揭示了火灾发生的时间是"七月"。

另外，李延彦女士在《合集》11573 与《北图》2382 这组缀合的摹本与释文中①均作"十月"，考之同文卜辞，可知也当为"七月"，谛察《北图》2353 之照片可以得出同样的结论。

至此，本文通过相关缀合，同文比对，辞例推勘，还原了商代这场火灾的历史——祖庚②某年七月壬申这一天的夜间向第二天癸酉过渡的时间段中，司龔这个地方失火，发生了火灾，妇𡝩的儿子在这场火灾中死亡。这才是商代甲骨文中蕴含的真正火灾信息，这些卜辞才应当是中国最早的火灾记录，应当被《中国火灾大典》加载。

原载《华夏考古》2018 年第 3 期

---

① 黄天树主编. 甲骨拼合三集［M］. 北京：学苑出版社，2013：242、386.
② 依照黄天树先生的甲骨分期与断代标准，宾出类卜辞的时代大致在武丁晚期至祖甲之初。本文的"失火"卜辞中出现贞人"兄"，"兄"是出组一类贞人，"兄"所卜之辞有与宾组三类卜辞共版的情况，而宾组三类与出组一类卜辞又主要是祖庚之物，故本文推测这组"失火"卜辞也主要是祖庚之物。参黄天树. 殷墟王卜辞的分类与断代［M］. 北京：科学出版社，2007：72 - 104.

# "量"字新说*

莫伯峰

《说文》：量，称轻重也。从重省，曏省声。🔲，古文量。许慎从小篆字形出发，认为"量"字本义应为称量物品的轻重，与"重"有关，因此自然就生发出将"量"字作为省声字的解读。然而后世对于许氏之说多存疑虑："清代和现代文字学家对于'量'字的解释，有的说🔲、🔲盖象量器之形，有的说从日以土圭正日影，有的说'量'下从里，还有的说'量'从良省声，异解纷起，无一是处。因此，王筠《说文释例》遂谓：'量字形声义，无一不回穴者，盖失传也。'"①

要正确地解读"量"字，不能仅限于小篆和古文的字形，而必须要梳理其字形的源流，以演变的思想来看待。"量"字一些早期形体中，上部基本从日，这与小篆形体基本是一致的，差别在于下部所从构件不同（见图1）。

基于这种构件差异，一些学者开展了新的解读。郭沫若认为："曩为量字之所从。量字小篆作🔲。盖从土量声。以此及字形推之。当系亮之古文。日出东方。放大光明也。后世以亮为之而字失。亮之本义当为高亢。声义俱相近。"②马叙伦认为："疑量从东曩省声。或曏省声。或良省声。为囊之异文或转注字。曏为曩之转注字。正囊量从曏省声为囊转注字之例证也。篆讹为量。

---

\* 本文是国家社科基金青年项目"基于字体分类的甲骨卜辞缀合研究"（项目编号：14CYY056）阶段性成果。
① 于省吾. 甲骨文字释林·释量［M］. 北京：中华书局，1999：415.
② 郭沫若. 陕西新出土器铭考释［J］. 说文月刊（第三卷），1943（10）.

或量从土量声。古书用为度量字。其本义遂亡矣。"①

**图1 古文字"量"字形**

图片来源：李圃. 古文字诂林 [M]. 上海：上海教育出版社，2004：535.

而从更早的甲骨文字形来看，上述这样理解也都是有问题的。甲骨文中"量"字作如下一些形体（见图2、图3）。

---

① 马叙伦. 说文解字六书疏证·卷十五 [M]. 北京：科学出版社，1956.

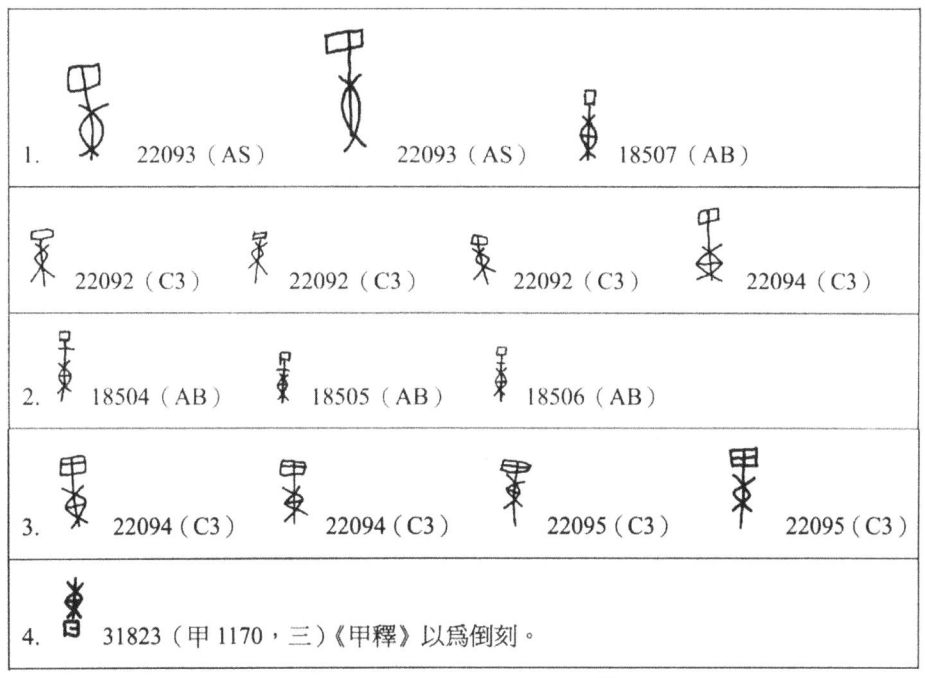

图2　甲骨文"量"字字形①

图3　甲骨文"量"字字形②

　　李宗焜先生《甲骨文字编》将"量"字字形分为四小类，基本代表了甲骨文中"量"字的所有类型，下文我们以"量1""量2""量3""量4"指代。

　　过去学者的认识差异都来自对这四类字形关系的不同分析。

---

①　拓本反色形，采自刘钊. 新甲骨文编. 增订本［M］. 福州：福建人民出版社，2014：496页.

②　摹写形，采自李宗焜. 甲骨文字编［M］. 北京：中华书局，2012：1270，1271.

马薇颁认为:"契文量字,或作量、量、量、量等(引者注:即量1、量2、量3三类形体),就字形言,从早,象正视之斗形,十为其柄(柲),斗字契文作⻊(乙八五一四),金文作⻊(秦公敦),系侧视形,与实同。囗、田乃斗中实米之意,从束或束,像囊形,可想象其中所贮为米或谷类也(原注:东字之义为囊中之东西)。量从早从束,即量米之量器之意,故此字当为量,量金文克鼎作量,父乙甗作量与契文相同,可以互证。量之初义,释文'斗斛也',其后称轻重亦曰量,说文'量,称轻重也',测量面积曰丈量,皆引申义也。"①

于省吾认为:"甲骨文量字作量、量、量、量、量等形(引者注:即量1、量2两类形体)。……量字的初文本作量,从日从重系会意字。量字的本义,应读为平声度量之量,属于广义,作为名词用的度量之量,乃后起之义。量字从日,当是露天从事度量之义,这和甲骨文众字作众,为众人露天劳动同例。度量田野,道路和谷米都是露天的工作。……总之,甲骨文量字从日从东,借东为重。其从日从東,東即重字的初文。其从日,系露天量度之义。量所以度量物之多少轻重。量字从重从日,乃会意字,这就纠正了说文以为形声字的误解。"②

张懋镕、秦建明认为:"东作为植物性食物,实际上就是农作物,泛指粮食……甲骨文'量'字像'东'在日光下生长的情景。……量字肩负东字的初义,成为后来的粮字,其发展过程是很清楚的。从字音上分析,东在东部,量在阳部,而东部和阳部可以旁转。……东、量音义相同,所以'东'就是粮食的粮字。它播于土田为种子,长于土田为粮食,煮于锅中为饭食,从意义上说也十分吻合。后来'量'字成为粮食含义的代表,'东'遂失其本义,成为方向指示词了"。③ 后有学者对张、秦两位学者的观点进行了进一步申发,

---

① 马薇颁. 释量及量 [G]//中国文字(第三十六册),1970.
② 于省吾. 甲骨文字释林·释量 [M]. 北京:中华书局,1999:414-416.
③ 张懋镕,秦建明. 释"东"及与"东"有关之字 [J]. 人文杂志,1981(6):100-102. 后收入张懋镕. 古文字与青铜器论集 [M]. 北京:科学出版社,2010:8-10.

认为:"(张、秦之文)从粮食的角度探索'东'的形义来源,有合理性,但字形如何解释?本义究竟是什么?仍然不够明白。'东'的本义是种子,是'重'、'种'的象形初文。"①

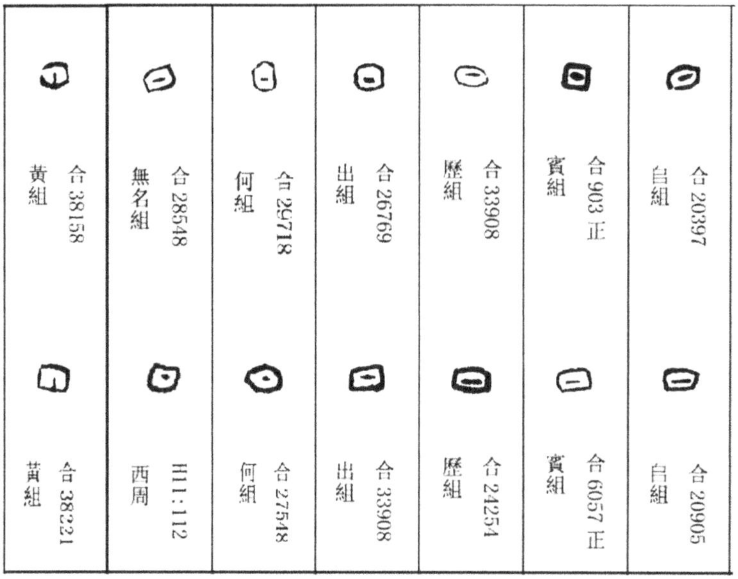

**图4 甲骨文"日"字**②

可以看出,对于"量"字上下部的构件,学界存在着不同的认识。一是对于上部构件,马薇颇认为"量2"是"量"字的字源形体,而其他各形体都是在"量2"基础上进行的进一步变形。于省吾则认为"量1"是字源形体,其他各形是在"量1"的基础上进行的变形。这些观点都存在明显的疏漏,以  为斗,属看图说话,毫无依据;而认为"量"字上部为"日"也是不正确的。姚孝遂《诂林》按语已指出:"究属何所取象,难以确指,似不得谓从'日'。"③ 二是对于下部构件,或认为表示"粮食",或认为表示"种子",都是基于上部为"日"做出的判断。上部构件从"日"既然不可信,那么对下部构件的分析也就自然难以成立。

---

① 何金松. 汉字形义考源 [M]. 武汉:武汉出版社,1996:316.
② 拓本反色形,采自《新甲骨文编》(增订本)第399,400页"节录"。
③ 于省吾主编,姚孝遂按语. 甲骨文诂林 [M]. 北京:中华书局,1996:3016.

事实上，甲骨文"量"字上部的构件确与"日"没有关系。是否为"日"关键不在于是否中间有一笔画，而在于中间一笔是否与外部方框相交。可参看甲骨文各类组中"日"的形体（见图4、图5）。

```
08329（A7）      10302 正甲（A7）      10405 正（A7）
24744（A9）      26070（A9）    12937（A10）    27084（A11）
27166（A11）    27315（A11）   29704（A11）    英2264（A11）
27463（A12）    27807（A12）缺刻。  27879（A12）  35397（A13）
35402（A13）    36123（A13）   36168（A13）    36171（A13）
32119（B3）     33694（B3）    33694（B3）     33704（B3）
34300（B3）     屯2772（B3）   27313（B5）     26992（B6）
27041（B6）     27044（B6）    27050（B6）     27092（B6）
英1906（C1）    21944（C2）    22046（乙5399，C3）
22046（乙5399，C3）   22069（C3）   22069（C3）
22069（C3）     花003（C5）    花005（C5）     花034（C5）
```

**图5　甲骨文"日"字**[①]

因此，"量"字上部构件需要重新分析，只有弄清了该构件才能对"量"字构意有正确的分析。我们认为"量"字上部构件实际上为"田"，几种类似"日"的形体都是"田"的简化形体。"量3"之形为"量"字最全之形，上部与"田"形体一致。而"量1"上部类似"日"的构件则是由"田"形省简而来。通过共版"量"字的不同形体便能够确定这种简化关系：

---

① 摹写形，采自李宗焜．甲骨文字编［M］．北京：中华书局，2012：第408-410页"节录"。

"量"字新说 / 165

（1）壬寅卜：邻▇于入乙。

（2）壬寅卜：邻▇于父戊。

（3）壬寅卜：▇亡囚。

合 22094 + 22441

以上卜辞中，"量"皆用为人名。虽然形体有差异，第（1）、（2）条卜辞中，上部构件为"田"，第（3）条卜辞中，上部构件类似"日"，但无疑必定是同一字。因此，由这种共版关系可看出，类似"日"之形是"田"的省形。

这种由"田"形省简为类似"日"形的现象，在甲骨文中并不是孤立的现象，也同样体现于其他一些文字中，例如：

（4）"曾"字，常作"▇11392（AB）（合11392）、▇18436（AB）（合18436）"之形，亦可省形作"▇16060（A8）（合16060）、▇（合18913）"

（5）"卢"字常作"▇03929（A7）（合3929）"之形，亦可省形作"▇00259（A7）（合259）"

（6）"鬼"字常作"▇24999（A9）（合24999）"之形，亦可省形作"▇25013（A9）（合25013）"

从历时演变的角度来看，这种演变迹象更为明显。如常见之"虘"字，时期较早的无名类卜辞皆作"▇29011（B6）（合29011）、▇33155（B3）（合33155）"之形，而时期最晚的黄类卜辞则有四类不同形体：

(7) "⚘37362（A13）（合37362）、⚘37462 正（A13）37462 正（A13）（合37462）"之形

(8) "⚘37745（A13）（合37745）、⚘37661（A13）（合37661）"之形

(9) "⚘37760（A13）（合37760）、⚘37757（A13）（合37757）"之形

(10) "⚘37748（A13）（合37748）、⚘英2539（A13）（英2539）"之形

尤为需要注意的是第四种形体，"曐"字所从之"田"形构件，已经演变得与"日"无异。黄类卜辞之"日"作"▱（《合集》36168）、◠（《合集》36171）"之形，其与第四种形体几乎没有差别。而这种演变也正好能够解释为什么后来的"量"字皆从"日"。

因此，从平行演变的角度来看，"量"字的四种形体，应该以"量3"的"田"形构件为最原初的形体，而后演变为"量1"之"◯、▱"形，或"量4"之"▯"形。对于其中的"量2"之"⚘"形，于省吾认为它是在其他几种字形基础上的进一步变形，其中所加横画，应属于下部构件"东"，"东上加一横划，以别于东，于六书为指事"，"即古重字"①。以之解释后代"量"字下部所从构件"重"之来历。

由此看来，甲骨文中"量"字上部为"田"，非"日"或其他，对于"量"字的分析应着眼于田地方面的意义。

对于"量"字字形的下部构件的分析，有一点需要特别注意。过去对于"量"字各种形体的结构分析都存在误差，于省吾、马薇顾等皆认为甲骨文的

---

① 于省吾. 甲骨文字释林·释量 [M]. 北京：中华书局，1999：414.

"量"字上下是独立的两个构件，他们所摹写的字形 ![]、![]、![]、![]、![] 多将上下两个构件割裂开。这都是不准确的，实际上甲骨文的"量"字上下是相连的，参拓本字形如：![]（合 22094）、![]（合 22094）、![]（合 22097）、![]（合 18504），都是如此。竖笔是从上到下完全贯通的，应分析为构件"![]"或"![]"与"![]"结合在一起（如果考虑借笔因素，则是与"![]"重合在一起），而非构件"![]"或"![]"与构件"![]"的组合。也就是说将"量"分析为从某从某的形声字或会意字都不正确，而应该将该字理解为一个合体象形字，不可忽略上下两个构件间存在密切的意义联系。

因此，"量"字下部构件为"![]""![]"，它虽然与"东（![]）""束（![]）"之形相似，但还是有一点差别的。通常认为"东""束"表示的是囊橐之形①，而"量"字下部构件所表达的意义也与此有关，表示用以测量田地长度的线轴（类似于纺锤）。囊橐为线绳编织之物体，线轴则为线绳缠绕之物体，所以二者形象十分类似。从合体象形文字的角度来看甲骨文的"量"字，它其实是以线轴测量田地之形，表达了测量长度之意。

古代社会中，测量田地以明面积是一项十分重要的工作，《礼记·王制》记载"司空执度度地，居民山川沮泽，时四时，量地远近"，《周礼·县师》亦有记载"凡造都邑，量其地，辨其物，而制其域"。这些都说明测量田地之事一定产生很早。"量"字以测量田地之形表示"量"的意义，也正好是这方面历史的一个例证。

综上，甲骨文中"量"字字形上部为"田"，下部为测量田地的线轴形

---

① 于省吾主编，姚孝遂按语. 甲骨文诂林［M］. 北京：中华书局，1996：3010 - 3011，3216 - 3217.

工具,"量"字为一合体象形文字,表示以线轴测量田地之形,其本义应为测量长度,而非度量轻重。"量"字之形,正反映了古代社会田地制度的一个侧面。

(本文原载《上古汉语研究》第二辑,北京:商务印书馆,2018)

**参考文献**

[1] 郭沫若. 甲骨文合集 [M]. 北京:中华书局,1979 – 1982.

[2] 中国社会科学院考古研究所. 小屯南地甲骨 [M]. 北京:中华书局,1980.

[3] 中国社会科学院考古研究所. 殷墟花园庄东地甲骨 [M]. 昆明:云南人民出版社,2003.

[4] 李学勤,艾兰. 英国所藏甲骨集 [M]. 北京:中华书局,1985.

[5] 李圃. 古文字诂林 [M]. 上海:上海教育出版社,2004.

[6] 刘钊. 新甲骨文编 [M]. 增订本. 福州:福建人民出版社,2014.

[7] 李宗焜. 甲骨文字编 [M]. 北京:中华书局,2012.

# 甲骨卜辞中的 "A壬"*

李爱辉

甲骨文中的"A"字（下文用"A"表示）凡 10 见，兹将卜辞罗列于下：

(1) 翌乙未呼子宾祝父，盍小宰，岀及三、㸔五宰。A 嬴正。
                        《合集》924 正＋［典宾］

(2) A 禘。        《合集》2580［典宾］

(3) 贞：囗A囗祷囗。    《合集》10087［典宾］

(4) 乙卯卜，殻贞：于 A丅祷［年］。三  《合集》14348［典宾］

(5) 贞：于 A丅祷年。    《合集》14349［典宾］

(6) 囗于囗A囗。    《合集》14350［典宾］

(7) 囗大囗十宰，A 五宰，它示三宰。八月。《合集》14353［典宾］

(8) 辛巳卜，贞：凶示，祷自上甲一牛，A 唯羊。A 唯麂。
                        《合集》14358［自宾］

(9) 贞：御于羌甲 A 岀。一    《合补》153 正［典宾］

(10) 囗A 岀。    《合集》3464（《合补》518 重）

---

\* 本文是国家社会科学基金青年项目"甲骨缀合理论的整理与研究"（项目编号：17CYY061）的成果之一。

由上述卜辞可以看出，"A"字考释的难点在于辞例少、卜辞残。现阶段，关于"A"字的讨论主要集中在（3）、（4）、（5）、（7）、（8）这五条卜辞上。如张政烺先生在《释它示——论卜辞中没有蚕神》一文中指出，（3）和（5）中的"A ㅜ"当释为"A示"，且"A示"可简称为"A"，（7）中的"A五宰"是上甲以后的五个示，分别为报乙、报丙、报丁、示壬、示癸。①《甲骨文字典》中关于"A"字的解释就采用了张说。② 蔡哲茂先生亦将"A ㅜ"释为"A示"，但蔡先生认为"A示"即"求示"，并非"上甲以后的五个示"，而应读为"舅示"，并增补一例，即上文中的（4）。③《甲骨文字诂林》也将（5）释为"A示"，为卜辞祭祷之对象。④ 虽然学者们对"A ㅜ"的词义理解略有不同，但在将"A"后一字释为"示"这一点上，意见则是一致的，并指出上文（4）中的"壬"字为"示"字之误。⑤

最近我们在整理甲骨时，将（3）与《合集》10113缀合（见图1）。缀合后发现，原有释文对（3）的补释均是不正确的。（3）"A"下一字拼缀后完整，为"壬"字而非"示"字。（3）+《合集》10113与（4）是一组准同文，所以现有释文中关于"'壬'为'示'之误"的理解也是错误的。（3）+《合集》10113与（5）则是完全同文，两版甲骨上的四条卜辞两两对应，用字完全一致，亦可证（5）所谓的"示"当为"壬"的残笔。如果细查（5）的拓本可以发现，"壬"字下边的横笔还依稀可见。三片甲骨均出现"A壬"一词，且（3）+《合集》10113这版甲骨上的序数已经到"五"，足证旧说中的"A壬"为"A示"当为误读。这也进一步证明，甲骨文中被放在与"大示""小示""它示"等一起讨论的"A示"，在现已公布的材料

---

① 张政烺. 释它示——论卜辞中没有蚕神［G］//古文字研究（第一辑）. 北京：中华书局，1979：63-64.
② 徐中舒. 甲骨文字典［M］. 成都：四川辞书出版社，1988：1431-1432.
③ 蔡哲茂. 殷卜辞"伊尹䰜示"考——兼论它示［G］//"中央研究院"历史语言研究所集刊. 第58本第4分，1987；又收录于甲骨文献集成［M］. 第二十一册. 成都：四川大学出版社，2001：13-14.
④ 于省吾主编. 甲骨文字诂林［M］. 北京：中华书局，1996：1775.
⑤ 《殷墟甲骨文摹释全编》《甲骨文校释总集》、汉达文库释文.

中是不存在的。

"A壬"在卜辞中仅上举三例，且都出现在祭祀卜辞中，卜问的内容皆与"祷年"有关，所用卜问形式均为介词"于"+"受祭对象"+"祷年"。从语法形式上看，"祷年"和介词"于"的组合方法有两种，如下所示：

甲：祷年+（于）+受祭对象

(10) 贞：祷年于岳。一　　《合集》10080［典宾］
(11) 贞：祷年于岳，燎三小宰，卯三牛。

《合集》385［宾出］

(12) 戊午卜，宾贞：彫祷年于岳、河、夒。三

《合集》10076［宾三］

(13) 癸亥卜，古贞：祷年自上甲至于多毓。九月。

《合集》10111［宾三］

(14) □其祷年于阢□。《合集》28247［无名组］
(15) 癸巳卜，甲午彫祷禾上甲三牛。

《合集》20659+19810［师小字］

图1　《合集》10087+
《合集》10113

乙：于+受祭对象+祷年

(16) 贞：于王亥祷年。三　　　　　《合集》10106［宾三］
(17) 乙巳卜，穀贞：于河祷年。　　《合集》10091正［典宾］
(18) 庚午贞：于大示祷禾，雨。　　《合集》33320［历二］

甲、乙两种卜问格式在语义上没有区别，但其所接的内容却略有差异：第一，当祷年卜辞中出现具体的用牲种类、数量时，卜辞多用甲类卜问格式，乙类则较少使用；第二，当祷年卜辞中的受祭对象为多个时，卜辞多用甲类格式，乙类的受祭对象多为单一的或一个集合名词（如上举第19辞）。上文中的"A壬"均出现在乙类格式中，所以当视为一个词。"商代王族不问性

别,在死后都用十天干之一作为庙号"①,因此可初步判定"A 壬"属商王族。

"祷年"卜辞中的受祭对象有自然神,也有人神。人神分三类:第一,先王:王亥、夒、上甲、示壬、大乙、大甲、祖乙、祖辛、祖丁、武丁等,均为"武丁"之前的祖先,且都是直系先王;第二,先妣:妣庚;第三,先公:伊尹。这样来看,"A 壬"很可能属于商先王之列。"A 壬"为商之先王却未见于《史记·殷本纪》是何因?董作宾先生曾指出:"卜辞中帝王名称,日干上一字,多与后世所传者异,如示之与主,虎之与沃,羌之与阳,康之与庚,皆是。"②"先王的庙号,有因时代而异的,有因祭法不同而异的,有一王数名的。"③ 所以我们推测"A 壬"或许为"三壬"中某壬的别称。由于现在所见材料有限,所以这还只能是一种假说。

(2)、(7)、(8)中的"A"也都是作为祭祀对象出现的。吴其昌先生曾指出 (7) 中的"A"似为一人名,(2) 意将谓于此名"A"之人而禘祭。④ 吴先生对这两条卜辞中"A"的理解应是准确的。我们先看吴先生没有提及的 (8)(图2)。(8)应在"羊"字后面点断,此前为命辞部分。这条卜辞贞问的焦点当为"A 唯羊",也就是说,&#x20;示从"上甲"开始进行祷祭,祭祀时所用的祭牲为"牛"是已定的,而是否只有"A"用羊是 (8) 所要贞问的重点。最后验辞中记录在祭祀时"A"用的是羲。从这种表述来看,"A"应是包含在"祷自上甲"这个祭祀序列之中的。在祷祭卜辞中,"上甲"较少与旁系先王合祭,所以"A"也当属直系先王之列,这点由 (7) 辞亦可证明。(7) 又见于《后》上 28.6 (见图3),由《后》上的拓本可以看出,"十牢"上方的残笔"&#x20;"虽无法确定是哪个字,但绝不会是旧以为的"示"字,因此用"十牢"的这个受祭对象应该是一个具体的先王,或如"二壬"这类

---

① 陈梦家. 殷虚卜辞综述 [M]. 北京:中华书局,1956:385.
② 董作宾. 甲骨文断代研究例 [G]//庆祝蔡元培先生六十五岁论文集(上册). 中央研究院,1933:332-333.
③ 陈梦家. 殷虚卜辞综述 [M]. 北京:中华书局,1956:444.
④ 吴其昌. 殷虚书契解诂 [M]. 武汉:武汉大学出版社,2008:340;又收入甲骨文字诂林 [M]. 北京:中华书局,1996:1775.

的集合名词。"A"后的"它示三牢",足证"A"不在"它示"之列,而"它示"所指多为旁系先王,故"A"不在旁系先王之列。

综上,"A"与"A壬"用字相同,且均属商先王之列,故二者应是一人,即"A"为"A壬"之省称。上文所论均据现已公布的材料,希望随着材料的整理与公布,会给我们的研究提供更多的论据支撑。

图 2 《合集》14358　　图 3 《后》上 28.6

(本文原载《古文字研究》第 32 辑,北京:中华书局,2018)

# 《切韵》韵母表排列法研究*
## ——兼论构拟主要元音的五个途径

冯 蒸

现代汉语历史音韵学的研究始于瑞典著名汉学家高本汉。他的《中国音韵学研究》(1915—1926，汉译本，1940)对《切韵》[①]音系首次做了全面的研究。在韵母部分，他对《切韵》的每个韵系都做了音值的构拟，最后提出了他的《切韵》韵母表，创立了所谓的"高本汉模式"。这个模式在音韵学界有广泛影响，高氏可以说是提出现代语言学意义上的《切韵》韵母表的第一人。

高氏之后，一些中外学者从不同的角度对《切韵》音系也做了全面研究，在排列韵母表时根据他们自己的观点，分别提出了对《切韵》韵母表的排列方式。笔者认为，到目前为止，有代表性的模式共有五家，按照时间顺序，分别是：高本汉模式(1915—1926，汉译本，1940)、赵元任模式(1941)、李荣模式(1952/1956)、马丁模式(1953)和蒲立本模式(1983)。

以上五家可以分为两大类：一类叫传统型，指的是用传统等韵学的术语分类加上《切韵》的韵部而形成的模式，高本汉、赵元任、李荣三家属于此型；另一类叫创新型，指的是用带有具体音值的韵母结构名称(介音、主要元音、韵尾)表现《切韵》韵母表的模式，马丁、蒲立本二家属于此型。以上二派五家的《切韵》韵母表，多有不同，各有特点，值得我们认真研究。

---

\* 本文是2017年度国家社科基金重大项目"北京方言形成的历史音韵层次研究"(项目编号：17ZDA312)研究成果。
① 原书为《广韵》，下文统称为《切韵》。

至于哪种排列法能够反映《切韵》音系的本质特征，我们的评价原则是：其一，从整体上考察诸家韵母构拟的排列方式，个别韵系的构拟是否正确，暂不包括在本文的评述范围内；其二，诸家《切韵》韵母表的排列原则、排列方法如何、有何特色；其三，诸家的模式是否全面展示了《切韵》韵母的本质特征；其四，何种排列法最简明、易晓，能够在最大程度上反映《切韵》韵母的全貌。

下列两种情况不在本文研究之列：第一，没有拟音的中国传统音韵学家（如陈澧、黄侃）的《切韵》韵母表；第二，完全按照《切韵》的韵目顺序仅仅依次加上现代学者的拟音（如王力，1957/1958），并未能够按照韵母本身的特点加以排列，本文不论。

《切韵》的韵母结构包括韵头、韵腹和韵尾三部分。从诸家已有的结果来看，除了祭泰夬废四韵是否带有辅音韵尾还可再研究外，韵尾的构拟基本上已无争议；其次是韵头（介音）的构拟及其分布规律，无论是 i 介音还是 u 介音，虽还有少许争议，但已分歧不多，后来又有学者提出了《切韵》的二等韵有介音 r 或其变体；目前争议最大的是韵腹（主要元音），各家的构拟不但音值、分布不一，而且数量不一，迄无共识。故本文着重对韵腹的问题加以探讨，并尝试谈一下解决这个问题的五个可能途径。

今后对《切韵》音系无论是重新进行全局性的构拟还是个别韵系的拟音修订，都必须具有全局性和系统性的观点，才能够最大限度地反映《切韵》音系的本质特征，而这些都离不开借鉴已有的《切韵》韵母表排列模式。

本文的价值有二：其一，首次系统评述了当前最有代表性的五家《切韵》韵母表的特点，提出了《切韵》韵母表排列法的标准，希望有助于《切韵》音系韵母本质特征的研讨；其二，提出了探索确定《切韵》韵母主元音的五个途径，这应该是今后《切韵》韵母主元音构拟的主要方向。

## 一、《切韵》韵母表五种排列法之一：传统型

### （一）论高本汉模式（1915—1926/1940）

带有拟音的《切韵》音系韵母表，是由瑞典著名汉学家高本汉（Bernhard Karlgren，1889—1978）首次提出，见于他的名著《中国音韵学研究》

（1915—1926/1940）一书。他在该书中首次全面给出了由其构拟的《切韵》韵母表，可以看出该表是以传统音韵学的"摄+开合+等+韵部"四位一体的形式呈现的。换言之，这个模式就是把《切韵》系韵书的韵部与传统等韵图的三个相关术语结合而形成的韵母表，下文简称为"高本汉模式"。

为什么说高本汉是首位提出《切韵》韵母表的学者，而不是中国传统音韵学家呢？因为如果不对《切韵》音系进行全面拟音的话，仅用《切韵》的韵部和等位、开合表示，看不见音值，还不能认为是现代语言学意义上的韵母表，而一旦给《切韵》全书的韵部做了音值的构拟，那么音标符号就可以把韵母的整个结构"韵头+韵腹+韵尾"一览无余地清晰展现出来了，传统音韵学家则无法做到这一点。虽然中国传统学者在研究整理《切韵》的韵母系时，也运用了"摄·开合·等·韵部"的模式（如陈澧、黄侃），但由于没有使用音标符号加以标示，读者对"摄·开合·等·韵部"的认识是模糊的，仅有音类的概念，而无法准确获知音值的信息。读者无法从音值角度看懂什么是"摄"，什么是"开合"，什么是"等"，什么是"韵部"，更不用说有学者引进了传统等韵学术语"转"的概念后，"转"的语音含义是什么等更为复杂的传统音韵学术语了①，我们推测传统音韵学家在排列《切韵》的韵母表时，其本人对音值可能有某种认识，但由于没有使用国际音标标音，几乎完全无法让读者获知其细节，这当然是时代原因使然。所以，本文把高本汉列为提出《切韵》韵母表排列模式的第一人。

高本汉的《切韵》韵母表，见于《中国音韵学研究》"第三卷：历史上的研究"的"第十七章 古代韵母的拟测"中②，这里高氏分摄，分开合、等位逐项列出《切韵》的韵母音值，先列舒声，再列入声，以平赅上去。高氏的韵母表看起来并不醒目，而且竟有9页之多，难以迅速一览无余地了解《切韵》韵母表的全貌。为了明晰起见，有学者把高氏的这种逐条罗列式的做法以简表的形式表现出来，代表性的归纳有两家，李荣在《切韵音系》第五

---

① 高本汉没有涉及术语"转"的音韵内涵问题。
② 高本汉. 中国音韵学研究 [M]. 赵元任，罗常培，李方桂译. 上海：商务印书馆，1940：528 – 536.

章"高本汉的切韵音"中列有其整理归纳的高本汉韵母表①；此外，李方桂先生的《上古音研究》（1978/1980）亦列有高氏的韵母表②。两家的简表基本上是根据高氏上述的结果而在排列方式上稍作改动，看起来十分明晰。下文我们就以李荣先生列出的高氏韵母表作为高氏模式的代表（见表1）。

表1 高本汉构拟的《切韵》韵母表
（拿平声包括上去入三声；-m，-n，-ŋ，包括-p，-t，-k）

| 摄 | 开口 | | | | | 合口 | | | | | |
|---|---|---|---|---|---|---|---|---|---|---|---|
| | 一 | 二 | 三α | 三β | 四γ | 一 | 二 | 三α | 三β | 四γ | |
| 止 | | | 支 jie̯<br>脂 ji<br>之 ji | 微 je̯i | | | | 支 jwe̯<br>脂 jwi | 微 jwe̯i | | |
| 蟹 | 泰 âi<br>咍 ɒ̯i | 夬 ai<br>佳 ai<br>皆 ǎi | 祭 iä̯i | 废 i̯ei | 齐 iei | 泰 uâi<br>灰 wâi | 夬 wai<br>佳 wai<br>皆 wǎi | 祭 iwä̯i | 废 iwei | 齐 iwei | 开合韵 |
| 臻 | 痕 ən | | 真 i̯ěn<br>臻 i̯ɛn | 欣 i̯ən | | 魂 uən | | 谆 iu̯ěn<br>真 iwěn | 文 iu̯ən | | |
| 山 | 寒 ân | 删 an<br>山 ǎn | 仙 iän | 元 Ien | 先 ien | 桓 uân | 删 wan<br>山 wǎn | 仙 iwän | 元 Iwen | 先 Iwen | |
| 果 | 歌 â | | | | | 戈 uâ | | 戈 iwa | | | |
| 假 | | 麻 a | 麻 ia | | | | 麻 wa | | | | |
| 宕 | 唐 âŋ | | 阳 iaŋ | | | 唐 wâŋ | | 阳 iwaŋ | | | |
| 曾 | 登 əŋ | | 蒸 iəŋ | | | 登 wəŋ | | 职 iwək | | | |
| 梗 | | 庚 eŋ<br>耕 ɛŋ | 清 i̯ɛŋ | 庚 ieŋ | 青 ieŋ | | 庚 eŋ<br>耕 wɛŋ | 清 iä̯ŋ | 庚 iweŋ | 青 iweŋ | |

---

① 李荣. 切韵音系 [M]. 北京：科学出版社，1952：105.
② 李方桂. 上古音研究 [G] //（台湾）清华学报，新九卷一、二期合刊，1980：8-9.

续表

| 摄 | 开口 | | | | | 合口 | | | | | |
|---|---|---|---|---|---|---|---|---|---|---|---|
| | 一 | 二 | 三α | 三β | 四γ | 一 | 二 | 三α | 三β | 四γ | |
| 通 | | | | | | 东 uŋ<br>冬 uoŋ | | 东 i̯uŋ<br>锺 i̯woŋ | | | 独韵 |
| 江 | | 江 åŋ | | | | | | | | | |
| 遇 | | | | | | 模 uo | | 鱼 i̯wo<br>虞 i̯u | | | |
| 效 | 豪 âu | 肴 au | 宵 i̯äu | | 萧 ieu | | | | | | |
| 流 | 侯 ə̂u | | 尤 i̯ə̆u<br>幽 iĕu | | | | | | | | |
| 深 | | | 侵 i̯əm | | | | | | | | |
| 咸 | 谈 âm<br>覃 ậm | 衔 am<br>咸 ăm | 盐 i̯äm | 严 i̯em | 添 iem | | | | 凡 i̯wem | | |

对于高氏的这种模式，笔者认为其特色有如下五点。

**1. 总论**

高氏首次建立了现代语言学意义上的《切韵》韵母表排列体系，即以"摄·开合·等·韵部"及其拟音四位一体展示《切韵》音系的韵母结构，我们称之为高本汉模式，在汉语音韵学史上实有有划时代的意义。高氏所创立的"摄·开合·等·韵部"四位一体的模式是成功的，可以展示《切韵》韵母表的全貌。此后的音韵学家，或完全遵循高氏的模式，或在高氏的模式上加以改进，但不管怎样，这一模式正如董同龢先生所说，已成为中古音研究的基石。

**2. 关于"摄"**

高本汉模式中"摄·开合·等·韵部"四位一体中的"摄"，不是传统等韵图的16摄，而是13摄，摄序及并摄情况如下：（1）果（含假摄）；（2）止；（3）蟹；（4）咸；（5）深；（6）山；（7）臻；（8）梗（含曾摄）；（9）宕（含江摄）；（10）效；（11）流；（12）遇；（13）通。高氏的十三摄模式，笔者认为当是受到了《切韵指掌图》和《四声等子》韵图的影响，因为这两本书都是十三摄,非《切韵》时期的音韵结构。① 需要说明的是,虽然高氏对果/假,梗/曾,江/宕分别加以合并,但所合并各摄的所属韵在拟音上仍有区别,并不是等韵学中的所谓"内外混等"音变,并不是后来韵图的真正的并摄现象,所以李荣排列的高氏韵母表改列为 16 摄,表面上与高氏原表 13 摄不同,其实并不违背高氏的拟音。至于为什么是这样一个摄序,高氏没有说,笔者核对了《四声等子》、《切韵指掌图》、《经史正音切韵指南》和《等韵切音指南》四书,发现高氏的摄序与上列四书均不相同,所以上面的摄序当是完全出自高氏个人的安排,并未从历史文献上加以考虑。

### 3. 关于"开合"

开合的处理与摄分不开,高氏模式是以摄为纲,从开合口的角度看,高氏的摄序并不统一,因为开合韵摄与独韵摄高氏混排在一起,不是分别排列,以致眉目不清。李荣整理的高氏韵母表,把开合韵摄统一排在前,独韵摄排在后,条理井然,对理解《切韵》音系韵母的本质特征显然高出一筹。高表咸、深、效、流、遇、通六摄不分开合,其余七摄分开合,但"咸摄"的情况有点儿特殊。高氏既列咸摄不分开合,又在咸摄的凡韵加注云:"除合口外看不出它跟严韵还有什么分别。"可见高氏对"咸"摄开合的处理上,未免有点自相矛盾,因咸摄的情况也的确与其他开合韵摄不同,咸摄的一、二、四等均无开合口的对立,只在三等韵中才有,且只限于"严(开)、凡(合)"一对韵,这可能也是一种无奈之举,因为高氏的拟音只能如此排列,除非推翻高氏的拟音。后来其他学者在咸摄的开合排列上也有过与高氏同样的处理。李荣所列的高氏韵母表在排法上一仍高氏之旧,虽不违背高氏的原意,但在体例上不甚统一。

### 4. 关于"等和韵部"

在《切韵》的韵部位置问题上,高氏不是简单地照搬《切韵》韵部,按写一、二、三、四等的顺序排列一下即可了事,而是把韵部做了分类,特别是把《切韵》的三等韵与纯四等韵做了分类,分成了三等 α、三等 β 和四等 γ 三类,这也是高氏韵母表的重要特点之一。具体如下:

---

① 按:十三摄是把果假合并,江宕合并,梗曾合并。应是一种后起现象,《切韵》音系仍应以十六摄为准。

第一类（α），包括麻、支、脂、之、祭、侵、盐、仙、真、谆、清、蒸、阳、宵、尤、鱼、虞、东₃、锺等韵系。（举平以赅上去入，下同）；

第二类（β），包括微、废、严、凡、元、欣、文、庚₃等韵系；

第三类（γ），包括齐、添、先、青、萧等韵系。

中国传统音韵学多未能考虑到此点，虽然高氏的三等韵分类尚不甚正确，但其开创性意义不容否认。这种三等韵的进一步分类显然与主元音的类型有密切关系。

**5. 关于"重纽"**

高氏此表完全没有考虑到重纽问题，故未能在拟音上加以体现，以致未能展示《切韵》韵母的全貌。虽然根据现代学者的认识，重纽是介音的区别，与主元音无关，但也是一类独立的韵母，无疑应在韵母表中加以体现，这应该是高氏模式的重要缺点之一。

## （二）论赵元任模式（1941）

针对上述高本汉模式做出重要修正的是中国著名语言学家赵元任（1892—1982）。赵元任在《中古汉语的区别性特征与非区别性特征》（1941）一文中不但对高氏构拟的《切韵》音系做了诸多修正，在《切韵》韵母排列法上更做了重大调整，令人耳目一新。赵氏的《切韵》韵母排列法如下（见表2、表3）。

表2　赵元任模式（一）　　　　　　　　韵母：外转

| 摄/等 | 一等 | 二等 | 三等α | 三等β | 四等γ | 一等 | 二等 | 三等α | 三等β | 四等γ |
|---|---|---|---|---|---|---|---|---|---|---|
| 果假 | â | a | i̯a | i̯â | | uâ | wa | | i̯wâ | |
| 蟹 | ậi<br>âi | ai̯<br>ai<br>ai' | i̯äi | i̯ei | iei | uậi<br>uâi | wai̯<br>wai<br>wai' | i̯wäi | i̯wei | iwei |
| 效 | âu | au | i̯äu | | ieu | | | | | |
| 咸 | ậm<br>âm | ai̯m<br>am | i̯äm | i̯em | iem | | | | i̯wem | |
| 山 | ân | ai̯n<br>an | i̯än | i̯en | ien | uân | wai̯n<br>wan | i̯wän | i̯wen | iwen |

续表

| 摄/等 | 一等 | 二等 | 三等$_\alpha$ | 三等$_\beta$ | 四等$_\gamma$ | 一等 | 二等 | 三等$_\alpha$ | 三等$_\beta$ | 四等$_\gamma$ |
|---|---|---|---|---|---|---|---|---|---|---|
| 宕江 | âng | ång | i̯ang | | | uâng | | i̯wang | | |
| 梗 | | eng<br>ɛng | i̯äng<br>i̯eng | ieng | | | weng<br>wɛng | i̯wäng | i̯weng | iweng |

表 3　赵元任模式（二）　　　　　　　　　　　　　　　　韵母：内转

| 摄/等 | 一等 | 三等$_\alpha$ | 三等$_\beta$ | 一等 | 三等$_\alpha$ | 三等$_\beta$ |
|---|---|---|---|---|---|---|
| 遇 | | | | uo | i̯wo<br>i̯u | |
| 止 | | i<br>i:<br>iě | i̯əi | | i̯wi<br>i̯wiě | i̯wəi |
| 流 | əu | i̯əu<br>i̯ěu | | | | |
| 深 | | i̯ɐm | | | | |
| 臻 | ən | iěn<br>i̯ɐn | i̯ə̣n | uən | i̯wěn<br>i̯wɐn | i̯wən |
| 曾 | əng | i̯əng | | uəng | i̯wək | |
| 通 | | | | ung<br>uong | i̯ung<br>i̯wong | |

笔者将赵氏的上述排列法简称为"赵元任模式"。由表 2、表 3 可知，赵元任模式的最大特点是"转、摄、开合、等、韵部"的五级分类模式。除了"转"是赵先生的创造性运用外，其后四项基本上与高本汉相同，下面笔者对该模式的"转"、"摄"、"等+韵部"和"唇音轻化"四项内容加以评述。

**1. 转**

等韵学术语"转"有传统解释和现代语言学家解释两种模式。赵先生显然取的是现代语言学家的解释。我们先看传统等韵学家对"转"的解释。

《四声等子》之"辨内外转例"云：

内转者，唇舌牙喉四音更无第二等字，唯齿音方具足；

外转者，五音四等都具足。今以深曾止宕果遇流通括内转六十七韵，江山梗假效蟹咸臻括外转一百三十九转。

《切韵指掌图》"检例"之"辨内外转例"云：

内转者，取唇舌牙喉四音更无第二等字，唯齿音方具足；
外转者，五音四等都具足。旧图以通止遇果宕流深曾八字括内转六十七韵；江蟹臻山效假咸梗八字括外转一百三十九韵。

刘鉴《经史正音切韵指南》末附"玉钥匙门法"云：

内外者，谓唇牙喉舌来日下为切，韵逢照一，内转切三，外转切二，故曰内外。如古双切江，矣殊切熊字之类是也。

在《四声等子》和《切韵指掌图》中，"内外"只是辨明内外八转而已，所谓"外转"者，是指韵图的"江山梗假效蟹咸臻"八摄，"内转"者，是指韵图的"深曾止宕果遇流通"八摄，而内外转的辨别则是以有无独立二等韵作为依据，也就是说"外转"的八摄中有独立的二等韵，"五音四等都具足"；"内转"的八摄中没有独立的二等韵，唇舌牙喉四音中都没有第二等字，只有齿音才有。这种传统说法大致是以有无独立二等韵为标准区分内外转。以上几种资料的说法也不甚一致，这里不再加以辨析。

最值得注意的是罗常培先生的《释内外转》，该文从现代语言学角度对内外转加以解释，令人耳目一新。罗说一方面继承自江永以来的说法，另一方面发挥日人大岛正健及大矢透的见解，主张"内转外转当以主要元音之弇侈而分"，并依其见解将内转八摄和外转八摄略作更动，内转少了果摄、宕摄，加了臻摄，共是七摄；外转少了臻摄，加了果摄、宕摄，共是九摄。最后具体说明内外转之分别："内转者，皆含有后元音 [u] [o]，中元音 [ə] 及前高元音 [i] [e] 之韵；外转者，皆含有前元音 [e] [ɛ] [æ] [a]，中元音 [ɐ] 及后低元音 [ɑ] [ɔ] 之韵。"另外还画了一个"内外转元音分配图"，在图中画了一条虚线，说明"线 以上之元音较后而高，后则舌缩，高则舌弇,故谓之内;线以下之元音较前而低,前则舌舒,低则口侈,故谓之外"。不过,罗氏将内转八摄、外转八摄的情况改为内转七摄、外转九摄,与传统说法不一致,完全否定了门法中的说法。而且,有学者指出,就元音发音时的开口度大小来作为内外转的区别,亦有未妥之处。

传统说法不是语言学上的解释,显然无法用于《切韵》韵母排列表中。而罗常培先生的新解释,虽然仅根据的是高本汉一家的《切韵》韵母拟音,但显然是从《切韵》韵母主元音类型的角度加以考虑的,试图发掘出"内外转"的本质语音特征,我们认为这一方向是值得肯定的。现代语言学家对舌面元音的描写,通常是从元音舌位图的高低、前后和唇的圆展度加以分析,同时也从口腔的开口度与舌位高低的对应关系上加以考虑。罗先生的解释正是综合了舌位和开口度这两个方面的特征来解释"内、外"转,其语言学意义显然不容忽视。所以我们的意见是:韵图所谓内转指"通止遇果宕曾流深"八摄,外转指"江蟹臻山效假梗咸"八摄。大体上以有无独立二等韵为根据,假使要解释等韵门法,当从旧说。但要探其本来的语音结构,则当从罗说。不难看出,罗先生的说法涉及主元音的类型问题,为从主元音角度排列《切韵》的韵母系统提供了一个新的视角和契机。赵元任模式正是承用此说来排列《切韵》韵母表的一种新尝试。这种尝试不管是否完美,但已直接触及《切韵》韵母主元音的本质特征三要素"类型、数量、分布",是一次可贵的新尝试,与后来的蒲立本模式颇有某种相似之处。

笔者还想说明的是,赵元任模式采用罗常培对内外转的解释,是内七摄、外九摄,虽然有学者对罗说并不满意,但赵先生对罗先生用主元音的类型解释内、外转,似乎一直深信不疑,因为此前(1936年10月)赵先生在中央研究院历史语言研究所曾作报告,并发有油印纲要,题目是《方言中的内外转》。这个油印报告笔者未见,此处据周法高转述[1]。另外,在赵先生主撰的《湖北方言调查报告》(1948)解释一些湖北方言发生的照二化精音变的时候,均运用了"内外转"的理论,赵元任先生敏锐地观察到这个现象与"内外转"有关,赵先生从方言上的现象说明两者性质的不同,实在令人敬佩。

---

[1] 详见周法高. 古音中的三等韵兼论古音的写法[G]//中央研究院历史语言研究所集刊(第19本),1948:203-233.

所以"内外转"作为一个语音条件当无可疑，把它作为划分元音类型的一个标准也应是可行的。

但由于高本汉构拟的《切韵》韵母的音值尚有诸多未妥之处，导致罗先生归纳的内外转内涵的语音学标准尚有缺陷。如上文所述，如果能够吸收近年来学者们对高氏《切韵》拟音的修正意见，那么有可能内外转的元音类型含义或更准确与明晰。其作为划分中古元音类型的一项标准，应该是可能的。

赵元任模式一方面可以说是基本上接受了高本汉《切韵》韵母表四级排列法的主要内容，另一方面又对高氏的韵母表排法做了重大修改和调整，该模式首次建立了"转、摄、开合、等、韵"五级排列法体系，虽然表面上只是增加了一层"转"，但这一层却触及了高本汉拟音体系的本质特征，即高氏构拟的《切韵》音系主元音的"类型、分布、数量"三要素，这无疑有重要意义。这种思想也可以从赵元任指导的学生马丁（Samuel Martin）的学位论文《中古汉语的音位》（1953）一文中透视出来，我们认为其意义非常重大。著名音韵学家周法高先生的《切韵》韵母排列法虽有几次调整，但他完全接受了赵氏的"五级排列法"的观点，仅仅在重纽问题上做了若干补充。

**2. 关于"摄"**

由于赵氏的"转"与"摄"直接相关，赵先生按照罗常培先生对"转"的现代语言学解释来排列《切韵》的韵母表，内外转所含的摄数当然与传统等韵学家的数量不合，但也与高本汉的摄数不一致。高氏是 13 摄，而赵氏模式是 14 摄，其 14 摄有同于高氏者，即果假二摄合并，宕江二摄合并，置于外转，与高本汉不同的是不采纳高氏的梗曾合并说。而是把二摄分开，梗摄置于外转，曾摄置于内转。

**3. 关于"等"与"韵部"**

赵氏也是一仍高氏之旧，三等韵分为 α、β 两类，四等韵称为 γ。应该指出，高氏对《切韵》三等韵的这种二分法是不妥的，因为高氏不知道他的三等 β 还牵涉重纽韵的问题，赵氏之所以仍之，一方面是因为该文的研究重点并不在三等韵的分类。另一方面，还需要考虑到赵氏此文的发表时间是 1941 年，那时重纽问题刚刚发现，远未取得共识，所以赵氏未能涉及，我们不应苛求。目前三等韵的标准分类应是李荣模式。

### 4. 轻唇十韵的拟音与元音类型说

赵元任模式的一个重要特点是提出了对唇音轻化说的新解释，这在赵氏的《切韵》韵母拟音表上表面上不易看出，实际上非常重要。赵氏认为，中古的唇音轻化是韵母的主元音是央、后元音。根据这个理论，赵先生对高本汉的幽韵和微韵拟音上做了修正，详见下文。马丁模式完全接受了赵氏的理论。直接接受赵氏模式的是著名音韵学家周法高（1968），兹不赘述。

### （三）论李荣模式（1952/1956）

针对高本汉的《切韵》拟音及韵母排列模式同样做出重要修正和改进的是著名音韵学家李荣（1920—2002）。李荣的模式出现在赵元任之后，见于他的名著《切韵音系》（1952，修订本1956），从此书中可知，李氏非常熟悉赵氏韵母表的排列特点，但是他显然没有采用赵氏的"转、摄、开合、等、韵部"的五级分类模式，而是仍然直接接受高本汉的四层说模式而加以改进。所以我们说他的体系不是承赵氏而来，而是承高氏而来。李氏的《切韵》韵母排列表如下（见表4），下文简称为"李荣模式"。

**表4 李荣《切韵》韵母表**
（拿平声包括上去入三声；-m，-n，-ŋ，包括-p，-t，-k）

| 摄 | 一 | 二 | 子 | 丑 | 寅 | 四 |
|---|---|---|---|---|---|---|
|  |  |  | 开 口 |  |  |  |
| 止 |  |  | 微 iəi | 之 iə | 支 ie<br>脂 i |  |
| 蟹 | 泰 âi<br>咍 ɐ̂i | 夬 ai<br>佳 ä<br>皆 äi | 废 iɐi | 海 iəi<br>齐 iei | 祭 iäi | 齐 ei |
| 臻 | 痕 ne |  | 殷 iən |  | 真 iĕn<br>臻 iĕn |  |
| 山 | 寒 ân | 删 an<br>山 än | 元 iɐn |  | 仙 iän | 先 en |
| 果 | 歌 â |  | 歌 iâ |  |  |  |
| 假 |  | 麻 a |  |  | 麻 ia |  |
| 宕 | 唐 âŋ |  | 阳 iɐŋ |  |  |  |
| 曾 | 登 ŋe |  |  |  | 蒸 iŋe |  |

续表

| 摄 | 一 | 二 | 子 | 丑 | 寅 | 四 |
|---|---|---|---|---|---|---|
| | | | 开 口 | | | |
| 梗 | | 庚 ɐŋ<br>耕 æŋ | 庚 iɐŋ | 清 iæŋ | | 青 eŋ |
| | | | 独 韵 | | | |
| 通 | 东 uŋ<br>冬 oŋ | | | 东 iuŋ<br>锺 ioŋ | | |
| 江 | | 江 åŋ | | | | |
| 遇 | 模 o | | | 虞 io<br>鱼 iå | | |
| 效 | 豪 âu | 肴 au | | | 宵 iäu | 萧 eu |
| 流 | 侯 u | | | 尤 iu<br>幽 iɐu | | |
| 深 | | | | | 侵 iəm | |
| 咸 | 谈 âm<br>覃 ɐm | 衔 am<br>咸 ɐm | 严 iɐm<br>凡 iuɐm | | 盐 iäm | 添 em |
| | | | 合 口 | | | |
| | | | 微 iuəi | | 支 iuə<br>脂 ui | |
| 泰 uâi<br>灰 uɐi | 夬 uai<br>佳 uä<br>皆 uäi | 废 iuɐi | | 祭 iuäi | | 齐 uei |
| 魂 uən | | 文 iuən | | 真 iuěn | | |
| 寒 uân | 删 uan<br>山 uän | 元 iuɐn | | 仙 iuän | | 先 uen |
| 歌 uâ | | | 歌 iuâ | | | |
| | 麻 ua | | | | | |
| 唐 uâŋ | | | 阳 iuaŋ | | | |
| 登 uəŋ | | | 职 iuək | | | |
| | 庚 uɐŋ<br>耕 uäŋ | 庚 iuɐŋ | 清 iuäŋ | | | 青 ueŋ |

附注：合韵除灰、魂、文三部外，帮字组以开口论。

寅类韵表上谨列 A 类；脂 B 开是 [ji]，脂 B 合是 [jui]，其他各韵逢 B 类 [i] 介音改 [j]。

李荣模式的最大特点是表现在"摄""开合韵/独韵"与"等与韵部"三项内容上，现依次分别讨论如下。

**1. 关于摄**

李氏采用的是中古 16 摄体系，不是高本汉模式的 13 摄体系，也不是赵元任模式的 14 摄体系，笔者认为这样处理是非常正确的。

**2. "开合韵/独韵"体系的系统提出**

此为李荣模式的一大特色。我们知道，"开合韵/独韵"体系可以溯源至宋元等韵图的《切韵指掌图》和《经史正音切韵指南》二书，但李氏的"独韵/开合韵"体系则又与此二图不完全相同，详见李荣①和冯蒸②的论述。这个问题的语音本质，既涉及中古韵母结构的合口介音问题，又涉及部分韵系的主要元音的问题，因而异常重要。李氏提出的把中古韵摄先行按照"独韵/开合韵"的标准进行分类，与高本汉每摄之下分开合的做法并不相同。在摄的下面每韵分开合，这是《韵镜》《七音略》派韵图的做法，而在摄的上位先分独韵/开合韵，是《切韵指掌图》和《切韵指南》的做法，虽然表面上一个是在"摄"的下位，一个是在"摄"的上位，但在摄的上位的"独韵/开合韵"明确区分了介音开合与韵腹开合的问题，二者性质并不相同，这一分类体系可以说在《切韵》韵母表的排列体系中独树一帜，在一定程度上可以反映《切韵》韵母表的本质特征，至今影响深远。

笔者认为李先生在韵母表中引入"独韵/开合韵"一对概念，就是想澄清长期在音韵学界中古音研究中对"开合"术语概念模糊不清的问题。早期宋、元等韵图《韵镜》及《七音略》的"开合"，既指韵头，也指韵腹，概念并不清晰。李荣根据《切韵指掌图》和《经史正音切韵指南》的有关论述，明确把"独韵/开合韵"的"开合韵"确定为是韵头（介音）-u-的有无问

---

① 李荣．切韵音系[M]．修订本．北京：科学出版社，1956：129-137.
② 冯蒸．论《切韵》的"开合口"与等韵的"独韵/开合韵"——《切韵》音系构拟商榷之一[G]//语言（第三卷）．北京：首都师范大学出版社，2002：207-231.

题，有 –u– 的是合口，无 –u– 的是开口，均指的是介音。至于主元音的 –u– 或不能区分开合的其他韵腹问题，则一律归为"独韵"，这样"开合"韵的韵摄有 9 摄，即：止、蟹、臻、山、果、假、宕、曾、梗。独韵 7 摄，即：通、江、遇、效、流、深、咸。李先生在《切韵音系》第八章"韵母的讨论"第一节有专节深入讨论"独韵和开合韵"，足见此问题之重要。由于李先生在《切韵》韵母表中首次引入了"独韵/开合韵"的概念把 16 摄分为两大类，使整个《切韵》韵母表简明易晓，焕然一新，并为后来的《切韵》音系研究者所沿用（如邵荣芬的《切韵研究》等是）。

但是高本汉在咸摄三等韵遗留的严凡二韵系的开合对立问题，在李荣模式中依然存在，这种既把咸摄认为是独韵，又保有严凡的开合对立，未免自相矛盾。后来邵荣芬在《切韵研究》中就认为严凡的开合对立不可信，尚待进一步研究。

**3. 关于"等与韵部"**

李氏韵母表的一、二、四等韵与传统无异，其特色表现在把三等韵分为"子、丑、寅"三类。这三类的划分是严格按照以中古音的声韵配合关系为标准划分的，三等子类包括：微，废，殷，元，庚$_三$，严，凡 7 个韵系；三等丑类包括：之，海$_三$，齐$_三$，歌$_三$，麻$_三$，阳，蒸（合口职），清，东$_三$，锺，虞，鱼，尤，幽 14 个韵系；三等寅类包括：支，脂，祭，真（臻），仙，宵，侵，盐 8 个韵系。今音韵学界通常把李氏的三等子类称为"纯三"（纯三等韵），或称 $C_1$ 类；三等丑类称为"普三"（普通三等韵），或称 $C_2$ 类，三等寅类称为"重纽韵"，有学者又进一步把重纽韵分为重纽三等韵（通称为 B 类）与重纽四等韵（通称为 A 类）。这三类基本上已为音韵学界所普遍接受，不但修正了高本汉三等韵分为 α 和 β 二类的诸多不妥，虽个别韵系的归类尚可商榷（如把"庚$_三$"归入子类未妥），但这一格局已成为今天构拟中古音三等韵元音类型的重要参考。我们目前虽然还不能准确说出子、丑、寅三类三等韵的元音类型特征，但这三类元音迥然有别则无可置疑，其功实不可没。

综上合来看，上述二、三两点可以认为是《切韵》韵母表排列法的李荣模式对中古音的一个巨大贡献。

## 二、《切韵》韵母表五种排列法之二：创新型

### （一）论马丁模式（1953）

美国学者马丁（Samuel E. Martin, 1924—2009）是赵元任先生的学生，他的《中古汉语的音位》（The Phonemes of Ancient Chinese, 1953）一书是其硕士学位论文，在赵元任先生指导下完成，所以他的研究成果颇受赵元任《中古汉语的音韵区别》（1941）一文的影响。但是其对《切韵》音系的处理方法又与赵氏颇有不同，而且对后来的《切韵》韵母表排列方式影响很大，有必要专门加以讨论。

由于马丁氏是从音位学角度来处理《切韵》的韵母系统，虽然音值的构拟很大程度上根据高本汉和赵元任二家的《切韵》拟音，但也有自己的新构拟，且处理方法不同。概括来说，他是用二张表来表示《切韵》的韵母系统，所以形式新颖、别开生面，与此前的高本汉、赵元任模式均迥然有别，下文称之为"马丁模式"。我们称其音节结构表为"马丁模式（一）"（表5），主元音分布表为"马丁模式（二）"（表6）。

**表5　马丁模式（一）音节结构表**

| 声母 | | 韵母 | | | | |
|---|---|---|---|---|---|---|
| | | 介音 | | 主要元音 | 韵尾 | 声调 |
| q<br>m<br>l<br>ng | | | | | - | 1 |
| -<br>p<br>k<br>t, tj<br>c, cj,<br>cr<br>s, sj,<br>sr | h | -<br><br><br>i | -<br><br><br>u | *<br>e<br>ə<br>ɛ<br>a<br>ɑ | p<br>t<br>k<br>m<br>n<br>ng<br>i<br>u | 2<br><br>3<br><br>4 |
| n | ɦ<br>- | | | | | |

表6 马丁模式（二）主元音分布表

|  |  | -i | -u | -m | -n | -ng | - |
|---|---|---|---|---|---|---|---|
| /*/ | - | - | - | - | - | 东₁ | - |
|  | u - | - | - | - | - | 冬 | 模 |
|  | iu - | 脂 | - | - | 谆,真 | 锺 | 鱼 |
|  | i - | 脂,之 | 幽 | - | 真,臻 | 东₃ | 虞 |
| /ə/ | - | 咍 | 侯 | 覃 | 痕 | 登 | - |
|  | u - | 灰 | - | - | 魂 | 登 | - |
|  | iu - | 微 | - | - | 文 | 职 | 支 |
|  | i - | 微 | 尤 | 侵 | 欣 | 蒸 | 支 |
| /a/ | - | 皆 | - | 咸 | 山 | 庚₂ | - |
|  | u - | 皆 | - | - | 山 | 庚₂ | - |
|  | iu - | 废 | - | 凡 | 元 | 庚₃ | - |
|  | i - | 废 | - | 严 | 元 | 庚₃ | - |
| /ɛ/ | - | 佳,夬 | 肴 | 衔 | 删 | 江 | 麻 |
|  | u - | 佳,夬 | - | - | 删 | - | 麻 |
|  | iu - | 祭 | - | - | 仙 | 清 | - |
|  | i - | 祭 | 宵 | 盐 | 仙 | 清 | 麻 |
| /ɑ/ | - | 泰 | 豪 | 谈 | 寒 | 唐 | 歌 |
|  | u - | 泰 | - | - | 桓 | 唐 | 戈₁ |
|  | iu - | - | - | - | - | 阳 | 戈₃ |
|  | i - | - | - | - | - | 阳 | 戈₃ |
| /e/ | - | - | - | - | - | 耕 | - |
|  | u - | - | - | - | - | 耕 | - |
|  | iu - | 齐 | - | - | 先 | 青 | - |
|  | i - | 齐 | 萧 | 添 | 先 | 青 | - |

纵观马丁的《切韵》韵母系统，计介音四：o，i，u，iu；主要元音六：*，e，ə，ɛ，a，ɑ；韵尾六（实为九）：-m，n，ng（含 -，p，t，k，），i，u。o。马丁的表格（表5、表6）为诸家模式所无，是其创新之处。下面笔者

对马丁模式的两个表分别做一讨论。

表5是作者认定的《切韵》音系的音节结构表，其声母部分因与本文无关，从略；韵头和韵尾均诸家一致，其中主元音是6个，给笔者的印象最为深刻，详见下文。表6可以说是马丁模式的《切韵》韵母表。显然，其排列模式与高本汉、赵元任、李荣的表迥然不同。表6竖栏是以主要元音（韵腹）为纲，即以马氏的音位化的六元音为纲，横行以韵尾为纲，每个主要元音下面又分四行，表示介音，分别代表：一二等开口、一二等合口、三四等开口、三四等合口。在这个框架内填入《切韵》的韵母名称，不含入声共有92个韵母。可见该表完全是以现代音韵理念的"韵头、韵腹、韵尾"为纲来展示《切韵》全书的韵母结构，6个主要元音与4个韵头、6个韵尾的相配情况一目了然，而不是如高、赵、李的以"摄"或"转"为纲，下辖开合、等、韵部的模式。从某种角度上来说，马丁模式等于在高本汉、赵元任拟音的基础上，把二者的模式彻底拆散打乱，把传统术语"转、摄、开合、等"换成相应的现代语音学术语：介音、主要元音、韵尾，再按照一个新的原则重新排列组合，就形成了这样一张新表，董同龢先生曾评论其模式为"拿音标变戏法"，也不为过，但其面貌焕然一新则是有目共睹。表6的优点是：（1）有利于直接探究《切韵》音系韵母结构的本质特征；（2）主要元音的数量、类型、分布规律一目了然，而这在传统模式中是难以看到的。在这个模式中，韵尾基本上没有问题，可不论，介音有些问题，这里也不必深究，唯有主要元音的问题最值得注意，是其亮点，但也问题最大。

限于篇幅和体例，这里不能够对马丁模式的6元音音位说做出详细评述，笔者认为他的6元音说从数量到标写法都有待进一步研究。如：他是如何具体归纳主元音音位的？《切韵》的主元音音位是不是6个？如果是6个，写法如何？从类型学角度如何评价这种音位化的标音法？凡此种种均需专门研究。但总的来说，相对于高本汉的《切韵》有15个主要元音说，这个6元音体系的确简洁明了，令人耳目一新，马丁的每个音位含有高氏所拟多个数量不等的严式音标拟音，他均视为音位变体（allophone，或译为同位音），无论如何，这种简洁化的音位标音法对于确定《切韵》主元音的数量、类型和分布，很有启示意义。

马丁归纳的《切韵》6元音音位是/*、ə、a、ɛ、α、e/。这里唯一需要说明的是/＊/音位，他没有写出具体明确的音值，仅用一个星号表示，对此作者说："/＊/高元音①。当后跟舌根音韵尾（ng）或不跟韵尾时是后（或许圆唇）元音；当前面又有/u－/时稍低一点，当后跟其他不是舌根音韵尾时是前元音；当后跟－i时可能比较高。"周法高先生说："用＊代表后高元音u，o及前高元音，而写不出一个适当的元音来，在分析音位方面固未尝不可如此，但在实际标写时便不合适了（作者也承认在实际标记时要把u，o写出来）。"②

总的来说，马丁模式以《切韵》音系的主要元音系统为纲列表，看其与韵头和韵尾的相配关系，这在此前的所有《切韵》音系研究者中未见有人做过，很有新意。但由于马丁氏的音位化处理完全是以高本汉的中古音构拟和赵元任的修正意见为依据，很多高氏的问题他仍然沿用，如高氏的中古拟音"脂之"二韵都拟作ji，马丁氏据高氏的拟音以求音位，自然也就无法区别它们了③，这些细节本文暂且不论。对于赵元任（以及马丁）对《切韵》韵母系统的音位化处理，高本汉本人一直持明确的反对意见（见高本汉，1954/1987），此处不赘。

### （二）论蒲立本模式（1983）

加拿大著名汉学家蒲立本（Edwin George Pulleyblank，1922—2013）对《切韵》韵母表的排列与前此诸家完全不同，他构拟的切韵韵母表见氏著《中古汉语》（1983）一书，本文称之为"蒲立本模式"（见表7）。

表7　蒲立本模式

| A 类 | | | B 类 | | |
|---|---|---|---|---|---|
| | | 模 ɔ | 脂 i, ji | 之 ɨ | |
| | | | 支 iǎ, jiǎ | 鱼 ɨǎ | 虞 uǎ |
| 麻 aʳ | 歌 aǎ [α] | | 麻 iaǎ | 歌 ɨaǎ | 歌 uaǎ |

---

① 原注：在一种实际的标记中，＊这个符号可简单地被省略。在这样的情形下，把＊ng，或许和 u＊ng 及 u＊各自写作 ong，uong 及 uo，似乎是合宜的。
② 周法高．论古代汉语的音位 [G]// "中央研究院"历史语言研究所集刊（第25本），1954：1-19.
③ 薛凤生．论等韵学之原理与内外转之含义 [J]．语言研究，1985（1）：38-56.

续表

| A 类 | | | | B 类 | | |
|---|---|---|---|---|---|---|
| 齐 ɛj | 皆 ɛʳj | 咍 əj | 灰 wəj | 微 ɨj | | 微 uj |
| | 佳夬 aʳj | 泰 aj | | 祭 iaj, jiaj | 废 ɨaj | 废 uaj |
| 萧 ɛw | | | 侯 ow | 幽 iw | | 尤 uw |
| | 肴 aʳw | 豪 aw | | 宵 iaw, jiaw | | |
| | | | | 蒸 iŋ, (northern ɨăŋ) | | |
| | | 登 əŋ | | | | |
| 阳 ɨaăŋ | | 唐 aăŋ | | | | |
| 青 ɛjŋ | 耕 ɛʳjŋ | | | 清 iajŋ, jiajŋ | | |
| | 庚 aʳjŋ | | | 庚 iajŋ (ˈiajŋ) | | |
| | | | 东 owŋ | | | 东 uwŋ |
| | | | | | | 锺 uawŋ |
| | 江 aʳwŋ | | 冬 awŋ | | | |
| 先 ɛn | 山 ɛʳn | 痕 ən | 魂 wən | 真 in, jin | 殷 ɨn | 文 un |
| | 删 aʳn | 寒 an | | 仙 ian, jian | 元 ɨan | 元 uan |
| 添 ɛm | 咸 ɛʳm | 覃 əm | | 侵 im, jim | | |
| | 衔 aʳm | 谈 am | | 盐 iam, jiam | 严 iam | 凡 uam |

  蒲立本的表分左右两栏，左栏是 A 类音节，右栏是 B 类音节，全表共横分八格，A 类 8 格，B 类 8 格，左右对称，共 16 格，但此 16 格并非对应于中古的传统 16 摄。A 类音节代表的是《切韵》的一、二、四等韵，B 类代表的是三等韵。全表共列出了《切韵》58 个韵系（举平以赅上去入）的具体分属情况，但实际上 A 类音节含 33 韵，B 类音节含 32 韵，共 65 韵系。所以会导致这种情况，与蒲氏的独特构拟思想和构拟体系有关，也与《切韵》音系本身的特点有关。下面笔者先列出 A、B 两类音节所含的韵摄和韵部名称及其韵尾特点表（表 8），再做说明。

表 8  蒲立本 A、B 类音节韵摄、韵尾分析

|  | A 类音节（33 韵） | B 类音节（32 韵） | 韵尾 |
|---|---|---|---|
| （一） | 遇（模）、假（麻）、果（歌_） | 止（支脂之）、遇（鱼虞）、假（麻₃）、果（歌₃歌合） | -φ |
| （二） | 蟹（齐皆佳夬哈泰灰） | 止（微微合）、蟹（祭废废合） | -j |
| （三） | 流（侯）、效（萧肴豪） | 流（幽尤）、效（宵） | -w |
| （四） | 曾（登）、宕（唐） | 曾（蒸）、宕（阳） | -ŋ |
| （五） | 梗（青耕庚₂） | 梗（清庚₃） | -jŋ |
| （六） | 通（东_冬）、江（江） | 通（东₃锺） | -wŋ |
| （七） | 臻（痕魂）、山（先山删寒） | 臻（真殷文）、山（仙元₃元合） | -n |
| （八） | 咸（添咸衔覃谈） | 深（侵）、咸（盐严凡） | -m |

表 8 所呈现的蒲氏构拟的《切韵》韵母表有如下一些特点。其一，全书根据《王三》195 韵的切韵韵目体系，不是《广韵》的 206 韵体系，所以没有桓、谆、戈等韵系。以平赅上去入，共有 58 个韵系。其二，区别了 8 个重纽韵（支、脂、祭、真、仙、宵、侵、盐）。其三，佳夬二韵系韵母拟音同。其四，3 个二/三等同韵（麻、庚）、一/三等同韵（东）的韵系其一、二等与三等分属两类音节类型。前者属于 A 类音节，后者属于 B 类音节。导致麻₂、麻₃；庚₂、庚₃和东_、东₃主元音不同。其五，痕（ən）/魂（wən），哈（əj）/灰（wəj）之别仍是开合口之别。其六，B 类音节的歌₃韵、微韵、废韵、元韵 4 韵系各分两类，一开一合。还有一些其他特点，因为本文是研究韵母的排列法，蒲氏的这些拟音细节不在这里详细论述。

要想了解蒲立本的中古音体系，即何为 A 类音节、B 类音节，必须从蒲氏此种分类的源头说起。A、B 两类音节本是蒲氏研究上古音时提出的理论，在汉语音韵学界影响很大。这里有必要简单说明一下 A、B 两类音节理论的来龙去脉。

按：《切韵》中的三等韵特别多，几占全部韵数的一半，应把音节分为三等和非三等两类。高本汉构拟《切韵》的三等韵有 -j- 介音。因此，有的学者设想在音节结构层面上来解决这个问题。蒲立本（1999）将汉语音节分为 A 类（不带 i 介音），B 类（带 i 介音），B 类三等韵拟为长元音，A 类非三等

韵拟为短元音的设想。后来郑张尚芳、斯塔罗斯金经研究也提出元音分长短，但长短在分等上与之相反，认为三等韵应为短元音（无标记）、非三等（一、二、四等）韵是长元音。蒲立本后又发表《中古汉语之甲乙类音节的上古由来》①，提出A、B两类音节是韵律对立的新看法，说一类是下降的声调落在前一个韵律单位（mora），另一种是上升的声调落在后一个韵律单位。以缅甸的Sizaŋ钦语为证。罗杰瑞（1994/2010）用是否有喉壁化作用（pharyngealization）区分A、B两类音节，指出该因素是音节特征，不是音段，用'C（C表示音节起始）标示喉壁化。

在"摄"这一层面，蒲立本的《切韵》韵母表排列的最大特点，既不是赵元任模式设立的"转"，也不是李荣模式设立的"独韵/开合韵"，而是A、B两类音节说。关于A、B两类音节特别是中古A、B两类音节的区别，最好的说明应该是蒲立本的研究，他在汉译本《上古汉语的辅音系统》的最后写了"写在《上古汉语的辅音系统》之后"，在这篇《后记》中，他写了关于中古汉语的两段话，现转引如下：

(d) 中古汉语

上文提到，《上古汉语的辅音系统》是从修正中古音开始的。我接受了高本汉构拟《切韵》的基本框架。做了进一步研究以后，我才明白这还只是很粗糙的修正。特别是我确信构拟工作必须分两部分进行，(1)《韵镜》的晚期中古汉语（LMC），代表唐代以长安方言为基础的标准音。(2) 以《切韵》为代表的早期中古汉语，代表前一阶段的士族标准语（Pulleyblank, 1970-1、1984、1991a）。与上古汉语有关的重要结论有：(1)《上古汉语的辅音系统》认为高本汉构拟的上古介音i（=j）应该取消，它在韵图、《切韵》中同样需要取消，而代之以A类和B类音节（见下一节）；(2) 从《韵镜》开始，韵图的摄同样反映官话和我为《诗经》构拟的两类元音a/ə；(3) 梗摄带腭化舌根音韵尾，我拟作-jŋ、-jk，通江两摄带唇化舌根音韵尾，我拟作-wŋ、-wk，说明与上古有同

---

① Pulleyblank, E. G., The Old Chinese Origin of Type A and B Syllables [J]. *Journal of Chinese Linguistics*, 1994 (22).

样类型韵尾辅音。

(e) A 类和 B 类音节

在高本汉的系统中为韵图三等韵构拟的 i 是根本性的错误（Pulleyblank, 1992），我定义了两种音节类型的基本对立，叫作 A 类音节（在其系统中不带 i 介音）和 B 类音节（在其系统中带 i 介音）。在《上古汉语的辅音系统》中我假设 B 类音节在上古带长元音，后来发生了复元音化，产生了 i。现在看来在《切韵》时代的区别好像是 A 类音节带中或低元音，B 类音节带高元音 i、ɨ、u 中的一个，或者后一个元音 a。因为 A 类音节与对应的 B 类音节在上古能够互相押韵，而在早期的中古汉语中却不能押韵，所以《切韵》的这种情况一定是上古和早期中古汉语之间音节结构的重大变化引起的。

我认为这是复元音化的结果，包括 B 类音节的声母之后出现了高央元音 ɨ，它或者出现在 a 之前，或者取代了元音 ə。在某些条件下，由于声母或韵尾的同化作用，或者前化作 i，或者圆唇化作 u。A 类音节并没有发生复元音化，而是由于各种语音条件不同主元音发生了变化。

A/B 两类音节的分裂一定是先前某种不同音节类型的对立造成的。很难找到这种分裂条件的确实证据，最好假设它是一种韵律的对立造成的，一种是下降的声调落在头一个韵律单位摩拉（mora），另一种是上升的声调落在后一个韵律单位摩拉。缅甸 Sizang（锡因）钦语可能是一种平行的现象（Pulleyblank, 1994a）。①

蒲立本模式把三等和非三等作为一种分类标准是一种新尝试，在某种程度上颇类似于赵元任模式的"转"，但二者显然并不相当。但蒲立本的韵律解释说并不令人信服。

---

① 蒲立本. 上古汉语的辅音系统 [M]. 潘悟云, 徐文堪译. 北京：中华书局, 1999：198-199.

## 三、关于《切韵》韵母排列法之我见

通过评述五家《切韵》韵母表的排列模式,笔者认为,较为理想的《切韵》韵母排列法应由三个表组成。但具体内容视实际研究结果而定。这三个表是综合了马丁模式与李荣模式而成,或能最大限度地展示《切韵》韵母的本质特征,具体如下。

一是表5:《切韵》音节结构表[马丁模式(表一)]。该表的价值在于能够展示中古汉语音节的全貌(展示业已拟测的中古音声母、韵头、韵腹、韵尾)。

二是表6:《切韵》主要元音与等位和韵尾配合表[马丁模式(表二)]。此表是以主要元音为纲来展示《切韵》的韵母,只见于马丁模式,是该模式的重要特色之一,可以让人一目了然地看出《切韵》的全部音位化的主元音与韵头和韵尾的相配关系。可以据此窥测出《切韵》韵母的主要结构特征。

三是表4:以独韵/开合韵为框架的《切韵》韵母表(李荣切韵韵母表)。此表是以-u-介音的有无为准来位置16摄,也就是统率《切韵》的全部韵母。符合中国传统音韵学的习惯。

以上三表均不可或缺,而且每张表都是既有拟音又有《切韵》的韵部名称。应该是排列《切韵》韵母较为理想的模式。蒲立本(1999)的中古音韵母表就是有两个表,即相当于此处的表6和表4。

## 四、论探索《切韵》韵母结构特征的五个途径

探讨《切韵》韵母排列法的最终目的,是要检讨何种模式最能够体现《切韵》音系韵母结构的本质特征。上述五种模式各有特点、各有所长,评价上述模式,主要原则是看在确立音节结构特别是韵母结构的大前提下,到底哪种模式更能体现《切韵》音系韵母结构的本质特征,具体来说有如下三点。

第一,《切韵》音系韵母的韵头有几个?是哪些?

第二,《切韵》音系韵母的韵尾有几个?是哪些?它们与主要元音的配合情况如何?

第三，最重要的是，《切韵》音系韵母的韵腹（即主要元音）的数量、类型与分布规律如何？

此中前两个问题争议不多，这里暂不讨论，下面笔者对第 3 个问题即《切韵》音系韵母的主要元音的数量、类型与分布情况进行探讨。

《切韵》音系韵母的主要元音问题最为复杂，笔者认为它包括主要元音的数量、类型与分布情况三项内容，迄未取得共识。导致未能取得共识的原因很多，笔者认为主要有下列五点（表9）。

表 9　影响《切韵》韵母主要元音性质的五个因素

| 主要元音<br>特性 | 条件 | | | | |
|---|---|---|---|---|---|
| | 转 | 独韵/开合韵 | 等 | 韵部（韵尾） | 音变 |
| 数量 | | | | √ | |
| 类型 | √ | √ | √ | | √ |
| 分布 | | | | √ | √ |

对于表头所列五项影响韵母主要元音性质的五个因素，现分别讨论如下。

**1. 转**

这是探索《切韵》主要元音性质的第一个途径。如前所述，罗常培最早对"转"的性质作了语言学探索，认为转与主元音类型有关，这一种解释得到了赵元任的支持，并把这种解释作为划分《切韵》音系中韵母主要元音类型框架的第一层，置于摄的上面。赵元任首先发现了"转"与音变有关，应是一项音变条件。"转"作为一项音变标准可以从历史音韵文献与方言音变反映的照二（庄组）化精（精组）变化联系起来，赵先生敏锐地观察到这一点，他在《湖北方言调查报告》"总说明"中指出："湖北有许多处庄组声母在外转读 [tʂ]、[tʂʰ]、[ʂ]，在内转读 [ts]、[tsʰ]、[s]。"①关于内外转的语音学内涵，罗常培认为："内外转当以主要元音弇侈而分。内转 7 摄：深臻曾止流通遇，韵腹元音高、短、弱、韵尾长；外转 9 摄：江山梗假效蟹咸宕

---

① 赵元任等. 湖北方言调查报告 [M]. 上海：商务印书馆，1948：10.

果，韵腹元音低、长、强，韵尾短、弱。"① 赵元任（1948）定内转八摄：遇、止、流、深、臻、曾、梗、通；外转6摄：果（附假）、蟹、效、咸、山、宕（附江）。共计14摄，与他1941年的论文对转的处理完全一致。两位学者对内外转的归属稍有出入，但都结合了主元音的发音特征。赵先生观察到转与方言的声母音变有关，无疑是一项重要发现。另外，周法高（1968）指出，广州话的元音分长短，外转是长元音，内转是短元音，也证明内外转是一项重要的语音条件。按照这个思路进行探讨的还有薛凤生（1985）和余迺永（1993/1995），特别值得注意的是郑伟（2017）从古壮字的汉字借音也印证了这一点。但内外转的准确内涵，到底是元音的长短问题还是元音的高低前后问题，现在尚未取得一致意见。

**2. 独韵/开合韵**

这是探索《切韵》主要元音性质的第二个途径。如前所述，开合韵是介音 - u - 的有无问题。而独韵则纯然是韵腹问题，所以，我们认为独韵与主要元音的类型应有关系。独韵有7摄（通、江、遇、效、流、深、咸），《韵镜》和《七音略》给独韵7摄的所属韵部也标注了开合，这应是古人对《切韵》这些韵系主要元音的一种描写，也可以认为是对主元音类型的一种分类，虽然还很模糊，但不无启发。如遇摄的"鱼"韵，《韵镜》标注为"开"，其主元音不当如高本汉等学者所拟的［u，o］一类，应是非圆唇后元音一类，平山久雄（1995）对此有探讨。总之，独韵及早期韵图所标注的开、合类别，也是我们考虑《切韵》韵母主元音类型的途径之一。

**3. 等**

这是探索《切韵》主要元音性质的第三个途径。我们认为从等的角度看，有两点与主元音性质有关。首先，等与主元音有关，在音韵研究的早期阶段，一二等无i介音，三四等有i介音，是其共识。在近年的音韵研究中，对等的区别有了新的认识，通常认为一四等无i介音，二三等有介音，二等有介音ɣ，三等有介音i，如此则一、四等无韵头。似乎可以这样认为，"一等的主元音＋四等的元音"应基本上涵盖了《切韵》全部韵系的主元音类型，一般认

---

① 罗常培．释内外转［G］//中央研究院历史语言研究所集刊（四本二分），1933：200 - 226．

为四等是前元音，则一等应是非前元音，二者在元音类型上互补，这是等与元音类型有关的第一种情况。其次，是三等韵的分类。李荣把三等韵分成子、丑、寅三类，获得普遍认同，这三类都是三等韵，除了有共同的 i 介音外，这三类三等韵性质不同，当是与主元音的类型不同有关，但具体是什么主元音类型，已经有学者加以探讨，但尚未形成共识。

### 4. 韵部（韵尾）

这是探索《切韵》主要元音性质的第四个途径。《切韵》的"韵部"由"韵腹+韵尾"两部分组成。我们此处说的"韵部"，更确切地说指的是韵尾。我们讨论过（冯蒸，1989/2005），在《切韵》音系中，根据同尾的韵部数量可以确定《切韵》音系主元音的数量，即：在韵尾相同的情况下，有多少相同韵尾的韵部，就有多少主元音，并据此原则确定了《切韵》音系韵母的主元音应有 12 个。我们认为这 12 个主元音的区别都是音位性的。此外，还可以大致确定主元音的分布情况，但未能确定主元音的类型。12 个主元音的韵系分布有何特点？其主元音类型有几种？均待进一步研究。目前把《切韵》的主元音构拟成 12 个的学者，有郑张尚芳（1987）、陈以信（Chan Abraham，2004）等。但各家的构拟出入较大。此外，笔者曾经提议《切韵》祭泰夬废四韵带辅音韵尾（冯蒸，1989），也属此种情况。

关于《切韵》12 个主要元音的元音类型和可能的具体音值，从哪些角度进行确认，是一个十分棘手的问题，我们曾经设想可否借助音韵类型学的成果，或可能对此提供一些有价值的线索。为此，我们仔细查阅了美国语言学家麦迪逊（Ian Maddieson）的《语音类型》（*Patterns of Sounds*，1984）一书，在元音部分，该书介绍了有 12 个元音的语言共有 18 个[①]，但是具体的 12 个元音及其在音系的分布及相关特征，还要查作者建立的语料库（加州大学洛杉矶分校音韵片段库存数据库，UPSID）。该语料库是 20 世纪 80 年代早期由麦迪逊开发的对比片段库存数据库，后来我们知道，作者建立的这个语音语料库，在 2012 年做过大规模的修订。通过对 UPSID 数据库的检索，可以发现世界各语言中包含 12 种元音的语言共有 29 种（表10）。各语言所含元音总计

---

[①] Maddieson, Ian. *Pattern of Sounds* [M]. Cambridge UK：Cambridge University Press，1984：126.

66 种。表 10 按照出现频次对这 29 种元音进行了排序，具体名录如表 11 所示。

表 10　29 种语言的名称以及音系情况

| Inventory | Language<br>（语言名） | Segments<br>（音段） | Vowels<br>（元音） | Consonants<br>（辅音） | Tones<br>（声调） |
|---|---|---|---|---|---|
| AMUZGO<br>（UPSID 222） | Guerrero Amuzgo | 37 | 12 | 25 | None |
| BARASANO<br>（UPSID 239） | Waimaha | 23 | 12 | 11 | None |
| BARIBA<br>（UPSID 240） | Baatonum | 30 | 12 | 18 | None |
| BOBO–FING<br>（UPSID 243） | Northern Bobo Madaré | 33 | 12 | 21 | None |
| BAKAIRI<br>（UPSID 254） | Bakairí | 29 | 12 | 17 | None |
| CUBEO<br>（UPSID 295） | Cubeo | 23 | 12 | 11 | None |
| DANI<br>（UPSID 308） | Lower Grand Valley-Dani | 24 | 12 | 12 | None |
| DOAYO<br>（UPSID 310） | Doyayo | 34 | 12 | 22 | None |
| DOGON<br>（UPSID 313） | Toro So Dogon | 28 | 12 | 16 | None |
| IATE<br>（UPSID 332） | Fulniô | 30 | 12 | 18 | None |
| GA<br>（UPSID 335） | Ga | 41 | 12 | 29 | None |
| GBEYA<br>（UPSID 338） | Gbaya–Bossangoa | 43 | 12 | 31 | None |
| GELAO<br>（UPSID 340） | Central Gelao–Qau | 43 | 12 | 31 | None |
| GUARANI<br>（UPSID 345） | Paraguayan Guaraní | 36 | 12 | 24 | None |

续表

| Inventory | Language（语言名） | Segments（音段） | Vowels（元音） | Consonants（辅音） | Tones（声调） |
|---|---|---|---|---|---|
| GUAHIBO（UPSID 346） | Guahibo | 29 | 12 | 17 | None |
| IRAQW（UPSID 370） | Iraqw | 45 | 12 | 33 | None |
| JAPRERIA（UPSID 386） | Japrería | 24 | 12 | 12 | None |
| ACOMA（UPSID 413） | Western Keres | 51 | 12 | 39 | None |
| SEBEI（UPSID 428） | Kupsabiny | 26 | 12 | 14 | None |
| LELEMI（UPSID 441） | Lelemi | 34 | 12 | 22 | None |
| NEPALI（UPSID 488） | Eastern Pahari | 39 | 12 | 27 | None |
| PHLONG（UPSID 523） | Pwo Northern Karen | 37 | 12 | 25 | None |
| SENADI（UPSID 537） | Cebaara Senoufo | 36 | 12 | 24 | None |
| SHIRIANA（UPSID 541） | Ninam | 25 | 12 | 13 | None |
| SIONA（UPSID 550） | Siona – Tetete | 30 | 12 | 18 | None |
| TAMASHEQ（UPSID 575） | Tahaggart Tamahaq | 37 | 12 | 25 | None |
| PICURIS（UPSID 598） | Taos Northern Tiwa | 38 | 12 | 26 | None |
| WOISIKA（UPSID 617） | Kamang | 28 | 12 | 16 | None |
| YAGUA（UPSID 628） | Yagua | 23 | 12 | 11 | None |

表 11　世界各语言中包含 12 种元音的元音名录

| 元音 | 频次 | 元音 | 频次 |
| --- | --- | --- | --- |
| i | 27 | ɒ | 3 |
| a | 25 | õ̞ | 3 |
| u | 25 | uː | 3 |
| ĩ | 20 | ɘ | 3 |
| ã | 20 | ei | 3 |
| o | 18 | iː | 2 |
| ũ | 18 | æ | 2 |
| e | 17 | æ̃ | 2 |
| ɔ | 14 | ɑ | 2 |
| ɛ | 13 | õ̞ | 2 |
| ę | 11 | oː | 2 |
| ɨ | 9 | ĭ | 1 |
| õ | 8 | ę: | 1 |
| õ | 8 | eː | 1 |
| ẽ | 7 | æː | 1 |
| ę̃ | 7 | aː | 1 |
| ǫ | 7 | ã̆ | 1 |
| ĭ | 6 | ɔ̃ | 1 |
| ɛ̃ | 6 | ŏ | 1 |
| ʊ | 4 | õ̞ | 1 |
| ai | 4 | ṽ | 1 |
| au | 4 | ŭ | 1 |
| ạ | 3 | ɚ | 1 |
| ɘ | 3 | ǫ | 1 |
| ɜ̃ | 3 | ʉ | 1 |
| ə | 3 | ɯ | 1 |
| ɪ | 3 | ũː | 1 |

续表

| 元音 | 频次 | 元音 | 频次 |
|---|---|---|---|
| ĕ | 1 | əu | 1 |
| ę̆ | 1 | əɯ | 1 |
| ɜ | 1 | e̞ɒ̞ | 1 |
| ui | 1 | iu | 1 |
| oi | 1 | ai̯ | 1 |
| o̯u | 1 | ïi | 1 |

通过舌面元音舌位唇形图的方式，亦可更直观地看出各类元音的分布情况（见图1）。

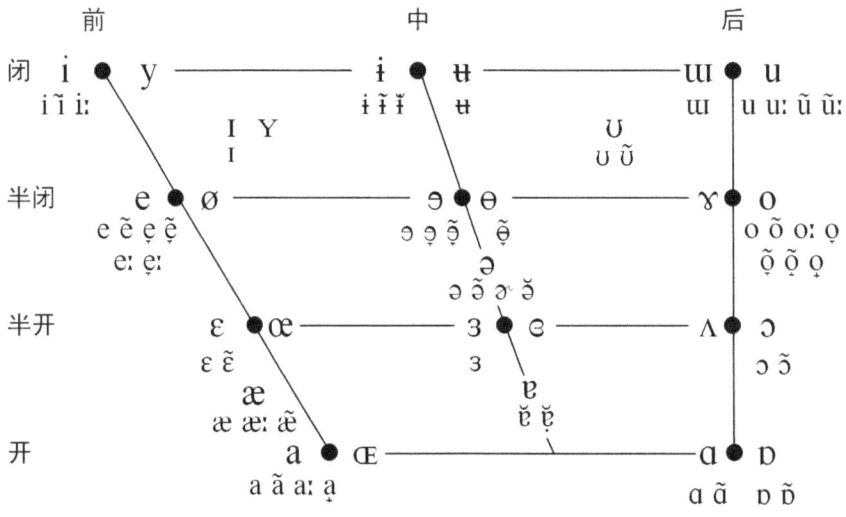

图1 元音明细

除图中所含54种单元音外，还有12种是由两种元音组合而成的复合元音。具体如下：au，ai，ei，ai̯，e̞ɒ̞，əu，əɯ，iu，ïi，oi，ou，ui。

以上结果对我们拟测《切韵》的12个主要元音有启发，但看来帮助有限，尚需进一步努力。

## 5. 音变

这是探索《切韵》主要元音性质的第五个途径。中古音变对确定《切韵》某些韵系的元音类型也很有作用，作为探索《切韵》主元音类型的一种途径，一般学者多有忽略。笔者把它定为探索《切韵》主要元音的第五个途径，这完全是受到赵元任先生论文的启发。赵元任（1941）曾经有专节讨论中古的一项重要音变——唇音轻化，表面上看，赵氏不同意高本汉的唇音轻化条件是"三等合口说"，而从主元音的角度重新加以诠释，因为高氏的"三等合口说"的确缺点很多。但是，我们认为，赵氏此说的更重要意义是确认轻唇十韵系（"东₃锺微鱼废文元阳尤凡"）的主要元音应属同一元音类型。即除了三等这一条件外，赵先生认为这十个韵系不应该是前元音，而应该是央元音或后元音。根据此原则，不但修改了高氏对个别韵的拟音（如对微韵、幽韵做了改拟）。其另一意义等于给重唇变轻唇的十个韵系的主要元音划定了一个相当明确的共同元音类型。这一思路对于逐韵系确定《切韵》的主元音类型，很有启示性。

马丁（1953）的论文也有专节论及唇音轻化问题，笔者认为他是完全接受了赵先生的上述看法，说明构拟《切韵》音系的主要元音音位离不开中古"音变"这个线索。

（原载于《语言研究》2020年第2期；收入本辑后有增改）

## 参考文献

[1] 冯蒸.《切韵》祭泰夬废四韵带辅音韵尾说［J］.湖南师范大学社会科学学报，1989(6).

[2] 冯蒸.二十世纪汉语历史音韵研究的一百项新发现与新进展（补正）［J］.汉字文化，2011（1）.

[3] 冯蒸.二十世纪汉语历史音韵研究的一百项新发现与新进展（上）［J］.汉字文化，2010（5）.

[4] 冯蒸.二十世纪汉语历史音韵研究的一百项新发现与新进展（下）［J］.汉字文化，2010（6）.

[5] 冯蒸.冯蒸音韵论集［M］.北京：学苑出版社，2006.

[6] 冯蒸.论《切韵》的"开合口"与等韵的"独韵/开合韵"——《切韵》音系构拟商榷之一［G］//语言（第三卷）.北京：首都师范大学出版社，2002.

[7] 冯蒸. 论《切韵》的分韵原则：按主要元音和韵尾分韵，不按介音分韵——《切韵》有十二个主要元音说［G］//朱庆之编. 中古汉语研究（二）. 北京：商务印书馆，2005.

[8] 冯蒸. 切韵真臻、严凡合并说商榷［J］. 古汉语研究，2015（3）.

[9] 冯蒸. 切韵止摄支韵系高本汉与李荣拟音的分歧试解［J］. 语言研究，2017（2）.

[10] 李方桂. 上古音研究［G］//（台湾）清华学报，新九卷一、二期合刊，1971.

[11] 李荣. 切韵音系［M］. 修订本. 北京：科学出版社，1956.

[12] 罗常培. 释内外转［G］//中央研究院历史语言研究所集刊（四本二分），1933.

[13] 邵荣芬. 切韵研究［M］. 校订本. 北京：中华书局，1982.

[14] 王力. 汉语史稿（上册）［M］. 北京：科学出版社，1957.

[15] 薛凤生. 论等韵学之原理与内外转之含义［J］. 语言研究，1985（1）.

[16] 余迺永. 释重纽［J］. 语言研究，1995（2）.

[17] 余迺永. 再论切韵音——释内外转新说［J］. 语言研究，1993（2）.

[18] 赵元任等. 湖北方言调查报告［M］. 上海：商务印书馆，1948.

[19] 郑伟. 古壮字的汉字借音声旁与中古后期的韵母演变［G］//中国文字研究（第二十六辑）. 上海：上海书店出版社，2017.

[20] 郑张尚芳. 上古韵母系统和四等、介音、声调的发源问题［J］. 温州师范学院学报，1987（4）.

[21] 周法高. 古音中的三等韵兼论古音的写法［G］//中央研究院历史语言研究所集刊（第19本），1948.

[22] 周法高. 论古代汉语的音位［G］//"中央研究院"历史音韵研究所集刊（第25本），1954.

[23] 周法高. 论切韵音［G］//中国音韵学论文集. 香港：香港中文大学出版社，1984.

[24] 周法高. 论上古音和切韵音［G］//中国音韵学论文集. 香港：香港中文大学出版社，1984.

[25] ［日］平山久雄. 中古汉语鱼韵的音值——兼论人称代词"你"的来源［J］. 中国语文，1995（5）.

[26] ［瑞典］高本汉. 中上古汉语音韵纲要［M］. 聂鸿音译. 济南：齐鲁书社，1987.

[27] ［瑞典］高本汉. 中国音韵学研究［M］. 赵元任，罗常培，李方桂译. 上海：商务印书馆，1940.

[28] ［美］罗杰瑞. 早期汉语的咽化与腭化来源［G］//潘悟云编. 境外汉语音韵学论文选. 顾黔，史皓元，陈婷婷译. 上海：上海教育出版社，2010.

[29] [加拿大] 蒲立本. 上古汉语的辅音系统 [M]. 潘悟云, 徐文堪译. 北京: 中华书局, 1999.

[30] Chan, Abraham. Early Middle Chinese: Towards a new paradigm [J]. *T'oung Pao*, 2004 (90).

[31] Chao, Y. R. Distinctions and Distinctive Distinction within Ancient Chinese [J]. *HJAS*, 1941 (5). 原文标题是: Distinctions in Ancient Chinese, 此据抽印本改。

[32] Maddieson, Ian. *Pattern of Sounds* [M]. Cambridge UK: Cambridge University Press, 1984.

[33] Maddieson, Ian and Precoda, Kristin. Updating UPSID [J]. *UCLA Working Papers in Phonetics*, 1990.

[34] Moran, Steven & McCloy, Daniel (eds.) PHOIBLE 2.0 [EB/OL]. Jena: Max Planck Institute for the Science of Human History (Available online at http://phoible.org, Accessed on 2019-06-12).

[35] Pulleyblank, E. G.. *Middle Chinese: A Study in Historical Phonology* [M]. Vancouver: University of British Columbia Press, 1983.

[36] Pulleyblank, E. G.. The Old Chinese Origin of Type A and B Syllables [J]. *Journal of Chinese Linguistics*, 1994 (22).

# 周秦汉语 "之 s" 可及性问题再研究

洪 波

笔者的《周秦汉语"之 s"的可及性及相关问题》一文,运用 Mira Ariel 的可及性理论阐释了周秦汉语"之 s"的产生根源,并分析了周秦汉语"之 s"的可及性及其逐步衰微的原因。[①] 沈家煊、完权对拙作提出了批评,[②] 他们的批评意见主要涉及以下三个方面:"可及性"概念问题;"之"字的性质和功能问题;某些语言现象的认识问题。本文就沈、完二位所涉及的上述三个方面展开讨论。

## 一、关于"可及性"概念问题

沈、完文的主要目的之一是"要廓清'可及性'这个概念"。[③] 他们认为笔者的文章混淆了"可及性"概念与"已知"概念,把"可及性"跟"已知"信息等同起来。他们将"可及性"(accessibility)改称"可及度"。对"可及度"的定义如下:

> 说话人推测,听话人听到一个指称词语后,从头脑记忆中或周围环

---

① 洪波. 周秦汉语"之 s"的可及性及相关问题 [J]. 中国语文, 2008 (4) 304 – 316.
② 沈家煊,完权. 也谈"之字结构"和"之"字的功能 [J]. 语言研究, 2009 (2) 1 – 12.
③ 沈家煊,完权. 也谈"之字结构"和"之"字的功能 [J]. 语言研究, 2009 (2) 1 – 12.

境中搜索、找出目标事物或事件的难易程度。容易找出的可及度高，不容易找出的可及度低。[①]

"可及性"概念是 Sperber 和 Wlison（1986）首先使用的，而对这一概念加以阐发并形成一种理论的则是 Mira Ariel（1985a、1985b，1988，1990，1991，1994），因此，我们要弄清"可及性"这个概念，必须回到 Ariel 的文本中去。

Ariel 的可及性理论是从传统的"已知"（givenness）发展而来，因此她早期的"可及性"研究就直接冠名为"已知"，她的博士论文题目为"Givenness Marking"（1985a），同年发表的另一篇文章也名为"The Discourse function of Given Information"。她正式使用"accessibility"这个概念是从 1988 年开始的，这一年她发表"Referring and Accessibility"，首次在标题中放弃"已知"（givenness）这个术语，而采用"可及性"（accessibility）这个概念。我们没有看到 Ariel 给"可及性"下一个简单明了的定义，但是我们根据 Ariel（1988，1990）的阐述，可以明确提取出"可及性"的基本涵义。所谓"可及性"（accessibility），实际上就是听话人将所听到的有定名词或名词短语的所指与语境中存在的或者自己的知识储备中存在的某种具体对象联系起来的反应速度。传统的"已知"（givenness）或者"定指"（definiteness）概念都无法区分听话人接受有定名词短语时将其与特定所指对象联系起来的反应速度的差异，而"可及性"这个概念能够体现这种差异，Ariel 的研究目的就是要找出话语中有定名词短语的在听话人一方的这种反应速度的差异及其形式标记。她特别强调语境的重要性，她把语境区分为三类（Ariel，1990，1991，1994）：文本语境（context）、物理语境（physical environment）、百科语境（encyclopaedic knowledge）。在文本语境中，"先行词"（antecedent）的位置对于可及性起重要作用，先行词的距离越近，可及性程度越高，反之则越低，因而她把自己的这种主张称为"文本地理观"（geographic view of context）（Ariel，1990，p5）。可及性不仅仅跟语境有密切关系，跟不同类的有定名词

---

[①] 沈家煊，完权. 也谈"之字结构"和"之"字的功能 [J]. 语言研究，2009（2）：1-12.

或者有定名词短语也有直接关系，因为不同类的有定名词或名词短语对上述三种语境的依赖性、依赖程度以及相关性（relevance）、相关程度是不尽相同的。她通过对英语、希伯来语、汉语等多种语言有定名词短语语境相关性、依赖性的观察和分析，认为传统划入"已知"范畴的名词性成分实际上是一个可及性程度不等的连续统，这个连续统由低及高是：完整姓名＋修饰语＞完整姓名＞长的有定描述名词短语＞短的有定描述名词短语＞姓氏＞名字＞远指代词＋修饰语＞近指代词＋修饰语＞远指代词（＋NP）＞近指代词（＋NP）＞重读代词＋手势＞重读代词＞非重读代词＞附着化代词＞极高可及性标记（包括省略空位、反身称代和一致性标记等）。

总之，综观 Ariel 1985 至 1994 年近十年间的主要研究成果，她的可及性理论都是在有定名词（或有定名词短语）也就是"已知"（givenness）范畴内展开的，从未提出过表达新信息的名词（或名词短语）也存在可及性问题。沈、完的"可及度"概念显然跟 Ariel 的"可及性"概念不同，他们认为不仅"已知"信息有可及度，未知信息（new）也有可及度。在这里笔者不打算对沈、完的观点做出评判，只想说明一点：本文研究是在 Ariel "可及性"理论框架下展开的，并非笔者自己的杜撰或者歪曲。

## 二、关于"之"字的性质和功能问题

笔者基本接受传统对"之 s"中"之"字的性质的看法，认为这里的"之"跟定语标记"之"的性质是一样的，它们都来自指示代词"之"，但是已经语法化为定语标记，只是这种语法化还不很彻底，还具有指示代词的一些印迹。沈、完文则认为"之 s"中的"之"仍是一个地道的指示代词。这个观点与我们的观点不完全冲突，但是，要把这里的"之"看作地道的指示代词，我们需要逾越一个很大的障碍：除了时代较早的《尚书》《诗经》里有"朕其弟"（《尚书·康诰》）"千斯仓""万斯箱"（《诗经·小雅·甫田》）之外，为什么在《左传》《论语》以下文献里根本见不到其他指示代词进入这个位置？如果这个障碍不能找到有力证据克服掉，那么把名词修饰语和中心语之间的"之"和"之 s"里的"之"看作地道的指示代词是无法令人信服的。语法化的规律之一就是择一性，择一性也往往作为语法化成熟的一个显著表现。他们采纳张敏（2003）的一个测试办法，得到的结论是古代汉语定语和中心语之间的"之"还是指示代词，而现代汉语定语和中心语之间的"的"是定语标记，但是张敏的测试办法是有问题的。因为现代汉语的定语标记"的"的早期形式是"底"，其最初来源是方位词"底"，① 而古代汉语定语标记"之"来自指示代词，这两种不同来源的定语标记在用法上出现差异，跟它们所从来的词的用法直接相关。方位词"底"是后置的，演化为定语标记也是后置的，即它是附着在定语之后的，所以有"鸡的、狗的、马的血"；而指示代词"之"是前置的，演化为定语标记也是前置的，即它是附着在中心语之前的，所以不会有"鸡之、狗之、马之血"。反过来，在古代汉语里我们可以看到像下面这样的例子：

（1）羊与牛唯异，羊有齿，牛无齿。而羊牛之非羊也，之非牛也，未可。是不俱有，而或类焉。（《公孙龙子·通变论》）

但在现代汉语里我们却看不到"羊牛的非羊、的非牛"这样的说法。显然我们不能因为现代汉语不能说"羊牛的非羊、的非牛"就说现代汉语的"的"不是定语标记；同样的道理我们也不能根据现代汉语有"鸡的、狗的、马的血"而古代汉语不能说"鸡之、狗之、马之血"就断定古代汉语"之"不是定语标记。

笔者认为"之 s"中的"之"不是一个单纯的定语标记，由于它来自指示代词，它还是一个"可及性"标记。根据 Ariel 的可及性等级标记序列，我们认为"之"标记指称性小句具有"较高可及性"（中度可及性）。沈、完文认为这里的"之"不是标记可及性，而是"提高指别度"。他们首先引入一个新的概念"指别度"，并定义如下：

> 说话人觉得，他提供的指称词语指示听话人从头脑记忆中或周围环境中搜索、找出目标事物或事件的指示强度。指示强度高的指别度高，

---

① 江蓝生. 处所词的领格用法与结构助词"底"的由来［J］. 中国语文, 1999 (2): 1-11.

指示强度低的指别度低。①

他们指出：

"指别度"和"可及度"的联系是：指称目标对听话人来说可及度低，说话人所用指称词语的指别度应该高；指称目标对听话人来说可及度高，说话人所用指称词语的指别度可以低。要提高指称目标的可及度就要提高指称词语的指别度，提高了指称词语的指别度也就提高了指称目标的可及度。②

在这个基础上，他们认为："正如指示词'这'和手指起到提高指别度的作用，主谓结构加上'之'字也是起提高指别度的作用。"③ 他们这样来看主谓结构中"之"字的作用与其把"之"看作地道指示代词的看法是一贯的。

这里的关键问题是，提高可及度的预设是指称结构都是可及的，沈、完二位也正是这样表述的，"已知信息不一定可及度高，未知信息不一定可及度低"④。看来他们是把"可及性"跟概念认知混同起来了。"可及性"跟概念认知实际上是两回事，"可及性"属于语用指称范畴，概念认知属于认知语义范畴。举个简单的例子：

(2) 我来了个同学。(例子来源)

"同学"这个名词的概念意义一般人都知道，但是在这个句子里，作为交

---

① 沈家煊, 完权. 也谈"之字结构"和"之"字的功能 [J]. 语言研究, 2009(2): 1-12.
② 沈家煊, 完权. 也谈"之字结构"和"之"字的功能 [J]. 语言研究, 2009(2): 1-12.
③ 沈家煊, 完权. 也谈"之字结构"和"之"字的功能 [J]. 语言研究, 2009(2): 1-12.
④ 沈家煊, 完权. 也谈"之字结构"和"之"字的功能 [J]. 语言研究, 2009(2): 1-12.

际载体,"同学"所指的具体对象听话人是不知道的(至少说话人推测听话人不知道),所以这里的"同学"在指称上是不可及的,即听话人不能将这个指称形式跟特定的所指对象联系起来。

由于沈、完混同了可及性和意义理解,所以他们在分析"之 s"时有很多看法跟我们的认识不同,这里只提出一点来讨论。

照沈、完二位的观点,下面两个例子将得到跟事实和事理都完全相反的认识:

3)赤之适齐也,乘肥马,衣轻裘。(《论语·雍也》)
4)夫子至于是邦也,必闻其政。(《论语·学而》)

这两句都有一个表示时间的指称性小句,前一例的"赤之适齐也"是"之 s",后一例的"夫子至于是邦也"是非"之 s"。前一例指称的是一个既成事实,因为前文有交代——"子华使于齐"。后一例指称的是一个虚拟事件,表示的是"夫子到某一个国家的时候"。按照沈、完的说法,"赤之适齐也"因为可及度低,所以要加"之"提高可及度;"夫子至于是邦也"因为可及度高,所以不加"之"。其结果是,听话人知道的事实性事件比听话人不知道的虚拟事件的可及度低。这显然与事理完全悖谬。为了说明问题,我们把上两例的全文抄录于下:

子华使于齐,冉子为其母请粟。子曰:"与之釜。"请益。曰:"与之庾。"冉子与之粟五秉。子曰:"赤之适齐也,乘肥马,衣轻裘。吾闻之也:君子周急不继富。"

子禽问于子贡曰:"夫子至于是邦也,必闻其政。求之与?抑与之与?"子贡曰:"夫子温、良、恭、俭、让以得之。夫子之求之也,其诸异乎人之求之与?"

根据两例的上下文,实际情况是,孔子跟冉有说"赤之适齐也"的时候,冉有早就知道公西华到齐国去了,因而是可及性事件。相反,子禽跟子贡说"夫子於于是邦也"的时候,上下文没有任何交代说夫子去了哪个国家或者去过哪个国家,子禽完全是虚拟一种情形用以引出下文,子贡完全不清楚夫子是否真的去了哪个国家,因此句子指称的是一个不可及的事件。

笔者的文章指出让步从句中有两种情形:事实让步和虚拟让步,前一种让步从句如果连词"虽"出现在从句句首,则一般使用"之s",后一种让步从句如果连词"虽"出现在句首,主谓之间并不加"之"。如果按照沈、完的分析,得到的结果也是跟事理和事实相违背的:事实让步从句的可及度反而低,虚拟让步从句的可及度反而高。

## 三、关于某些语言现象的认识问题

笔者的文章对周秦汉语"之s"的隐现规律进行了调查分析,着重分析了"之s"在宾语位置上的隐现规律。"之s"主要充当感知动词、心理动词和比较动词的宾语,我们定量分析了感知动词"知""见""闻"带小句宾语的情况和心理动词"恐""惧""患""恶""愿"带小句宾语的情况,发现这两类动词带与不带"之s"小句宾语不是随机的,呈现出某种规律性。在感知动词中,"知"最倾向于带"之s"宾语而"闻"最不倾向于带"之s"宾语,"见"所带小句宾语是"之s"和非"之s"两种情况大致均衡,呈现出随机性特点。我们从说话人的场景预设角度对这三个动词带"之s"宾语的规律性进行了解释,认为"知"的场景预设倾向于确认说话人所知道的某种事实,而"闻"的场景预设倾向于报道一种新情况,"见"则介乎"知""闻"之间,既可以是确认说话人所见的某种事实,也可以是向听话人报道一种所见的新情况。对我们的这种解释沈、完提出不同看法。他们认为:"我知道的事情你不一定知道,'知'的宾语代表的事件可及度低,所以倾向于加'之',而我听说的事情你很可能也已听说,'闻'的宾语代表的事件可及度高,所以倾向于不加'之'。"[①]

根据 Ariel 的可及性理论,已知信息是可及性信息,但存在可及性高低的差异;新信息是不可及信息,因而也无所谓可及性高低的问题。那我们就来

---

① 沈家煊,完权. 也谈"之字结构"和"之"字的功能 [J]. 语言研究,2009 (2): 1-12.

看一看"知""闻"所带宾语的实际情形。"知"和"闻"在《左传》中都是高频动词，用例丰富，我们就以《左传》为对象对"知""闻"所带的宾语进行穷尽性考察。"知"共出现 280 例，其中带宾语的 222 例，不带宾语的 58 例。根据语境（上下文语境和百科语境），"知"所带宾语表达已知信息的 188 例，表达新信息的 34 例。表达已知信息的宾语情况如下表。

| 之 s | 非之 s | 之 | 1、2 身代词 | 专名 | "所"字结构 | "其"字名词短语 | 名词 | 动词短语 |
|---|---|---|---|---|---|---|---|---|
| 46 | 1 | 43 | 6 | 2 | 6 | 9 | 59 | 16 |

其中非"之 s"小句宾语表达已知信息的例子是：

（5）（华亥）使少司寇㈱以归，曰："子之齿长矣，不能事人，以三公子为质，必免。"公子既入，华㈱将自门行，公遽见之，执其手曰："余知而无罪也。入，复而所。"（昭公二十年）

宋国大夫华定、华亥和向宁合谋反叛宋元公，导致宋国内乱，少司寇华㈱虽为华氏同族，但并未参与反叛，所以华亥请他将扣押的宋元公的三个儿子送还给宋元公，他送去之后宋元公特定会见他，就是要告诉他，他没有参与反叛，没有罪过。华㈱没有罪，自己心里很清楚，宋元公跟他说"余知而无罪也"，其中的"而无罪"并不表达新信息，而是交际双方的共享信息。宋元公之所以要这样说，按我们的说法就是一种确认，以表明自己分得清谁有罪谁无罪。此例之所以未用"之 s"，应该与宾语小句的主语是第二人称代词"而"有关，第二人称代词的可及性等级高于来源于指示代词的可及性标记"之"。

代词"之"充当"知"的宾语，全部为回指性称代，称代前文或物理语境中存在的事物。例如：

（6）祭仲专，郑伯患之，使其婿雍纠杀之。将享诸郊，雍姬知之。（桓公十五年）

（7）子犯以璧授公子，曰："臣负羁绁，从君巡于天下。臣之罪甚多

矣，臣犹知之，而况君乎？请由此亡。"（僖公二十四年）

前例"之"回指前文"郑伯患之，使其婿雍纠杀之"。后例"之"回指前文"臣之罪甚多矣"。

第一、二人称代词和专有名词都是定指的，表达已知信息。在周秦汉语里专有名词如果要表达新信息，要加不定指被饰代词"者"，如"齐人有冯谖者"（《战国策·齐策四》）。"所"字结构相当于一个普通名词短语，其本身不一定表达已知信息。"所"字结构充当"知"的宾语，如果是肯定句，则皆表示已知信息，如果是否定句或者反问句，则皆表示新信息。这里的 6 例全部是肯定句。例如：

8) 晋灵公不君：厚敛以彫墙，从台上弹人而观其辟丸也……三进及溜，而后视之，曰："余知所过矣，将改之。"（宣公二年）

9) 吴子使其弟蹶由犒师，楚人执之，将以衅鼓。王使问焉，曰："女卜来吉乎？"对曰："吉。寡君闻君将治兵于敝邑，卜之以守龟，曰：'余亟使人犒师，请行以观王怒之疾徐而为之备，尚克知之？'龟兆告吉，曰：'克可知也。'君若欢焉好逆使臣，滋敝邑休息而忘其死，亡无日矣。今君奋焉震电冯怒，虐执使臣，将以衅鼓，则吴知所备矣。（昭公五年）

前例"所过"有"先行词"——"厚敛以彫墙，从台上弹人而观其辟丸也……"，所以表达的是已知信息；后例"所备"有"先行词"——"使人犒师，请行以观王怒之疾徐而为之备……"，因而"所备"表达的是可推知信息。

"其"字名词短语指带领属定语"其"的名词短语，这种短语以及后面的名词、动词短语都跟"所"字结构一样，根据语境才能判断出是否表达已知信息。值得指出的是"知"带普通名词宾语大多数是光杆名词，其中表示已知信息的多是表示当时礼义制度的名词如"礼""命""义""政""罪"等，"知 + 名词"往往具有熟语性。这些名词所指称的事物存在于交际双方的百科语境中，因而是可及的。"知"带表示已知信息的动词性短语作宾语，该动词性短语实际上相当于一个"之 s"，只是小句的主语没有出现而已。

例如：

(10) 佚之狐言于郑伯曰："国危矣！若使烛之武见秦君，师必退。"公从之。辞曰："臣之壮也，犹不如人；今老矣，无能为也已。"公曰："吾不能早用子，今急而求子，是寡人之过也。然郑亡，子亦有不利焉。"许之。夜缒而出，见秦伯，曰："秦、晋围郑，郑既知亡矣……"（僖公三十年）

(11) 晋师归，范文子后入。武子曰："无为吾望尔也乎？"对曰："师有功，国人喜以逆之，先入，必属耳目焉，是代帅受名也，故不敢。"武子曰："吾知免矣。"（成公二年）

前例"知亡"有先行词——"然郑亡"，且据前文"秦、晋围郑"亦可推知，因为秦、晋是当时的超级大国，他们共同围郑，郑国灭亡是可推知的。后例"知免"，"免"有特定含义，即指免于刑戮。范武子看到自己的儿子如此谦恭让誉，就知道自己不会因为儿子犯错误而遭受刑戮了。"免"所表示的事件根据范文子的话即可推知，而且"知免"也是当时的一个成言。

在《左传》里，"知"的宾语表达新信息有很严格的条件限制：只有在否定句、反问句中才表达新信息。例如：

(12) 公曰："寡人有子，未知其谁立焉。"（闵公二年）

(13) 公曰："君王何如？"对曰："非小人之所得知也。"固问之，对曰："其为大子也，师保奉之，以朝于婴齐，而夕于侧也，不知其他。"（成公九年）

(14) 甲午晦，楚晨压晋军而陈。军吏患之，范匄趋进，曰："塞井夷灶，陈于军中而疏行首。晋、楚唯天所授，何患焉？"文子执戈逐之，曰："国之存亡，天也。童子何知焉！"（成公十六年）

(15) 献子曰："若王室何？"对曰："老夫其国家不能恤，敢及王室？抑人亦有言曰：'嫠不恤其纬，而忧宗周之陨，为将及焉。'今王室实蠢蠢焉，吾小国惧矣，然大国之忧也，吾侪何知焉？吾子其早图之。"（昭公二十四年）

前两例为否定句,"知"的宾语分别是"其谁立焉"和"其他"。"其谁立焉"是小句宾语,其中疑问代词"谁"是小句动词"立"的宾语前置,疑问代词是表达新信息的,整个宾语小句也是表达新信息的;"其他"的"他"是旁指代词,旁指代词属于不定指,只能表达新信息。后两例为反问句,"何知焉"相当于现代北京话里的"知道什么呀",疑问代词"何"是"知"的宾语前置,疑问代词是表达新信息的。

还有一个非常有证明力的例子:

(16) 楚屈瑕伐罗,斗伯比送之还,谓其御曰:"莫敖必败。举趾高,心不固矣。"遂见楚子曰:"必济师。"楚子辞焉,入告夫人邓曼。邓曼曰:"大夫其非众之谓,其谓君抚小民以信,训诸司以德,而威莫敖以刑也。莫敖狃于蒲骚之役,将自用也,必小罗。君若不镇抚,其不设备乎?夫固谓君训众而好镇抚之,召诸司而劝之以令德,见莫敖而告诸天之不假易也。不然,夫岂不知楚师之尽行也?"楚子使赖人追之,不及。(桓公十三年)

例中"夫岂不知楚师之尽行也"是一个反问句,也是一个否定句。反问含有否定意义,否定之否定遂为肯定,"知"的宾语"楚师之尽行"是个"之s",所表示的事件是斗伯比、楚子以及楚子夫人邓曼的共享信息,因而是已知信息。

"闻"的宾语与"知"的宾语有显著差异。"闻"的宾语并不像"知"的宾语那样有截然的分野:在肯定句里表达已知信息,在否定和反问句中表达新信息。"闻"的宾语在肯定句和否定句里都既可以表达已知信息也可以表达新信息。表达已知信息的例如:

(17) 遂寘姜氏于城颍,而誓之曰:"不及黄泉,无相见也!"既而悔之。颍考叔为颍谷封人,闻之,有献于公。(隐公元年)

(18) 秦伯使辞焉,曰:"二三子何其戚也!寡人之从君而西也,亦晋之妖梦是践,岂敢以至?"晋大夫三拜稽首,曰:"君履后土而戴皇天,皇天后土实闻君之言,群臣敢在下风?"(僖公十五年)

前例"闻之"之"之"回指前文郑庄公对其母亲发誓而后又后悔的情况。后例"闻君之言"之"君之言"即指前文秦伯所说之言。

"闻"的宾语表达新信息的，例如：

(19) 大叔完聚，缮甲兵，具卒乘，将袭郑，夫人将启之。公闻其期。（隐公元年）

(20) 介葛卢闻牛鸣，曰："'是生三牺皆用之矣'，其音云。"（僖公二十九年）

前例"闻其期"的"其期"指大叔袭郑的日期，但这个日期具体是哪一天上文没有交代，因此表达的是新信息。后例"闻牛鸣"之"牛鸣"在语境中也是第一次出现，也是新信息。

下面这个例子中，"闻"肯定与否定并存，肯定句"闻"的宾语表达新信息，而否定句"闻"的宾语表达已知信息：

(21) 及卫州吁立，将脩先君之怨于郑，而求宠于诸侯，以和其民。使告于宋曰："君若伐郑，以除君害，君为主。敝邑以赋，与陈蔡从，则卫国之愿也。"宋人许之。于是陈、蔡方睦于卫，故宋公、陈侯、蔡人、卫人伐郑，围其东门，五日而还。公问于众仲曰："卫州吁其成乎？"对曰："臣闻以德和民，不闻以乱。以乱，犹治丝而棼之也。"（隐公四年）

例中肯定句"闻"的宾语"以德和民"没有语境支持，表达的是新信息。否定句"闻"的宾语"以乱（和民）"主体部分"和民"承上省略了，因为上文出现了，因而是已知信息；保留的"以乱"有语境支持，即指前文"脩先君之怨于郑"，因而也是已知信息。

我们说"知"的场景预设是确认某种已知信息，而"闻"的场景预设是报道新信息。这种差别在第一人称主语的句子中体现得最为充分。

"知"在第一人称主语句子中出现 14 次，所带宾语基本涵盖了前文所列的各种类型。无论是哪种类型的宾语，一律表示已知信息。例如：

(22)吴子问于伍员曰:"初而言伐楚,余知其可也,而恐其使余往也,又恶人之有余之功也。今余将自有之矣,伐楚何如?"(昭公三十年)

(23)秋,郯子来朝,公与之宴。昭子问焉,曰:"少皞氏鸟名官。何故也?"郯子曰:"吾祖也,我知之。……"(昭公十七年)

(24)初,申侯,申出也,有宠于楚文王。文王将死,与之璧,使行,曰:"唯我知女。……"(僖公七年)

(25)白公奔山而缢,其徒微之。生拘石乞而问白公之死焉。对曰:"余知其死所,而长者使余勿言。"(哀公十六年)

(26)秦伯曰:"国谓君何?"对曰:"小人戚,谓之不免;君子恕,以为必归。小人曰:'我毒秦,秦岂归君?'君子曰:'我知罪矣,秦必归君。'"(僖公十五年)

(27)宋合左师曰:"大国令,小国共。吾知共而已。"(昭公元年)

"闻"在第一人称主语句子出现89次,其中带小句或者语段宾语87例,名词宾语2例。小句宾语或者语段宾语一律为非"之s",且都是说话人第一次引述一个事件或者一种说法,没有任何语境支持,因而一律表示新信息。具体又有以下几种情况。

一是小句或者语段宾语直接接于"闻"之后。例如:

(28)吾闻姬姓唐叔之後,其後衰者也,其将由晋公子乎!(僖公二十三年)

(29)其子曰胜,在吴,子西欲召之。叶公曰:"吾闻胜也诈而乱,无乃害乎?"子西曰:"吾闻胜也信而勇,不为不利。舍诸边竟,使卫藩焉。"叶公曰:"周仁之谓信,率义之谓勇。吾闻胜也好复言,而求死士。殆有私乎?复言,非信也;期死,非勇也。子必悔之。"(哀公十六年)

(30)叔詹谏曰:"臣闻天之所启,人弗及也。"(僖公二十三年)

(31)侨闻为国非不能事大字小之难,无礼以定其位之患。(昭公十六年)

二是"闻"后有"之",这个"之"虽然仍是称代性指代词,称代后面引述的内容，实际上已经接近一个标补词（complementizer），类似于英语的宾语从句标补词 that，因而它不是一个可及性标记。例如：

(32) 吾闻之：文不犯顺。武不违敌。（僖公三十三年）

(33) 吾闻之：宋灾，于是乎知有天道。何故？（襄公九年）

(34) 臣闻之：俭，德之共也；侈，恶之大也。（庄公二十四年）

(35) 侨闻之：大适小，有五美：宥其罪戾，赦其过失，救其菑患，赏其德刑，教其不及。（襄公二十八年）

三是"之"后有"曰"或"……曰"。例如：

(36) 吾闻之曰："忠信，礼之器也；卑让，礼之宗也。"（昭公二年）

(37) 吾闻诸叔向曰："好恶不愆，民知所适，事无不济。"（昭公十五年）

(38) 吾闻前志有之曰："敌惠敌怨，不在后嗣，忠之道也。"（文公六年）

"闻"的宾语是名词的 2 例如下：

(39) 陈书曰："此行也，吾闻鼓而已，不闻金矣。"（哀公十一年）

吴齐交战之前，齐国将士相厉必死之志，所以陈书说了这样的话。杜预注曰："鼓以进军，金以退军。不闻金，言将死也。《传》言吴师强，齐人皆自知将败。"例中"鼓""金"皆无语境支持，均表示新信息。

比较第一人称句子中"知""闻"所带宾语，可谓判然有别。第一，最重要的一点是"知"的宾语一律表示已知信息，而"闻"的宾语一律表示新信息。第二，"知"的宾语在形式上很驳杂，各种类型的宾语都有，而"闻"的宾语绝大多数是非"之 s"小句或者语段。第三，"知"有回指性代词"之"和人称代词宾语，"闻"没有这样的宾语，"闻"后出现的"之"均不是回指性称代。以 89∶14 的悬殊频率比例,"闻"没有一例带回指性代词"之"和人称代词宾语,这个事实就已经充分显示出"闻"和"知"所带宾语的信息类别差异。第四,"知"的宾语最长不过 4 个词,这是因为已知信息没有必要长篇大论,符合"不过量准则";"闻"的宾语除了 2 例名词宾语外,没有少于 5 个词的,长的可以是很长的一段话,例如:

(40) 侨闻文公之为盟主也,宫室卑庳,无观台榭,以崇大诸侯之馆,馆如公寝;库厩缮修,司空以时平易道路,圬人以时塓馆宫室;诸侯宾至,甸设庭燎,仆人巡宫,车马有所,宾从有代,巾车脂辖,隶人牧圉,各瞻其事,百官之属,各展其物;公不留宾,而亦无废事,忧乐同之,事则巡之,教其不知,而恤其不足;宾至如归,无宁菑患,不畏寇盗,而亦不患燥湿。(襄公三十一年)

这是因为新信息要根据信息本身的量度给足,符合"足量准则"。

以上四种情况充分证明我们的分析是对的,"知"的场景预设在于确认所知道的事物或者事件,而"闻"的场景预设在于报道一种新的信息。①沈、完二位说"我知道的事情你不一定知道……而我听说的事情你很可能也已听说……",这个看法也许是有道理的,但是他们忽视了认知情况与交际行为的区别。我知道的事情之所以需要用"我知道……"的言语形式跟听话人说一遍,不是想告诉对方所不知道的事情,而是想向对方表明我已经知道了,因而是一种确认。我听说的事情之所以需要用"我听说……"这样的言语形式跟听话人说一遍,不是想向对方确认我听说了,而是预设对方可能没听说,所以需要告诉他。笔者文中已经指出古代汉语"知""闻"的这种区别在现

---

① 张家骅对现代汉语"知道""认为"的研究也支持了我们的认识。他综合其他一些学者的相关研究,指出:"知道"是叙实谓词,语义中不仅包含 (a)"认知状态主体在其意识中有命题 P",而且包含事实预设——(b)"对于言语行为主体(我),P 的所指在现实世界里是有的":他知道 P = "他知道 P + 我知道 P"……换言之,"知道"句向受话人通报的不是 P 本身,而是 P 在认知主体中有;P 本身则被作为语用预设处置,即被"我"看作在该交际情景中已给受话人的信息。详见张家骅."知道"与"认为"句法差异的语义、语用解释 [J]. 当代语言学,2009 (3):244 – 245。

代汉语的对应词"知道""听说"之间也存在,现代汉语口语通过焦点重音来显示这种区别。比较:

我知道他去美国了。
我听说他去美国了。

一般情况下,前例的句重音一定在"知道"上,而后例的句重音一定不在"听说"上。句重音体现焦点,说明前例的焦点在"知道"上,而后例的焦点不在"听说"上。焦点落在"知道"上就是为了强调"知道",也就是确认"(我)知道",而焦点不在"听说"上则显然不是想确认"(我)听说"。后例的焦点一般会落在"去美国"上,这显然是说话人预设听话人不知道"他去美国"这件事,是向他报道一个新信息。

沈、完还对笔者文中关于心理动词"恐""惧""患""恶""愿"带与不带"之 s"宾语的分析提出不同看法。他们认为:"由于人的'趋利避害'心理,希望发生的事情跟人的心理距离近,可及度高,倾向于不加'之',害怕发生的事情跟人的心理距离远,可及度低,倾向于加'之'。"[①] 问题还是出在对"可及性"概念的认识上。只有已知信息才有"可及性"(按他们的说法是"可及度"),新信息为不可及信息,因而不存在"可及性"问题。我们的调查结果显示,"恐""惧""患""恶"所带宾语是原因宾语,而"愿"带的是目的宾语。原因宾语所表示的一般是交际双方的共享信息,以"患"字为例,在《左传》里"患"除了带"之 s"宾语外,还带体词宾语和谓词性宾语,所带的体词宾语主要是如下两类:回指性代词"之"(28 例)和专有名词(7 例),回指性代词"之"回指前文出现的事件或者事物,专有名词为人名或者国名,都是表示已知信息。例如:

(41) 祭仲专,郑伯患之。(桓公十五年)
(42) 宣子骤谏,公患之。(宣公二年)

---

① 沈家煊,完权. 也谈"之字结构"和"之"字的功能 [J]. 语言研究,2009 (2):1-12.

(43) 宣子与诸大夫皆患穆嬴。(文公七年)

(44) 鲁人患阳虎矣。(定公六年)

其他体词宾语（1 例）和谓词性宾语（8 例）也都是表示已知信息的。例如：

(45) 卫侯欲叛晋，而患诸大夫。(定公八年)

(46) 刘子谓苌弘曰："甘氏又往矣。"对曰："何害？同德度义。《大誓》曰：'纣有亿兆夷人，亦有离德；余有乱臣十人，同心同德。'此周所以兴也。君其务德，无患无人。"(昭公二十四年)

前例"患诸大夫"之"诸大夫"即卫国之诸大夫，且下文有卫国大夫支持卫君叛晋之语，因而是可及性信息；后例"无患无人"之"无人"有前文语境支持，为可及性信息。

"愿"则与"患"形成鲜明对照。《左传》里"愿"带宾语共 28 例，其中 26 例为表达新信息的非"之 s"小句或者谓词性短语。例如：

(47) 我襄公未忘君之旧勋，而惧社稷之陨，是以有殽之师。犹愿赦罪于穆公，穆公弗听，而即楚谋我。(成公十三年)

(48) 寡君使匄，以岁之不易，不虞之不戒，寡君愿与一二兄弟相见，以谋不协。(襄公三年)

(49) 辞曰："夫和戎狄，国之福也；八年之中九合诸侯，诸侯无慝，君之灵也，二三子之劳也，臣何力之有焉？抑臣愿君安其乐而思其终也。"(襄公十一年)

(50) 楚子成章华之台，愿以诸侯落之。(昭公七年)

(51) 寡君欲徼福于周公，愿乞灵于臧氏。(哀公二十四年)

只有两例"愿"的宾语是表示已知信息的：

(52) 宣伯曰："鲁以先子之故，将存吾宗，必召女。召女何如？"

对曰:"愿之久矣。"(昭公四年)

(53)齐侯执阳虎,将东之。阳虎愿东,乃囚诸西鄙。(定公九年)

前例"愿之"之"之"称代前文提到的"鲁召"之事,是已知信息,不过此例"愿之"实为句子的话题,并非句子的谓语部分。后例"愿东"之"东"名词用为动词,与前文"东之"之"东"用法同、所指同,因而是已知信息。

"患""愿"在《左传》里的使用情况说明,用"趋利避害"心理来解释"恐""惧""患""恶"与"愿"的差异显然是不确的,无论如何也不能认为回指性代词"之"和专有名词的可及性还低于表示新信息的小句或者谓词性短语。

最后一点,笔者文中对周秦文献(注意,仅限于周秦文献)里某些表示已知信息充当主语(话题)、宾语或者从句的小句不是"之 s"而是非"之 s"的现象从语言系统内部和系统外部两个角度提出了几种可能的解释,其中外部因素我们提到了文献流传过程中的失真,所举的例子是《论语·季氏》里的"禄之去公室五世矣,政逮于大夫四世矣,故夫三桓之子孙微矣"。这个例子中,"政逮于大夫四世矣"与"禄之去公室五世矣"是并列关系,"政逮于大夫"与前面小句中的"禄之去公室"的句法功能相同,都是充当主语(话题),而且都是表述当时大家都知道的历史事实,是已知信息,但是"禄之去公室"是"之 s",而"政逮于大夫"却是非"之 s",我们认为一个很可能的原因是文献失真所致。沈、完对这个例子提出了另外的解释,他们的解释也许是有道理的,但是他们说"这种并列的例子不是少数几个而是大量的……难道都归因于文献失真?"① 这个说法既不符合事实,也不符合我们的分析。从事实角度说,在周秦文献里,像上面这样并列的例子一个使用"之 s"一个不使用"之 s"的情况是非常罕见的,至少在我们调查统计的三部文献里这是仅见。他们说"上面列出的已经不少",我们检视他们所列的例子,其例 6) 有"若事之捷"与"不捷"对举,他们认为"不捷"是"若事不捷"的省略,安知不是"若事之不捷"的省略?其例 12)"德之不修,学之

---

① 沈家煊,完权. 也谈"之字结构"和"之"字的功能 [J]. 语言研究,2009 (2):1 - 12.

不讲，闻义不能徙，不善不能改，是吾忧也"。其中"德之不修，学之不讲，闻义不能徙，不善不能改"确实是并列关系，但这四个句子的内部关系并不一致，"德之不修""学之不讲"是"之 s"，其中"德""学"都是后面动词受事成分的话题化；而"闻义不能徙""不善不能改"则是紧缩复句，最起码"闻义"显然不是"徙"的受事成分话题化，因而不能看作句子的主语（话题）。其例 13）、14）所并列或对举的都是"之 s"，其例 15）a/b 是《史记》的例子，既不在我们所论范围之内，也不能作为反驳我们的证据，因为前人早有充分论述，《史记》时代"之 s"已经大为衰微了。而且严格说来，其例 15）a/b 也不能算并列，虽然在同一篇中出现，但却不是在同一语境当中，更不在上下句中。这样他们的"不少"实例实际上没有一个是真正的反例。从我们的分析角度说，我们更侧重从语言系统内部找原因，提出了四点语言系统内部因素，沈、完似乎将我们所谈的语言系统内部因素都忽略掉了。

（本文原载《语言研究》2020 年第 1 期）

**参考文献**

［1］洪波．周秦汉语"之 s"的可及性及相关问题［J］．中国语文，2008（4）．

［2］江蓝生．处所词的领格用法与结构助词"底"的由来［J］．中国语文，1999（2）．

［3］沈家煊，完权．也谈"之"字结构和"之"字的功能［J］．语言研究，2009（2）．

［4］张家骅．"知道"与"认为"句法差异的语义、语用解释［J］．当代语言学，2009（3）．

［5］张敏．从类型学看上古汉语定语标记"之"语法化的来源［G］//语法化与语法研究（一）．北京：商务印书馆，2003．

［6］Ariel, M.. The discourse functions of given information［J］． *Theoretical Linguistics*，1985（12）．

［7］Ariel, M.. Referring and accessibility［J］． *Journal of Linguistics*，1988（24）．

［8］Ariel, M.． *Accessing noun – phrase antecedents*［M］．London & N. Y.：Routledge，1990．

［9］Ariel, M.. The function of accessibility in a theory grammar［J］． *Journal of Pragmatics*，1991（16）．

［10］Ariel, M. Interpreting anaphoric expressions：A cognitive versus a pragmatic approach［J］． *Journal of Linguistics*，1994（30）．

［11］Sperber, D. and Wilson, D. 。 *Relevance*［M］．Oxford：Blackwell，1986．

# 从简单句关系化的最初习得到名词短语可及性等级的解释维度

张云秋  李若凡

**(一) 问题的提出**

说到简单句的关系小句化,就不能不想到著名的名词短语可及性等级(NP Accessibility Hierarchy,NPAH)。这是 Keenan 和 Comrie (1977) 基于 50 种语言简单句关系化过程的考察而提出来的一条蕴含共性,其含义是:在简单句关系化时就中心成分的提取而言,提取句子的主语、直接宾语、间接宾语以及旁语(oblique)(领属、比较等)而使其他结构成为从属定语的难易程度是不一样的,其中主语的提取最容易,旁语的提取最难,因而形成一个名词短语可及性等级,即主语 > 直接宾语 > 间接宾语 > 旁语。如果一种语言能够提取旁语形成关系小句则蕴含着这种语言也能够提取间接宾语、直接宾语和主语而形成关系小句,如英语和汉语。语言中不存在可以提取等级在后的成分形成关系小句却不能提取等级在前的成分形成关系小句的情况。不同语言的关系小句化都遵循上述 NPAH,不同只在于提取的中心成分在这个 NPAH 中截止点的不同。

Comrie (1981) 认为 NPAH 更多是统计学意义的,并恰好在这个等级序列的每个点上都找到相应的语种。这样看来 NPAH 这一蕴含共性本质上仍是一种描写而不是解释,也就是说,即使 NPAH 是完全正确的话,但为什么人类语言关系小句化要遵循这样的共性还没有给出解释。

Keenan 和 Comrie (1979) 提出 NPAH 后,一些语言学家对该蕴含共性从小句分类、个别语言关系化的补充条件、NPAH 在不同语言中的表现等方面进行了修正和补充,如 D. Johnson (1977)、D. Maxwell (1979)、B.

Fox（1987）、M. Tallerman（1990）、J. Hawkins（2007；2011）等。中国学者也就汉语关系从句的类型、句法标记、篇章特征、实验支持以及与英汉关系从句化策略的对比等方面进行了研究，如刘丹青（2005）、唐正大（2007）、徐赳赳（2008）、周统权等（2010）、刘涛等（2011）、许余龙（2012）等。总的来说，对 NPAH 更多的是描写，偶有解释仅针对特定的研究对象。

我们很想知道人类语言简单句关系化的蕴含共性为什么是这样？并且进一步推测：由于儿童语言习得之于语言学论证的高度相关性，假如 NPAH 是完全正确的话，那么儿童对各类简单句关系化的最初习得应该符合 NPAH，即先习得主语关系小句，之后习得宾语关系小句，最后习得旁语关系小句。因此，我们希望从汉语早期儿童简单句关系化的最初习得特征出发，并与英语类儿童对该类句子习得特征的对比，寻找 NPAH 的解释维度，同时也解释跨语言儿童简单句关系化习得特征的制约因素。

**（二）研究现状**

儿童简单句关系化的习得很早就引起语言学家的关注，如 Diessel（2004），Adams（1990），McDaniel 和 McKee 等（1998），Labelle（1996），Adani（2008；2011），Friedmamn, Belletti 和 Rizzi（2009），Belletti 和 Contemori（2010）等对英语、法语、意大利语、希伯来语等语言儿童产出情况或理解情况进行考察，显示主语关系小句的习得明显早于宾语关系小句，主语关系小句在数量上也占优势。日语儿童关系小句的习得研究（Hakuta, 1981；Ozeki, H. & Shirai, Y.；2007）显示，儿童对主语关系小句和宾语关系小句的习得呈现出多样性特征。

在汉语儿童关系从句的习得方面也有一些研究，这些研究主要考察汉语儿童理解主语关系从句和宾语关系从句是否具有不对称性。Chang（1984）认为 7—12 岁儿童各年龄段对 SR 和 OR 的理解没有显著的不对称；Lee（1992）和 Hsu 等（2009）和 Hu 等（2016a；2016b）的数据显示从 03；00 - 08；00 岁儿童各年龄段产出和理解 SR 均优于 OR；Cheng（1995）的实验数据显示 03；00 - 05；00 岁儿童理解或产出更多的 SR；Su, Y. - C.（2004）的研究表明 05；00 - 06；00 岁儿童对 SR 的正确反映略低于 OR，但她认为这种差别可能并不能说明什么；杨彩梅（2013）的实验研究包括两个，其中诱导产出中 02;04-03;00 岁组儿童对 OR 的产出正确率高于 SR，但作者认为此不同可能与两个测试句的深层结构不同有关，另一个诱导产出和理解任务中 03;00-06;00 各年龄段儿童对 SR 和 OR 的理解则没有差异；Chen 和 Shirai（2015）运用语料库的方法考察 00;11-03;05 岁 4 名儿童的产出，发现在自发言语中 OR 比 SR 出现更早，数量更多。另外，叶彩燕、马诗帆（2013）研究了粤语优势的粤英双语儿童对英语宾语关系小句的习得，发现这类双语儿童把英语宾语关系从句放在核心词的前面，如"Where's the Santa Claus give me the gun?"（即 Where's the gun Santa Claus gave me?）与英语为母语儿童的习得情况不同。

总的来说，目前汉语儿童关系小句的习得研究成果不少，但习得数据大多为实验数据并且年龄大多为 3;00 岁及以上，只有 Chen 和 Shirai（2015）的研究使用了自发语料并且考察了年龄较小儿童的产出情况，但是两位学者所考察的儿童只有两名，年龄分别是 00;11-01;11 岁和 01;01-03;05 岁，其中对被试儿童 DAN 的语料又只考察到 01;11 岁，另外两名儿童的语料则分别从 02;06 和 03;01 岁开始。从儿童自然产出的数据看，3;00 岁并不是儿童习得关系小句的起始年龄，所以无论实验数据还是自然数据都有必要从更小的年龄开始，另外，实验数据如果能与自然数据结合起来，相信对儿童简单句关系化习得面貌的观察将更为全面。

关于以往研究发现的习得特征，已有的解释包括移位及最短链接、受主句语序的影响（如 Wanner & Maratsos，1978 等）、平行功能假说（如 Sheldon，1974）、合并（非移位处理）（如杨彩梅，2013）以及母语主句语序的影响（如 Crain 等，1993；叶彩燕、马诗帆，2013）。我们觉得这样的解释可能是表面的，有的语言，如马尔加什语（Malagasy），只能主语关系小句化，无法验证上述解释。另外，从本文的研究目标看，已有的研究和解释没有把儿童习得特征的解释与 NPAH 的解释联系起来，我们不仅仅用儿童习得数据验证 NPAH，更希望从儿童语言习得中发现 NPAH 的解释视角。

NPAH 作为一条蕴含共性，应该与不同语言儿童的习得特征都吻合。汉语关系小句定语的语序与英语类语言不同，那么汉语儿童的习得特征与英语类儿童的习得特征一致吗？如果一致意味着什么？如果不一致又意味着什么？我们希望通过本研究对上述问题给出可信的描写和解释。

# 一、汉语儿童简单句关系化的早期习得

## （一）数据获取说明

在寻找数据时我们考虑两个重要问题：一是如果从一种语料数据中得到的规则是正确的话，那么用其他方法也应该得到同样的规则，基于这种认识，我们既使用自然语料也通过实验方法获取数据；二是自然语料的习得时间是选择实验儿童年龄的前提，假如自然语料中儿童在02；00岁就习得了关系小句，实验选取的儿童至少应该包括02；00岁组，否则实验数据有可能不完全可信，所以本文实验数据最小年龄组为02；00岁。

本文的自然语料来自首都师范大学言语习得实验室的普通话儿童动态发展语料库，从中选取三名儿童01；06－04；11岁语料作为本文的观察样本。每个孩子都是每周一次、每次约一小时不间断的录音及录像，基本按CHILDES中CHAT规范进行文本转写，然后使用CLAN[①]相关命令进行自动检索，并通过人工辨析排除一些似是而非的句子。三名儿童的名字及语料使用区段是：LXY（01；07－04；09）、SYY（01；08－04；06）和JBS（01；07－04；11）。每个孩子都没有认知及听力障碍，父母均在北京工作。习得数量统计是按例子（token）进行的，但排除连续重复的用例，同时排除儿歌、诗歌中的用例，习得时间按自主产出、表意明确并语境适用为准。另外，有一些没有中心语的结构（如"爸爸用的、给姐姐的"等）我们若能根据上下文知道"的"确为关系化标记，则计入产出用例，否则不计入习得用例。"的"处在句尾可以凸显焦点并表示事态已然，如"妈妈：（拿着玩具）这（是）谁买的？儿童：（这）姑姑买的。"这时我们很难说清"的"表示已然和凸显焦点还是缺少中心语的关系化标记，因此，这类例句我们不计入产出。鉴于本文研究目标并非关系从句从无到有的历时生长以及被试儿童较早就产出关系从句的实际情况，关系从句的始现时间均以有中心语的用例为准。

本文的实验数据来自秦皇岛东方爱婴早教中心以及北京市房山区一所民

---

[①] CHILDES 及其中 CHAT 和 CLAN 程序的详细介绍见 MacWhinney, B (2000)。

办幼儿园共98名幼儿的实验语料。被试儿童共98人,其中两岁组36人(男童21,女童15),三岁组35人(男童14,女童21),四岁组27人(男童12,女童15),被试儿童均智力发育正常,在普通话环境下成长。实验任务是一次诱导模仿任务、一次图片选择任务和一次诱导产出任务,每名儿童在较安静的实验环境下完成四种诱导模仿、四种图片选择和四种诱导产出。实验全过程通过录像记录,之后实验人员反复看录像人工辨析并标记被试选择和产出的正误。成人数据来自首都师范大学一个研究生班,其中男性被试8名,女性被试12名,共计20名,平均年龄25岁。

关于儿童任务完成正确与否的标准是这样的:图片选择任务中,我们仔细观察被试儿童的行为和神态,有思考后选择、随意选择和经暗示后选择三种情况,若为后两者则视为错误,不计入正确率;诱导模仿和诱导产出任务中,以被试儿童产出与预期答案相一致作为正确标准,有的儿童最初产出不完整句子,但经诱导后可以补充完整的视为正确产出,但所产出句子不是关系从句(如把关系从句"小兔吃的萝卜"说成主谓句"小兔吃萝卜");与预期答案类型不一致的关系从句(如把"吃萝卜的小兔"说成"小兔吃的萝卜";不成句的碎词)如把"吃萝卜的小猪"说成"胡萝卜小猪""小猪""胡萝卜"),则视为错误产出。三种实验任务中不参与或没有任何表达的情况看作无效被试,既不计入正确率也不计入错误率。实验图片及动画举例如下。

| 图片选择① | 诱导模仿 | 诱导产出 |
|---|---|---|
| 哪一个是姐姐抱着的小熊拿着的小兔? | 这是吃萝卜的小兔 这个呢? | 哪个小熊回家了? |
| (图片中的两只小兔都眨眼睛) | | (此幅动画中摘下苹果的小熊向房子移动) |

---

① 此图片选择任务最准确的答案应该是儿童指右侧图片中的小兔。通过实验录像进行统计时,我们可以看到被试儿童大部分也是这样指的。但是也有一部分儿童胆子很小,只指了指右侧的图片,没有确切地指小兔。考虑到结构的整体性和儿童的性格特征,我们没有再次测试,把只指了指图片的情况也归入正确理解。

### (二) 习得数据

与 NPAH 相关的关系小句分类是根据关系化后核心词在关系从句中的句法作用把关系从句分为主语关系从句（SU）、直接宾语关系从句（DO）、间接宾语关系从句（IO）和旁语关系从句（OBL），这就是简单句关系小句化。也有研究根据核心词在主句中的句法作用把关系从句分为主语从句（SUBJ）、宾语从句（OBJ）、旁语从句（OBL）、谓语名词句（PN）等（如 Diessel & Tomasello，2000；Diessel，2004）。基于汉语儿童早期自然产出语料的实际及本文的研究目标，我们这里只考察根据核心词在关系从句中的句法作用所做的分类，并且主要考察主语关系从句和宾语关系从句，分别码化为 SR 和 OR。

#### 1. 自然语料中的数据

我们发现汉语儿童在 05；00 岁之前还不能产出旁语关系从句，间接宾语关系从句在 04；00 岁以后有个别产出（只有 JBS 在 04；10 岁产出 1 例，如"老婆婆给糯米团的那个"），主语关系小句及单宾语简单句的宾语关系小句则都有大量的产出①，双宾语句的直接宾语和间接宾语关系化都归为宾语关系从句。我们先看关系小句习得基本数据（见表1表2）。

表1　三名儿童各类型关系小句产出时间和数量

| 儿童 | 语料年龄 | SR | | OR | | OBL | | 总计 |
| --- | --- | --- | --- | --- | --- | --- | --- | --- |
| | | 数量 | 时间 | 数量 | 时间 | 数量 | 时间 | |
| SYY | 01;08 – 04;06 | 15 | 2;03 | 90 | 1;11 | φ | | 105 |
| LXY | 01;07 – 04;09 | 35 | 2;05 | 58 | 2;00 | φ | | 93 |
| JBS | 01;07 – 04;11 | 53 | 2;04 | 185 | 1;09 | 1 | 4;03 | 239 |
| 类型总计 | | 103 | | 333 | | 1 | | |

---

① 还有一些中心语和关系从句不存在语法关系而只是松散的联结关系的关系结构，如"the thing involved in going to Australia"或者"小明午睡的时间"，Comrie（1996、1998）称之为亚洲型修饰名词的从句，杨彩梅（2013）称之为典型汉语式关系结构。由于这类关系结构与其他关系小句化的提取角色不是可比较的句法角色，因此不在本文讨论范围内。

表2　三名儿童最早产出的10个从句类型

| 儿童 | 语料年龄 | SR | OR |
|---|---|---|---|
| SYY | 01；08-02；03 | 1 | 9 |
| LXY | 01；07-02；06 | 2 | 8 |
| JBS | 01；07-02；03 | 0 | 10 |
| 类型总计 | | 3 | 27 |

自主始现例句举例如下：

(1) SYH：谁的书包？
　　SYY：我拿的小书包。(01；11)
(2) SYY：打针的那个。(02；03)
(3) HXT：是哪个小老鼠呀？
　　LXY：宝宝玩的老鼠。(02；00)
(4) LXY：我是吃肉的恐龙。(02；05)
(5) WSS①：来，给我滑，啊呀，这是什么拳呀？
　　JBS：　洋洋打的拳。　(01；09)
(6) JBS：我还有一个姐姐，一个打电话的姐姐。(02；04)
(7) JBS：给它消毒的那个，手伸进去。(04；03)

我们再用饼形图和折线图直观地表述各类关系小句的产出数量、比例及年龄与频数的发展情况（见图1和图2）。

■主语关系从句　■宾语关系从句　■旁语关系从句

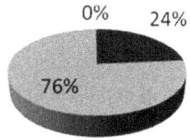

图1　汉语儿童各类关系小句产出数量比例

---

① (1)、(3)、(5) 各例中的 SYH、HXT、WSS 分别是儿童家长和语料采集者名字拼音的首字母缩写。

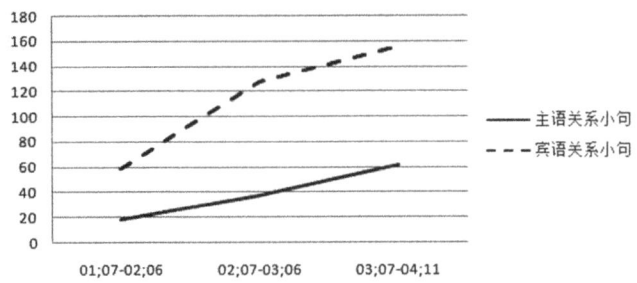

**图2　汉语儿童各类关系小句年龄及频数发展情况**

汉语儿童产出的数据表明，无论在习得时间上还是在习得数量上，儿童宾语关系从句的早期习得均占优势。

另外，我们也考虑到优先习得哪一类关系从句会不会受到核心词在主句中句法角色的影响，为此我们进一步观察了三名儿童核心词在主句和从句中句法角色各不相同的关系从句，包括SS（主句主语从句主语）、SO（主句主语从句宾语）、OS（主句宾语从句主语）、OO（主句宾语从句宾语）。我们仍然列表看三名儿童产出情况：

**表3　三名儿童复杂结构中关系小句产出时间及数量**

| 儿童 | 语料年龄 | SS | | SO | | OS | | OO | | 总计 |
| --- | --- | --- | --- | --- | --- | --- | --- | --- | --- | --- |
| | | 数量 | 时间 | 数量 | 时间 | 数量 | 时间 | 数量 | 时间 | |
| SYY | 01;08 – 04;00 | 1 | 2;05 | 7 | 2;01 | 2 | 3;00 | 3 | 2;03 | 13 |
| LXY | 01;07 – 04;00 | 3 | 2;08 | 11 | 2;04 | 3 | 3;02 | 5 | 2;05 | 22 |
| JBS | 01;07 – 04;00 | 2 | 2;07 | 14 | 2;04 | 5 | 3;09 | 9 | 2;04 | 30 |
| 类型总计 | | 6 | | 32 | | 10 | | 17 | | |

儿童产出部分例句如下：

(8) JBS：我要穿你给我买的那个鞋。（OO）（03;00）

(9) JBS：不听话的小孩不发（指发放礼品）什么。（SS）（03;02）

(10) JBS：妈妈买的枪坏了。（SO）（02;04）

(11) JBS：抓不听话的小孩。（OS）（04;03）

(12) SYY：我老姑给我买的我收起来了。（SO）（02;04）

(13) SYY：挑那偷酒喝的小老鼠。(OS)（03；00）

(14) LXY：我要吃的糖找不着，吃掉了，(SO)（02；09）

(15) LXY：这样就可以做一个洗脸的恐龙（OS）（03；02）

数据表明，三名儿童优先习得哪一类关系从句没有明显受到核心词在主句中句法角色的影响，虽然在主句宾语环境下 OR 的数量没有显著优势，但习得时间还是明显优先于 SR，总的来说，无论在主句主语还是在主句宾语环境中，提取宾语情况的时间和数量都优先于提取主语。比较突出的是 JBS，该儿童在 04；00 岁之前共产出四类句子 30 句，其中 SO 和 OO 共 23 句，SS 和 OS 共 7 句，并且 SS 和 OS 的产出时间都晚于 SO 和 OO。

**2. 实验数据**

根据实验任务，每名儿童需要完成一次诱导模仿任务、一次图片选择任务和一次诱导产出任务。诱导模仿任务是最为简单的关系化小句（如"吃萝卜的小兔"和"小兔吃的萝卜"），但除理解图片内容外还要求儿童按给定的句子框架进行模仿。图片选择任务，包括两次提取主语（如"抱着拿着小熊的小兔的姐姐"）和两次提取宾语（如"姐姐抱着的小熊拿着的小兔"）的较为复杂的关系化小句（套嵌关系结构的关系小句），难度比诱导模仿任务有所增加。诱导产出任务则是给出动画及语境，让儿童根据动画和语境自主产出实验者预期的关系从句（如"SS：摘苹果的小熊回家了""SO：小熊摘的苹果变大了""OS：小兔亲了摘苹果的小熊""OO：小猪咬了小熊摘的苹果"），用以考察核心词在主句中句法角色不同的关系小句的习得情况，难度进一步增加。各组儿童不同类型实验任务的正确率如下：

表 4　汉语儿童关系小句习得实验数据

| 实验内容 | 组别　正确率 | 成人组 平均 25 岁 | 两岁组 平均 2;07 岁 | 三岁组 平均 3;04 岁 | 四岁组 平均 4;05 岁 | 儿童组间平均 |
|---|---|---|---|---|---|---|
| 诱导模仿 | SR | 100 | 57 | 73 | 94 | 74.7 |
|  | OR | 100 | 62 | 72 | 90 | 74.7 |

续表

| 实验内容 | 组别/正确率 | 成人组 平均25岁 | 两岁组 平均2;07岁 | 三岁组 平均3;04岁 | 四岁组 平均4;05岁 | 儿童组间平均 |
|---|---|---|---|---|---|---|
| 图片选择 | SR | 95 | 42 | 56 | 60 | 52.7 |
|  | OR | 100 | 64 | 63 | 74 | 67 |
| 诱导产出 | SS | 100 | 37 | 63 | 83 | 61 |
|  | SO | 100 | 80 | 78 | 79 | 79 |
|  | OS | 100 | 50 | 63 | 67 | 60 |
|  | OO | 100 | 63 | 88 | 88 | 79.7 |
| 组内平均 |  | 99.4 | 56.9 | 69.5 | 79.4 |  |

考虑到个别被试儿童可能不完全理解实验意图、有的用非关系从句或碎词代替关系从句来表达动画意思，或者个别儿童性格等其他因素的干扰，我们不能肯定儿童五岁前能不能完全习得各类关系从句。但从上述数据来看，呈现出儿童随年龄增长对各类关系从句理解及产出的正确率越来越高的趋势，只有两岁组儿童在诱导产出任务中对 SO 类型产出的正确率略高于三岁组和四岁组。

就本文最为关心的主语关系从句和宾语关系从句的习得顺序而言，两岁组的差异最大，各实验任务数据都显示出儿童对宾语关系小句的习得优先于主语关系小句：其中诱导模仿任务因为是最简单的关系化小句，主语关系小句和宾语关系小句的正确率虽然有差距，但是并不大；但图片选择任务中儿童提取主语和提取宾语的正确率差距较大，分别为 42% 和 64%；诱导产出任务是考察复杂结构中关系小句的习得情况，两岁组儿童的产出正确率差距仍然非常大，如果把 SS 和 OS 合并、SO 和 OO 合并的话，主语关系小句和宾语关系小句产出的平均正确率分别为 43.5% 和 71.5%。

三岁组在诱导模仿任务中的产出正确率基本持平，但在图片选择任务和诱导产出任务中主语关系小句和宾语关系小句的正确率差距加大，但与两岁组相比差距有些缩小，而在诱导产出任务中提取主语和提取宾语的正确率差距增加，把 SS、OS 和 SO、OO 分别合并之后，主语关系小句和宾语关系小句产出的平均正确率分别为 63% 和 83%。

四岁组儿童诱导模仿任务中选择主语关系小句的正确率略高于宾语关系小句,图片选择任务选择宾语关系小句的正确率又高于主语关系小句,诱导产出任务中 SS 的产出正确率高于 SO,而 OS 的产出正确率又低于 OO,因此可以认为四岁组对主语关系小句和宾语关系小句的理解和产出正确率大体是持平的。

综上,汉语儿童关系小句的理解、诱导模仿和诱导产出实验数据说明:汉语儿童年龄越小,宾语关系小句的习得越优先于主语关系小句,这个习得特征与自然产出数据所显示的习得特征大体是一致的。

### 3. 与英语类儿童习得数据的对比

英语类儿童简单句关系化的习得数据也包括产出数据和实验数据,产出数据我们可以看 Diessel(2004)对四名英语早期儿童的研究。四名儿童是 Adam(02;03 - 04;10)、Sarah(02;03 - 05;01)、Nina(01;11 - 03;04)和 Peter(01;09 - 03;02),在所列的年龄段四名儿童共产出关系小句 297 句,其中主语关系小句 169 句,宾语关系小句 110 句,旁语关系小句 18 句。部分例句如下:

(16) Nina: I want to see some ducks that do that too. (03;02)
(17) Adam: People dat can jump in dere. (04;00)
(18) Adam: I gon draw everything I like. (03;05)
(19) Sarah: These are my duties I have to do. (04;10)
(20) Peter: You left this toy I am playing with. (03;01)

我们按 Diessel 著作中的方式用柱形图和折线图直观地展示各类关系小句的习得比例及儿童习得的年龄和数量(图3、图4)。

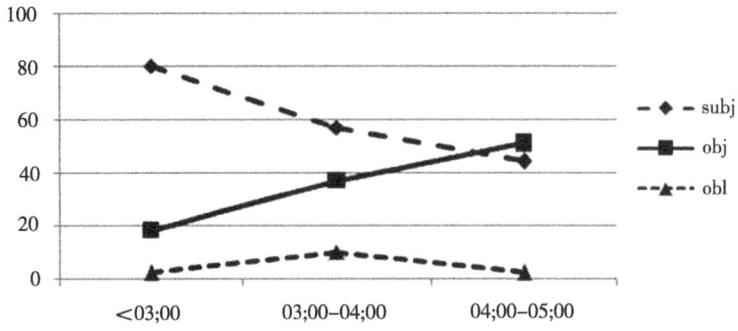

图 3　英语儿童各类关系小句产出数量比例

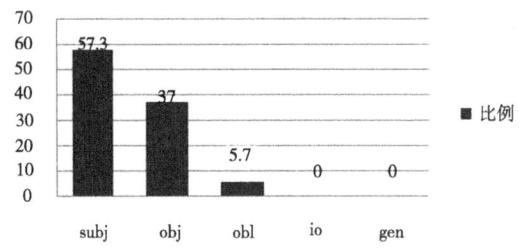

图 4　英语儿童各类关系小句产出年龄及频数发展情况

单就主语和宾语关系小句而言，产出数据显示无论在习得时间上还是在习得数量上，英语儿童主语关系从句的早期习得均占优势。

英语类语言儿童关系从句的产出数据和实验数据非常丰富，如 Sheldon（1974）、Bar‐Shalom 等（1993）、McDaniel 等（1998）、McKee 和 McDaniel（2001）、DeVincenzi（1991）、Labelle（1996）、Adani（2008；2011）、Friedmamn 等（2009）、Belletti 和 Contemori（2010）等。大量数据显示，主语关系从句产出明显早于宾语关系从句。比如 Labelle 对 100 多位法语 03；00‐06；00 儿童产出的 1348 句关系从句进行分析，发现产出的关系从句经常没有关系代词，儿童首先产出主语关系从句，之后是宾语关系从句。Adani（2011）通过图片选择实验发现意大利儿童 03；00 岁能非常准确地理解主语关系从句，04；00 岁能准确理解宾语关系从句，甚至达到成人的水平。Friedmamn 等对 22 个希伯来语 03；07‐05；00 岁儿童进行考察，发现 90% 的儿童能很好理解主语关系从句，但只有 55% 能理解宾语关系从句。

通过汉语和英语类语言儿童对简单句关系化的习得情况对比，我们可以明显看到英语类语言早期儿童与汉语早期儿童习得的类型顺序不同。英语类儿童的习得顺序是：主语关系小句 > 宾语关系小句；汉语儿童则是：宾语关系小句 > 主语关系小句。也就是说，英语类儿童关系小句类型的习得特征与 NPAH 相符，但汉语儿童关系小句类型的习得特征与 NPAH 不符。

## 二、汉语儿童简单句关系化习得特征的初步解释

### （一）已有的说法

对儿童简单句关系化习得特征的解释主要集中于英语类语言。其中有代表性的包括移位及最短链接（the Minimal Chain）、主句语序的影响。

DeVincenzi（1991）认为关系从句是通过移位分析实现的，但存在最短链接问题，比如下列 A 句为短链接，B 句则为长链接。

    A. the horse$_i$ [that <e>$_i$ is chasing i the lions]
    B. the horse$_i$ [that i lions are chasing <e>$_i$]

较短的链接容易处理，较长的链接难以处理。类似的解释还有 Rizzi（2004）提出的移位局域性原则，比如，在"X⋯Z⋯Y"这一结构中，如果 Z 和 X 是同类的，那么 X 和 Y 之间的局域性联系会被 Z 干扰，即 Y 不能越过 Z 而移往 X 的位置。也就是说，在"X lions [Z] are chasing the horse [Y]"这样的句子关系化时，主语对宾语移位有干扰效应[①]。

Sheldon（1974）的"平行功能假说"（The parallel-function hypothesis）以及 Wanner 和 Maratsos（1978）的"填充项-空缺假说"（The filler-gap hypothesis）都可以看作主句语序影响这一观点。比如，平行功能假说认为儿童在理解关系小句的过程中，会倾向于认定核心词和空缺成分具有同样的语义功能，因此英语儿童在理解主语关系小句更容易。填充项-空缺假说认为中心语与关系小句空缺成分之间的距离远近会影响儿童对于关系小句的理解，如果近，理解得就好。我们看下面例句：

---

① 参见杨彩梅（2013）相关介绍。

C. Animals（核心词）that（空缺成分）eat grass
D. The grass（核心词）that animals eat（空缺成分）

"动物吃草"关系化后，很明显，C句的"（空缺成分）eat grass"与主句有平行性，并且核心词（中心语）与空缺成分之间的距离比D句近。用这样的假说反观汉语关系小句的话，也能很好地解释汉语儿童的习得特征。比如：

E. （空缺成分）吃草的动物（核心词）
F. 动物吃（空缺成分）的草（核心词）

F句"动物吃（空缺成分）"与主句有平行性，并且核心词（中心语）与空缺成分之间的距离也比E句近，因此F句儿童优先习得。

## （二）句法的加工或运算

主句语序对儿童关系小句类型的习得有影响是显而易见的。但儿童习得为什么受主句语序的影响？上述假说显然不能再进一步，我们相信这种现象应该与关系小句化这一句法程序的认知加工有很大的关系，或者说认知加工的复杂与简单是制约儿童习得特征的根本原因。

各类简单句关系化的句法加工包括添加关系标记、移位、添加回指标记（代词保留）。有的关系小句化涉及较少的加工步骤，有的则涉及多个加工步骤，对早期儿童来说，优先习得加工步骤少的关系小句是必然的，如，提取旁语的加工步骤比提取主语和宾语的步骤要多。关于移位，理论上可以包括有间隔的长距离移位和无间隔的短距离移位，前者如汉语中"张三吃饭"，若提取"张三"，需要长距离移位到"吃饭"的后面，即"吃饭的张三"；英语中 Animals eat grass 若提取 grass 需要把 grass 长距离移位到 Animals eat 的前面，即 The grass that animals eat）；后者如"张三吃饭"在提取宾语"饭"的时候、Animals eat grass 在提取 animals 的时候。不过短距离移位不涉及语序颠倒，几乎在添加关系标记时就加工完成，所以为列举变量的方便我们暂且把短距离移位看作非移位。以下用表格显示句法加工难易程度（表5）。

表 5　汉语和英语类关系小句的句法加工难易度

| 汉语 | 关系标记 | 移位 | 回指标记（代词保留） | 英语类语言 | 加工难易度 |
| --- | --- | --- | --- | --- | --- |
| 宾语关系小句 | + | - | - | 主语关系小句 | 低 |
| 主语关系小句 | + | + | - | 宾语关系小句 | 中 |
| 旁语关系小句 | + | + | + | 旁语关系小句 | 高 |

我们可以看到跟主句语序具有平行性并优先习得的关系从句，如英语的主语关系小句和汉语的宾语关系小句，其关系化的句法加工步骤最少，认知运算更容易，因此是两种语言儿童优先习得的关系小句类型。即在关系小句化时不管是提取主语还是提取宾语，如果只运用一个加工步骤就能完成关系小句化，不论哪种语言儿童一定优先习得这一类关系小句，之后习得运用两个加工步骤形成的关系小句，然后是运用三种加工步骤才能形成的关系小句。

不仅儿童习得如此，成人语言也受此影响。唐正大（2007）对关内式（指代成分－关系成分－核心成分）和关外式（关系成分－指代成分－核心成分）两种语序进行描写，发现了不同语序在书面语和口语与关系化对象（主语和宾语）的关联以及对应关系：书面语中关内式与主语关系化相关联，关外式与宾语关系化相关联；口语中关内式几乎不说，关外式则几乎一统天下，也就是说，在口语中提取宾语更常见。刘丹青（2005）描写了北京话及吴语苏州话和香港粤语等方言的关系从句标记类型，发现汉语多种关系化手段都是优先提取宾语，并且同意唐正大（课题组讨论）关于宾语提取更符合经济原则的观点。

## 三、NPAH 的认知解释及关系小句习得预测

### （一）优势语序的认知解释

前文提到刘丹青（2005）的研究，刘丹青尽管同意唐正大（课题组讨论）的观点，但强调这种宾语提取的省力性只在汉语这种关系从句语序类型特殊（在中心语前）的语言中才体现出来，即汉语宾语关系化的优势受制于关系从句的语序特征。

陆丙甫（2005）提出语序优势的认知解释，认为人类语言的语序受制于

可别度的高低和语义上的是否临近,并把这两个制约因素称为"可别度领前原理"和"语义靠近原理"。按 Greenberg(1966)的语序类型,人类语言应为6种类型,但 Greenberg(1966)的统计中绝大部分是 SVO、SOV 和 VSO,其中 SVO 和 SOV 占绝对优势。陆丙甫的观点可以解释这种语序类型分布的不平衡性。一般来说,主语的可别度高于宾语的可别度,而宾语与动词的语义关系比主语与动词的语义关系更近,因此 SVO 和 SOV 都同时符合"可别度领前原理"和"语义靠近原理"。我们认同陆丙甫对语序制约因素的认知解释。

上述两原则能否从认知功能的视角对 NPAH 给出解释呢?当然与 NPAH 相关的另一个语序问题是刘丹青(2005)提到的关系从句位置问题(在中心语或曰名词前/后)。我们先把人类语言的语序特征与关系从句的语序特征结合起来,再通过是否符合陆丙甫(2005)提出的两个认知功能原则来预测各种语序不同的语言提取主语和提取宾语的可及性(见表6)。

表6 两种语序特征与主、宾语提取的可及性预测

| 语序类型 | 关系从句位置 | 提取主语 | 提取宾语 |
| --- | --- | --- | --- |
| SVO | 左(被提取的中心词前) | VO/S | ☞ SV/O |
| | 右(被提取的中心词后) | ☞ S/VO | O/SV |
| SOV | 左(被提取的中心词前) | OV/S | ☞ SV/O |
| | 右(被提取的中心词后) | ☞ S/OV | O/SV |
| OVS | 左(被提取的中心词前) | OV/S | VS/O |
| | 右(被提取的中心词后) | ☞ S/OV | O/VS |
| OSV | 左(被提取的中心词前) | OV/S | ☞ SV/O |
| | 右(被提取的中心词后) | ☞ S/OV | O/SV |
| VSO | 左(被提取的中心词前) | VO/S | VS/O |
| | 右(被提取的中心词后) | ☞ S/VO | O/VS |
| VOS | 左(被提取的中心词前) | VO/S | VS/O |
| | 右(被提取的中心词后) | ☞ S/VO | O/VS |

表6中加标记☞的是同时符合可别度领前原理和语义靠近原理的语序,也就是主语或宾语提取之后的语序如果这样,就会更稳定,也就意味着更容易提取。这样看来,NPAH 的解释应考虑语序因素,包括 S、V、O 的顺序和关

系从句的位置特征，其中关系从句的位置特征似乎更为重要：凡是关系从句在右侧的，都是主语更容易提取，即提取主语时同时符合两原则；而关系从句在左侧的，只有三种语序类型（即 SVO、SOV 和 OSV）宾语更容易提取，即提取宾语后形成的语序同时符合两原则。语序类型对 NPAH 的解释也有重要的参考价值：原本就比较稳定的语序类型（即 SVO 和 SOV）如果关系从句在左侧，则宾语比主语更容易提取；原本就不稳定的语序类型（即 OVS、OSV、VSO 和 VOS）中，只有一种语序类型（即 OSV）而且关系从句必须在左侧提取宾语时才同时符合可别度领前原理和语义靠近原理。因此，我们认为在 NPAH 中主语关系小句处于序列的顶端是由对人类语言语序特征的具有普遍制约作用的可别度领前原理和语义靠近原理决定的。

（二）NPAH 的细化

表6 是基于两个认知原则的演绎描写，这个描写说明主语关系从句处于 NPAH 的顶端不仅是统计学意义上的，更是认知因素在底层控制的结果。但我们也看到，还有三种类型语言（即 SVO、SOV 和 OSV）关系从句处于左侧（即被提取的中心词前）时提取宾语更同时符合两个认知原则，尽管人类语言中未必存在三种语言都是关系从句在左侧的语言，但汉语是主句语序为 SVO、从句位置在前的语言。因此，NPAH 应该进一步细化，即：

中心词后关系从句：主语 > 直接宾语 > 间接宾语 > 旁语
中心词前关系从句：直接宾语 > 主语 > 间接宾语 > 旁语

也就是说，虽然 NPAH 解释与语序（主句语序、语序类型及关系从句位置）有极大的关系，但语序背后还有更为本质的因素，这就是认知策略，包括可别度领前原理和语义靠近原理。

（三）早期儿童关系小句习得预测

上述对主宾语可及性的解释是建立在基于语序类型和关系从句位置类型所做的预测上。基于这个预测，我们可以进一步预测：①SVO 型语言，如果关系从句在左侧，儿童将首先习得宾语关系小句，如果关系从句在右侧，儿童将首先习得主语关系小句；②SOV 型语言，如果关系从句在左侧，儿童将首先习得宾语关系小句，如果关系从句在右侧，儿童将首先习得主语关系小句；③OSV 型语言，如果关系从句在左侧，儿童将首先习得宾语关系小句，如果关系从句在右侧，儿童将首先习得主语关系小句。汉语儿童和英语儿童关系小句的早期习得特征完全符合 SVO 型语言预测。

我们再来看一下日语儿童关系小句的早期习得情况。日语的语序类型是 SOV 型，偶有替代语序 OSV，关系从句在左侧（pre - modification），按表 6，无论哪种语序日语儿童应该优先习得宾语关系从句，然后习得主语关系从句。Hakuta（1981）通过多个实验研究寻找影响儿童关系从句理解及产出的因素，其中对 12 名 05;03 - 06;02 岁儿童的实验研究①表明，如果不考虑核心词在主句中的句法角色，日语儿童优先理解左分支句，并且提取宾语优先于提取主语。日语儿童的实验数据显示的结果不符合 NPAH，也不符合平行功能假说。作者认为这两个理论是以语法关系作为基础建立起来的，其实理论背后更普遍更深层次的解释可能和名词的叠置（stacked）特征有关，即非叠置的理解优先于叠置的。另外 Hakuta 还认为，一种语言如果核心词在关系从句左边，那么提取主语优先于提取宾语；如果核心词在关系从句右边，那么提取宾语优先于提取主语。

Ozeki 和 Shirai（2007）对日语儿童的关系从句产出情况进行研究，他们从 CHILDES 中五名 03;11 岁前日语儿童产出的关系从句数据出发，对日语儿童和英语儿童的习得进行了对比研究，发现五名儿童的产出特征与英语儿童明显不同，从最初的 10 个关系从句类型及不同类型整体平均产出数量看，日语儿童的主语关系从句、宾语关系从句没有什么差别，这个习得特征不符合 NPAH。作者认为这应该与日语关系从句的语序特征有关，甚至认为日语不是关系从句语言，而是定语从句语言，日语中没有明确的关系化标记，儿童对关系从句的习得是已经习得的形容词修饰语的延伸扩展（Ozeki & Shirai，2005）。

从上述研究来看，日语儿童关系小句的习得特征也不符合 NPAH，尽管自

---

① 此处引用 Hakuta（1981）的数据，其实验方法与本文的并不相同。但由于研究条件的限制我们很难运用 Hakuta 的方法对日语儿童进行重复实验，所以我们这里只引用 Hakuta 的结论。

然语料各类关系从句没有显著的习得偏向性，但至少证明我们依据关系从句与核心词的位置特征对 NPAH 的进一步细化是对的。同时综合实验数据和产出数据我们对 SOV 和 OSV 语言的习得预测基本上是可信的，日语儿童自然产出各类关系小句的均衡性可能与日语的语序类型、关系从句语序特征以及没有显著的关系从句标记有关，而在理解性实验数据中，由于实验条件的控制，各类关系小句的习得不再均衡，宾语关系小句习得的优先性显露出来。

目前我们还找不到 SVO、SOV 以外其他语序类型语言儿童关系从句的习得资料，还不能完全验证表 6 推导的全部规则，不过，既然人类语言的主要语序类型为 SVO、SOV，我们相信上述的预测是可能被验证的。

## 结　语

基于儿童语言习得之于语言学论证的高度相关性，我们从儿童语言习得这一外部论证出发，寻找 NPAH 的解释。通过 NPAH 与跨语言儿童习得特征的错综关系，发现这一规则需要以关系小句与中心词的位置关系为基础进一步细化，并且细化后的 NPAH 是由句法加工的复杂度与语序稳定的认知原则共同制约的，当然，这两个因素也是跨语言儿童简单句关系化习得特征的制约动因。总的来说，儿童简单句关系化的习得特征受句法运算复杂度和可别度领前及语义靠近原则的双重制约，是句法加工和功能运算两个因素共同作用的结果。

我们进一步的启示还有：①考察儿童句法发展的动因时应考察某种句法结构的最初习得，因为决定性制约动因在最初的习得中一定表现得最为显著；②儿童最初习得的句法结构受制于认知因素和句法加工复杂度，而当两者矛盾时，句法运算的影响可能优先；③儿童语言习得的数据促发我们检讨 NPAH 的解释维度，也说明儿童语言习得具有较强的论证性，习得特征能够证明对语言本质属性的一些假设以及语言分析的合理性，同时也能对语言分析提出更高的要求。

本文在国际中国语言学学会第 24 届年会（北京语言大学，2016）上宣读，李行德教授、胡深爱博士对本研究提出了一些有价值的问题，对完善本研究有很大的帮助。

（本文原载《外语教学与研究》2019 年第 3 期）

## 参考文献

**中文文献**

[1] 陈巧燕. 汉语关系小句的句法语义研究［D］. 东北师范大学硕士学位论文，2007.

[2] 何春香. 汉语关系小句研究［D］. 东北师范大学硕士学位论文，2009.

[3] 蒋仁萍. 汉语关系小句的类型学特征与交际动因的运用［J］. 内蒙古农业大学学报，2007（3）.

[4] 刘丹青. 汉语关系从句标记类型初探［J］. 中国语文，2005（1）.

[5] 刘丹青. 语法调查与研究中的从属小句问题［J］. 当代语言学，2005（3）.

[6] 刘礼进. 句子主语和宾语的关系化考察［J］. 广东外语外贸大学学报，2011（5）.

[7] 刘涛等. 主语关系从句加工优势的普遍性——来自汉语关系从句 ERP 研究的证据［J］. 语言科学，2011（1）.

[8] 李大勤. "关系化"对"话题化"的影响——汉语话题结构个案分析［J］. 当代语言学，2001（1）.

[9] 陆丙甫. 语序优势的认知解释：论可别度对语序的普遍影响［J］. 当代语言学，2005（1-2）.

[10] 陆丙甫，金立鑫. 论蕴含关系的两种解释模式——描写和解释对应关系的个案分析［J］. 中国语文，2010（4）.

[11] 唐正大. 与关系从句有关的三条语序类型原则［J］. 中国语文，2006（5）.

[12] 唐正大. 关系化对象与关系从句的位置——基于真实语料和类型分析［J］. 当代语言学，2007（2）.

[13] 熊密. 汉语早期儿童关系小句习得研究［D］. 首都师范大学硕士学位论文，2015.

[14] 徐赳赳. 关系小句的语法和篇章特征分析［J］. 汉语学习，2008（5）.

[15] 许余龙. 名词短语的可及性与关系化——一项类型学视野下的英汉对比研究［J］. 外语教学与研究，2012（5）.

[16] 杨彩梅. 生成语法框架下关系结构的句法与一语习得研究［M］. 北京：商务印书馆，2013.

[17] 叶彩燕，马诗帆. 双语儿童：早期发展及语言接触［M］. 北京：世界图书出版公司，2013.

[18] 周统权等. 汉语宾语关系从句加工优势论——来自失语症研究的证据［J］. 语言科学，2010（5）.

## 外文文献

[1] Adams, C.. Syntactic Comprehension in Children with Expressive Language Impairment [J]. *British Journal of Disorders of communication*, 1990 (25).

[2] Adani, F.. *The Role of Features in Relative Clause Comprehension: A Study of Typical and Atypical Development* [D]. PhD dissertation. University Milano – Bicocca, 2008.

[3] Adani, F.. Re – thinking the Acquisition of Relative Clauses in Italian: Towards a Grammatically – based Account [J]. *Journal of child language*. 2011, 38 (1).

[4] Bar – Shalom, Crains & Shankweiler. Comparision of Comprehension and Production in Good and Poor Readers [J]. *Applied Psycholinguistics*, 1993 (14).

[5] Belletti & Contemori. *Intervention and Attraction: on the Production of Subject and Object Relatives by Italian (Young) Children and Adults* [C]. In the Proceedings of GALA 2009, University of Lisbon, 2010.

[6] Chang, H. – W.. The Comprehension of Complex Chinese Sentences by Children: Relative Clause [J]. *Chinese Journal of Psychology*, 1984 (26).

[7] Chen, J., & Shirai, Y.. The Acquisition of Relative Clauses in Spontaneous Child Speech in Mandarin Chinese [J]. *Journal of Child Language*. 2015, 42 (2).

[8] Cheng, Y. – Y.. The Acquisition of Relative Clauses in Chinese [D]. MA thesis, Taiwan Normal University. 1995.

[9] Comrie, B.. *Language Universals and Linguistic Typology* [M]. Chicago: The University Chicago Press, 1981.

[10] Comrie, B.. Uunity of Noun Modifying Clauses in Asian Languages [C]// *Pan – Asiatic Linguistics: Proceedings of the Fourth International Symposium on Languages and Linguistics*, January 8 – 10, Volume 3. Salaya, Thailand: Institute of Language and Culture for Rural Development, Mahidol University at Salaya. 1077 – 1088. 1996.

[11] Comrie, B.. Rethinking the Typology of Relatives Clauses [J]. *Language Design*, 1998 (1).

[12] Diessel, H.. *The Acquisition of Complex Sentences* [M]. Cambridge: Cambridge University Press, 2004.

[13] Diessel, H. & Tomasello, M.. The Development of Relative Clauses in Spontaneous Child Speech [J]. *Cognitive Linguistics*, 2000 (11).

[14] DeVincenzi, M.. *Syntactic Parsing Strategies in Italian* [M]. Dordrecht: Kluwer, 1991.

[15] Fox, B.. The Noun Phrase Accessibility Hierarchy Reinterpreted: Subject Primacy or the

Absolutive Hypothesis? [J]. *Language*, 1987 (63).

[16] Friedmamn, Belletti & Rizzi. Relativized Relatives: Types of Invervention in the Acquisition of A-bar Dependencies [J]. *Lingua*, 2009, 119 (1).

[17] Greenberg, J.. *Some Universals of Grammar with Particular Reference to the Order of Meaningful Elements* [C] // In Greenberg, J. H., 2nded. Universal of Language. Cambridge, Mass. : MIT Press, 1966.

[18] Hakuta, K.. Grammatical Description Versus Configurational Arrangement in Language Acquisition: The Case of Relative Clauses in Japanese [J]. *Congnition*, 1981 (9).

[19] Hawkins, J.. Acquisition of Relative Clauses in Relation to Language Universals [J]. *Studies in Second Language Acqusition*, 2007 (29).

[20] Hawkins, J.. Processing Efficiency and Complexity in Typological Patterns [C] // In J. Song (ed.). *The Oxford Handbook of Linguistic Typology*. Oxford: OUP, 2011.

[21] Holger Diessel. *The Acquisition of Complex Sentences* [M]. Combridge university press, 2004.

[22] Hsu, C. -C. N. , Hermon, G. & Zukowski, A.. Young Children's Production of Head -final Relative Clauses: Elicited Production from Chinese Children [J]. *Journal of East Asian Linguistics*. 2009, 18 (4).

[23] Hsu, C. -C. N.. The Role of Age in Mandarin - Speaking Children's Performance of Relative Clause[J]. *Concentric: Studies in Linguistics*. 2014, 40 (2).

[24] Hu Shenai, Anna, Gavarró et al.. The Acquisition of Chinese Relative Clauses: Contrasting Two the Oretical Approaches [J]. *Journal of Child Language*, 2016 (43).

[25] Hu Shenai, Anna, Gavarró et al.. *Children Production of Head -final Relative Clause: The Case of Mandarin Applied Psycholinguistics* [J]. 2016b (37).

[26] Johnson, D.. On Keenan's Definition of "Subject of" [J]. *Linguistic Inquiry*, 1977 (8).

[27] Keenan, E. & Comrie, B.. Noun Phrase Accessibility and Universal Grammar [J]. *Linguistic Inquiry*, 1977 (8).

[28] Keenan. E. & Comrie, B.. Data on the Noun Phrase Accessibility Hierarchy [J]. *Language*, 1979 (55).

[29] Labelle, M.. The Acquisition of Relative Clauses: Movement or no Movement [J]. *Language Acquisition*, 1996 (2).

[30] Lee, T. H. -T.. The Inadequacy of Processing Heuristics - evidence From Relative

Clause Acquisition in Mandarin Chinese [C]. T. H. – T. Lee (ed.), *Research on Chinese Linguistics in Hong Kong.* Hong Kong: Linguistics Society of Hong Kong, 1992.

[31] Maxwell, D.. Strategies of relativization and NP accessibility [J]. *Language*, 1979 (55).

[32] McDaniel, D., McKee, C. & J. Bernstein.. How Children's Relatives Solve a Problem for Minimalism [J]. *Language*, 1998 (74).

[33] McKee, C. & McDaniel, D.. Resumptive Pronouns in English Relative Clauses [J]. *Language Acquisition*, 2001 (9).

[34] MacWhinney, B.. *The CHILDES Project: Tools for Analyzing Talk: Vol. 1* [M]. Lawrence Erlbaum Associates. Mahwah, NJ. 2000.

[35] Ozkei, H. & Shirai, Y.. Semantic Bias in the Acquisition of Relative Clauses in Japanese [C]// A. Brugos, M. R. Clark – Cotton & S. Ha. *Proceedings of the 29th Annual Boston University Conference on Language Development, Volume 2, ed.* Somerville, MA: Cascadilla Press, 2005.

[36] Ozeki, H. & Shirai, Y.. The Consequences of Variation in The Acquisition of Relative Clauses: An Analysis of Longitudinal Production Data from Five Japanese Children [C]// Y. Matsumoto, D. Y. Oshima, O. R. Robinson & P. Sells (ed. s) *Diversity in Language: Perspectives and Implications.* Stanford, CA: CSLI Publications, 2007.

[37] Rizzi, L.. Locality and the Left Periphery [G]// Belletti, A. (Eds.). *Sructure and beyond: The cartography of syntactic structure, Vol. 3.* New York: Oxford University Press, 2004.

[38] Shenai Hu, Anna, Gavarró et al., The Acquisition of Chinese Relative Clause: Contrasting Two Theoretical Approaches [J]. *Journal of Child Language*, 2016, 43 (1).

[39] Sheldon, A.. The Role of Parallel Function in the Acquisition of Relative Clauses in English [J]. *Journal of Verbal Learning and Verbal Behavior*, 1974 (13).

[40] Su, Y. – C.. Relatives of Mandarin children [G]// *Generative Approaches to Language Acquisition in North America*, University of Hawaii at Manoa, 2004.

[41] Tallerman, M.. Relativization strategies: NP accessibility in Welsh [J]. *Journal of Linguistics*, 1990 (26).

[42] Wanner & Maratsos. An ATN Approach to Comprehension [G]// M. Halle, J. Bresnan, & G. A. Miller (Eds.), *Linguistic Theory and Psychological Reality*, Cambridge, MA: MIT Press, 1978.

# 语调对字调调节的容限度

江海燕

语调与字调的关系问题从赵元任的研究开始一直是汉语语音研究的一处软肋，几代人的努力都试图揭开汉语作为声调语言以及字调和语调如何共现于同一基频曲线这个秘密。今天的汉语语音研究可以说对这个问题有了一点认识。

赵元任的论述中不止一次提到汉语的字调和语调是"代数和"的关系，对于赵先生的这一提法，不少人有怀疑，认为既然是代数和，那么降调的词在升势的语调中会不会变成平调，甚至升调？反之，升调词在降势语调中会不会变成平调甚至降调？赵元任先生也举过汉语句子"我姓陆，你姓王"的例子，外国人用语调代替了字调，就说成"我姓卢，你姓望"了。① 可是汉语是每个音节都有字调的语言，汉语的语调会使字调怎样改变呢？胡明扬先生反对"代数和"的说法，理由就是"不管读哪种语调，字调始终不变；如果字调变了，那就听起来成了另外一个字，这是在实际生活中没有发生过的事……"在这个问题上，吴宗济先生根据他的研究提出，"所谓'代数和'是基调调阶之和，而非调形曲线之和"。曹剑芬等一批学者的研究也纷纷支持对"代数和"之说的这种理解，认为调阶改变，调形不变。

那么我们的问题是，如果汉语的"你姓陆"这样的句子用疑问语调说出来，成为"你姓陆？"，其中的"陆"既要保证不变成"卢"，又要为了传达疑问语气而处在升势的语调中，这时候的调形曲线到底会发生怎样的变化呢？

---

① 参见赵元任. 汉语口语语法 [M]. 北京：商务印书馆，2001：28.

为了能实际看到调形曲线在陈述语调和疑问语调中的不同表现，我们做了如下三个语音实验。

## 一、阴平音节在陈述、疑问两种语调中的区别表现

### （一）实验目的

为了对比疑问句中的阴平音节与陈述句中的阳平音节，找出它们在音高表现上的相似性和差别，从而探究这两种语调中的阴、阳平音节不会混淆的原因所在。

### （二）实验语料

1A. 你是阿香。　　1B. 你是阿香？
2A. 这个字读"春"。　　2B. 这个字读"春"？
3A. 是从这儿出。　　3B. 是从这儿出？
4A. 现在就封。　　4B. 现在就封？
5A. 这布不能摸。　　5B. 这布不能摸？
6A. 是猫。　　6B. 是猫？

### （三）实验设备

语音分析软件 Minispeechlab。

### （四）实验方法和步骤

**1. 录音**

在语音实验室里录音发音人为一女生，普通话测试等级为一级乙等。发音顺序为 1A、1B、2A、2B……这是为了避免形成一问一答的语境，有过多的语调因素影响基频走势。

**2. 提取基频**

用语音分析软件 Minispeechlab 提取实验例句的基频曲线，并做基本的去除弯头降尾的修改。

### 3. 对比基频

将例句中每句话的末尾音节①进行重叠对比。具体做法是：将提取出的基频曲线末尾音节每组重叠，即"香。"和"香?"重叠，"春。"和"春?"重叠，依此类推。将疑问句末尾音节基频曲线做成虚线。

### （五）实验结论

得到如下调形对比图（如图1所示实线代表在陈述句中提取出的调形曲线，虚线代表在疑问句中提取出的调形曲线）。

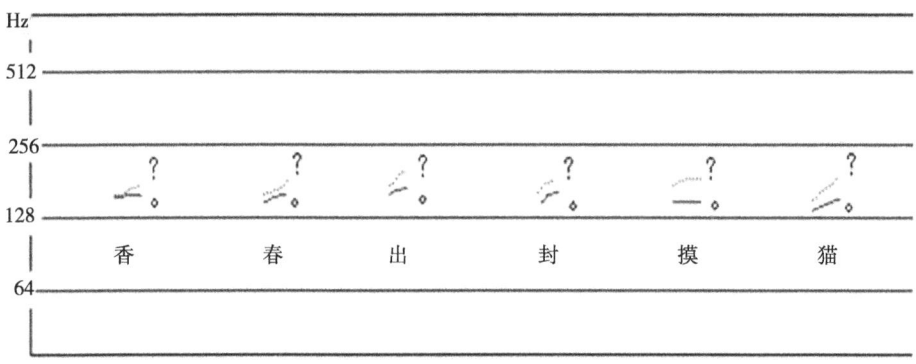

**图1 阴平音节在陈述句和疑问句尾的调形对比图**

从图1可以看出，疑问句中的句尾阴平音节的调形曲线都在陈述句之上，而且一般从调形曲线的起始点到结尾点都有抬高，这一点说明疑问语调调阶抬高的说法是有根据的，也就是说疑问句尾的调形曲线在调域中所占的位置整体要比陈述句的高，正是这种调阶的抬高造成了疑问语气信息的传达，这是调形曲线为表现疑问语调所做的努力。

那么，调阶的抬高程度如何可以用表1数据更具体地体现呢？

---

① 只取末尾音节重叠对比是基于边界调的理论，即句子末尾音节是一句话中体现语调信息最多的音节。

表 1　阴平音节在陈述、疑问句末尾音节基频曲线音高对比（单位：Hz）

|  |  | 香 | 春 | 出 | 封 | 摸 | 猫 |
|---|---|---|---|---|---|---|---|
| 左端点 | 陈述 | 157 | 157 | 160 | 153 | 147 | 138 |
|  | 疑问 | 163 | 165 | 169 | 177 | 173 | 139 |
|  | 差值 | 6 | 8 | 9 | 24 | 26 | 1 |
| 右端点 | 陈述 | 151 | 160 | 173 | 165 | 151 | 154 |
|  | 疑问 | 172 | 191 | 188 | 195 | 187 | 183 |
|  | 差值 | 21 | 31 | 15 | 30 | 36 | 29 |

从表 1 可见，同组的疑问句尾音节和陈述句的尾音节音高相比之下无论是左端点还是右端点都有所抬高，数值均呈正值，这就说明疑问句末尾音节整体调阶比陈述句有所抬高。左端点抬高 1Hz 到 26Hz 不等，右端点抬高 15Hz 到 36Hz 不等。

此外，我们也看到这些阴平音节在疑问语调中的调形曲线不再是一个所谓的"平"调，调形曲线多少都有了些向上的倾斜（参见图 1）。从表 1 的数据来看，右端点音高抬高的数据明显比左端点要大，这是不是说明这些阴平音节到了疑问语调中都变成阳平了呢？

从说话人和听话人双方来看，只要没有造成交际的混乱，双方就都没有把"香"当成"祥"，把"春"当成"纯"，把"出"当成"锄"，或是把"封"当成"缝"，把"摸"当成"磨"，把"猫"当成"毛"。那么疑问语调中的阴平音节的调形曲线和陈述语调中的阳平音节的调形曲线有什么区别呢？

## 二、疑问句尾的阴平与陈述句尾的阳平调形曲线的对比

（一）实验目的

考察疑问句末尾阴平音节基频曲线与陈述句末尾阳平音节基频曲线的差别。

## (二) 实验设备和步骤

基本同上一实验。

## (三) 实验语料

在原有语料基础上增加 D 组例句。

1D. 你是阿祥。　2D. 这个字读"纯"。　3D. 是从这儿锄。
4D. 现在就缝。　5D. 这布不能磨。　　6D. 是毛。

## (四) 实验结论

提取 D 组例句基频曲线，与 B 组例句，也就是疑问语调末尾的阴平音节的调形曲线进行了对比，得到图 2。

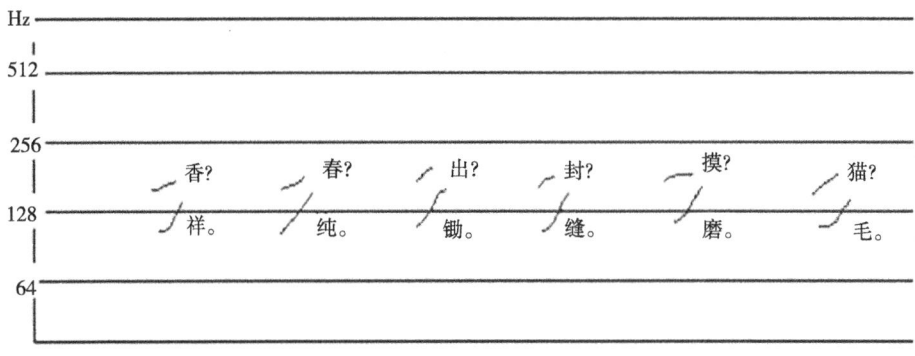

图 2　疑问句尾的阴平音节与陈述句尾的阳平音节调形对比

从图 2 中，我们清楚地看到，虽然阴平音节在疑问句尾受语调的影响，调形发生了上扬的现象，但其上扬的幅度仍然不能跟阳平音节相比，相对于阳平音节的上扬走势，"香、春、出、封、摸、猫"等音节应该说仍然是平调，这也正是在疑问句中的调形曲线为了保持字调的本来面目所做的努力。下面来看具体数据（表2）。

表2　阴平、阳平音节在陈述、疑问句末尾音节基频曲线音高对比（单位：Hz）

| | | 香 | 祥 | 春 | 纯 | 出 | 锄 | 封 | 缝 | 摸 | 磨 | 猫 | 毛 |
|---|---|---|---|---|---|---|---|---|---|---|---|---|---|
| 左端点 | 陈述 | 157 | 105 | 157 | 114 | 160 | 112 | 153 | 108 | 147 | 123 | 138 | 109 |
| | 疑问 | 163 | 120 | 165 | 127 | 169 | 128 | 177 | 122 | 173 | 131 | 139 | 124 |
| | 差值 | 6 | 15 | 8 | 13 | 9 | 16 | 24 | 14 | 26 | 8 | 1 | 15 |
| 右端点 | 陈述 | 151 | 157 | 160 | 174 | 173 | 168 | 165 | 157 | 151 | 154 | 154 | 158 |
| | 疑问 | 172 | 188 | 191 | 217 | 188 | 201 | 195 | 205 | 187 | 185 | 183 | 201 |
| | 差值 | 21 | 31 | 31 | 43 | 15 | 33 | 30 | 48 | 36 | 31 | 29 | 43 |

根据表2的数据，我们可以总结一下阴平音节的基频曲线在疑问句中的倾斜程度以及阳平音节基频曲线在陈述句中的倾斜程度，进而明确进一步的数据对比（表3、表4）。

表3　阴平音节在疑问句中左、右端点音高差值（单位：Hz）

| | 香？ | 春？ | 出？ | 封？ | 摸？ | 猫？ | 均值 |
|---|---|---|---|---|---|---|---|
| 左端点 | 163 | 165 | 169 | 177 | 173 | 139 | 164 |
| 右端点 | 172 | 191 | 188 | 195 | 187 | 183 | 186 |
| 差值 | 9 | 26 | 19 | 18 | 14 | 44 | 22 |

表4　阳平音节在陈述句中左、右端点音高差值（单位：Hz）

| | 祥。 | 纯。 | 锄。 | 缝。 | 磨。 | 毛。 | 均值 |
|---|---|---|---|---|---|---|---|
| 左端点 | 105 | 114 | 112 | 108 | 123 | 109 | 112 |
| 右端点 | 157 | 174 | 168 | 157 | 154 | 158 | 161 |
| 差值 | 52 | 60 | 56 | 49 | 31 | 49 | 49 |

通过对比表3和表4中的数据，我们看到，阴平音节在疑问句中的倾斜度远远不如阳平音节在陈述句中的倾斜度。这说明字调确实受语调的调节，但这种调节是有限度的，字调可以为了传达语气而改变调阶，但在调形的改变上却要受制于这个音节的本调。语调对字调的调节有一定的容限度，超出了这个容限度可能就会发生把"你姓陆？"变成"你姓卢？"的情况了。在实

际的言语交际中并不会发生这种交际误差，就是因为这种容限度起了很重要的作用。

从表 3 和表 4 中的均值来看，阴平在疑问句中的倾斜度远远低于阳平在陈述句中的倾斜度，均值相差一倍多。但某些具体例子可能会突破这个规律，比如"猫"在疑问句中的左右端点相差 44 Hz，而"磨"在陈述句中的左右端点相差 31 Hz，如果增加后续听辨实验可能会更好地证实这种个别数据上的突破是否已经导致听辨上的误解。

## 三、阳平音节在陈述、疑问两种语调中的调形表现

如果字调本来就是阳平音节，这个本来就是上扬的调形曲线到了疑问语调中会发生怎样的改变呢？我们又做了如下的实验。

### （一）实验目的
考察陈述句末尾阳平音节基频曲线与疑问句末尾阳平音节基频曲线的差别。

### （二）实验设备和步骤
基本同上一实验。

### （三）实验语料
在原有语料基础上增加 E 组例句。

1E. 你是阿祥？　　2E. 这个字读"纯"？　　3E. 是从这儿锄？
4E. 现在就缝？　　5E. 这布不能磨？　　　6E. 是毛？

## （四）实验结论

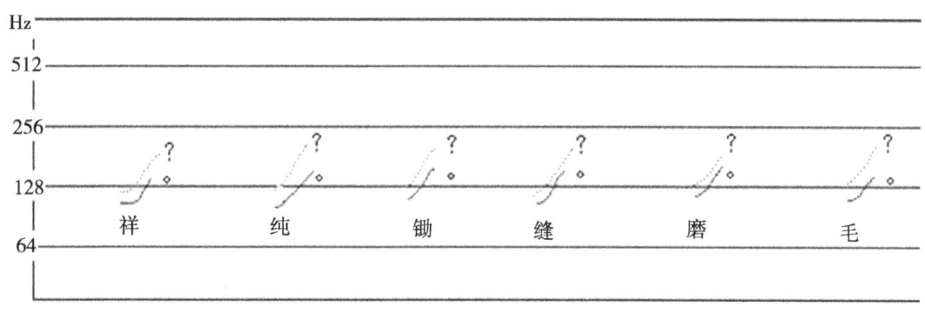

**图 3**　阳平音节在陈述句和疑问句尾的调形对比

提取 E 组例句基频曲线，与 D 组例句，也就是阳平音节在陈述中的倾斜度，进行调形曲线对比，得到图 3。

从图 3 可以看出，与阴平类似，阳平音节在疑问语调中的调阶也要抬高，我们看到从起点到终点，整个疑问语调中的调形曲线在调域中的位置都抬高了。从调形曲线起点和终点的位置关系对比来看，终点的音高差异比起点要大，说明阳平音节在疑问语调中上扬的幅度也加剧了。当然，这种上扬幅度的改变不会像阴平音节那样有引起字调调类改变的嫌疑。但疑问语调对字调的改变方式与前面得出的阴平音节的实验结果类似，既有调阶的抬高又有一定程度上调形上扬幅度的改变。可见，在整体上低降走势的陈述语调中，阳平音节也会保持它的本调上扬的走势，而不会因为受到语调的影响变成所谓的平调或降调，只是上扬幅度与在疑问句尾有差别。

## 四、语调对字调调节的容限度

对于以上实验中所看到语调对字调调节的现象可以在声调格局理论中找到解释，"声调的对立，各有自己的生理和声学的空间范围，各声调的空间范围在调域中的界限就是彼此区别"（赵元任，1933）。"声调格局中，每一声调所占据的不是一条线，而是一条带状的声学空间"（赵元任，1933），因此，我们不能要求阴平就是笔直的一条水平线，而是在它应该在的声学空间内允许有一定的调形变化。只不过疑问语调中的调形变化具有特定的（上扬）方向性。

比如本文图 1 中"猫"的调形曲线在疑问句中终点比起点升高了 44 赫兹①,上扬走势很明显,但是"猫"之所以没有听成"毛",是因为"猫"还在阴平音节的调域空间范围内,它的上扬幅度较缓,没有形成调位性变化。

此外,可以从范畴感知的角度来理解。人对语音的感知,大多数情况下是一种范畴感知,实际上人类的语音在很大程度上体现了一种范畴上的"容限度"。我们每个人的语音都不一样,用"千差万别"来形容一点不过分,但是这并不影响我们的交际,因为一个音再怎么变化都不会超出它在这个格局中的音位范畴。

比如我们所做的语调对字调调形曲线的影响这个实验,疑问语调使字调音阶抬高,基频终点上扬,以至于实验当中的很多阴平音节在疑问句的末尾不再保持其基本水平的走势,而是变形成了上扬走势,但"你是阿香?"又绝不会听成"你是阿祥?"。语音学界一直在争论语调对字调有哪些改变,并且最终达成的较为一致的结论认为语调不能改变字调的调形走势,否则就会造成交际的混乱,但是实验中的基频图却明确显示了阴平调形走势的改变,如果我们从范畴出发,用格局的观点便不难解释这个现象。

不管是胡明扬先生提出的"语调不能使字调改变",还是吴宗济和曹剑芬等先生提到的,语调改变的是字调的音阶而不是调形,都认为语调对字调的调节不会改变调形。而实际上,我们却无法否认语调对字调调形的改变。因为我们实验中作出的调形曲线图明确地显示了阴平音节在疑问句末尾变成了升调走势,因此,语调不能改变字调调形的说法是不妥的,我们只能说语调对字调调形有改变,但这种改变是调位限度内的改变,同样都是升,但"升"跟"升"不同,疑问句中的阴平变成升调以后,不变的是它在整个格局中的调位范畴,疑问句中的阴平并没有因为调形上扬而超过自己所在的格局范畴,进入阳平所在的范畴,它与阳平音节的调位对立依然存在。

可以说语调对字调调形有所改变,这种改变是在字调所能允许的容限度之内的,且有一定方向性的"微调"。这种调位范围内的"微调"使音节在传递词义的同时负载了一定的语气信息。也正是因此,"你姓陆"在疑问句中

---

① 此处的音高数据 44 赫兹是根据实验中语音分析软件"桌上语音工作室"测算而来,因篇幅所限,此处不一一列举实验数据。

才不会变成"你姓卢?"

在汉语中,字调和语调同时作用于一条音高曲线,字调因素要求维持原来的调形走势以传达词义,语调因素要求改变调形走势以传达语气意义,两种力量最终达成一致,在容限度允许的范围内发生一定的改变,这就是实际言语中音节在不同语调中所呈现出来的调形曲线的最终形式。

(本文原载《实验语言学》2015 第 4 期)

**参考文献**

[1] 曹剑芬. 汉语声调与语调的关系 [J]. 中国语文, 2002 (3).

[2] 胡明扬. 关于北京话的语调问题 [C] // 胡明扬编. 北京话初探. 北京:商务印书馆, 1987.

[3] 林茂灿. 疑问和陈述语气与边界调 [J]. 中国语文, 2006 (4).

[4] 沈炯. 北京话声调的音域和语调 [C] // 林焘, 王理嘉等. 北京语音实验录. 北京:北京大学出版社, 1985.

[5] 石锋. 北京话的声调格局 [J]. 语言研究(增刊), 1991.

[6] 赵元任(1929). 北平语调的研究 [C] // 赵元任语言学论文集. 北京:中华书局, 1929.

[7] 赵元任(1933). 汉语的字调跟语调 [G] // 袁毓林主编, 陈保亚译. 中国现代语言学的开拓和发展——赵元任语言学论文选. 北京:清华大学出版社, 1992.

[8] 赵元任. 汉语口语语法 [M]. 北京:商务印书馆, 2001.

[9] Shen, Xiaonan. *University of California Publications in Linguistics Volume 118* [M]. Berkeley and Los Angeles:University of California Press, 1990.

[10] Wu, Zongji. *A New Method of Intonation Analysis for Standard Chinese:Frequency Transposition Processing of Phrasal Contours in A Sentence*, [G] Hiroya Fujisaki, analysis, perception and processing of spoken langnage. Amsterdam, Elsevier Science, 1993.

# 从持续到申明：传信语气词"呢"的功能及其语法化机制

史金生

用于陈述句句尾的"呢"（也作"呐"）究竟有什么作用，语法学界现在有不同的看法。吕叔湘（1944）把"呢"列入传信范畴，认为"呢"是个传信语气词，它表确认，"有指示而兼铺张的语气"。吕叔湘等（1980）认为，"呢"至少有两种用法，一是表示动作的持续，一是申明事实而略带夸张语气。朱德熙（1982）与此观点相近，认为其中的"呢"有两类，"呢1"表示持续的状态，"呢3"表示夸张。胡明扬（1981）则认为陈述句末尾的"呢"有相同的功能，即"提请对方特别注意自己说话内容中的某一点"，并特别强调"和持续状态无关"。

"呢"在陈述句末尾有哪些功能，各项用法之间有什么联系，"呢"与其他传信语气词有何区别，这些问题在迄今为止的研究中还没有详细的答案。本文首先从话语角度考察"呢"的特征，认为"呢"具有事态性和情态性两方面的特点，它既与句子的状态有关，又与说话人的主观态度有关，在不同类型的句子中表现出不同的功能。文章接下来尝试对各项功能的来源及相互关系作出解释，并讨论了"呢"与其他传信语气词"的""了"等的区别。

文中例句除少数自造和引自其他著作之外，其余均取自《王朔文集》（华艺出版社1992年版）。

## 一、"呢"的事态性与情态性

"呢"是具有事态和情态两种功能的句末语气词。事态"呢"表"持续"，情态"呢"表"申明",即申明一种与听话人或说话人的预期相关的事实。

### (一) 事态与情态

事态即事件的状态,指表示事件发生与否、出现与否、存在与否。事态和动态都属于体貌范畴,但二者的着眼点不同,动态着眼于句中主要谓词所表示的动作变化的情状,事态的着眼点则是整句话所表示的事件的状态;二者作用于不同的句法层次,动态属于词平面,事态属于句平面;动态用动态助词或副词标记,事态用事态语气词或时间副词标记。

(1) "他被你们骂哭了。"吴迪看看我们说,"<u>正在座位上哭呢</u>。"
(2) "她好点么?"贾玲小声问,踮脚从门缝往里望。
"<u>躺着呢</u>。进来坐吧。"我用脚后跟磕开门。
(3) <u>她骂咱们呢</u>,你没听出来?
(4) 我拾起摔裂了玻璃蒙子的小钟,放到耳边听了听:"<u>还在走呢</u>。"
(5) <u>我没说呢</u>,你怎么会知道?
(6) 姚京脸红了,急急忙忙地说:"不,您不了解情况,我决定嫁给他时,<u>他还没获得去美国的那个机会呢</u>。……"

"呢"在上述例子中表明事件/活动处于持续的状态。与"呢"相配合的是"在""正在""还"这些表示持续的副词。与动态助词"着"不同的是,"呢"表示的事态可以是肯定的("正在座位上哭""躺着""她骂咱们""还在走"),也可以是否定的("我还没说""他还没获得去美国的那个机会")。

情态指主观情感和态度。是说话人对句子所表达的命题或描写的情景的观点和态度,包括知识情态和义务情态(廖秋忠,1989)。

(7) 我用肩膀抵住老邱,不让他过去。"<u>你身上带着钱呢</u>。"
(8) <u>我可是一直给您留着面子呢</u>。
(9) 我刺她一句,懒洋洋站起来去洗脚,回头对她说:"你说你吃这没头没脑的醋有意思么?"

"我才没吃醋呢。"她抖着一条腿撇着嘴说,"多爱搭理你似的。"

(10)"那当然,"贾玲看我一眼道,"这人一看就惯会甜言蜜语,<u>越是这种人才越要提防呢</u>。"

(11) 我困了,<u>明天还得上学呢</u>。

(12) 甭对我介绍的对象不满意,<u>你自个找还不一定比这强呢</u>。

(13) 我们五层的单间就是专门为了租给旅行结婚的人住的,<u>要不是你们那个当官的说他身上有文件,我还不给他开五层的房间呢</u>。

(14) "你该不是又想当'三八红旗手'?"
"想当呀,<u>还想入党,还想办飞国外的护照呢</u>。"

(15) "<u>还他妈丈夫呢,还他妈爱我呢</u>,连狗都不如。"她在一边骂骂咧咧地骂开了,"狗还知道主人唤一声就跑过来呢。"

"呢"在上述句子中表情态,主要表示说话人的"申明"的态度,申明一个事实,这个事实与听话人的预期相关。

表事态的"呢"和表情态的"呢"在话语功能、语体特征和主观性几个方面都有不同的表现。

### (二) 话语功能上的差异

语气词在语法系统中是属于句子范畴的,跟语气词具有直接关系的是句子的事态特征和说话人的情态特征,这种事态与情态的对立在话语方面也应有所体现。这里我们先考察一下"呢"所在句子的特点。

事件与非事件是话语里最本质的区别。所谓的事件(event)是只有内在终止点的有界动作,与其相对的没有内在终止点的无界动作称为活动(activity)。叙述一个独立的、完整的事件的句子是事件句,其他的句子是非事件句,包括从属句、惯常句、祈使句、疑问句、标题句等。[①] 事件句和非事件句与时体密切相关,事件句体现为完成体,非事件句体现为未完成体。根据考察,我们发现,表示持续的"呢"用在非事件句中,表示背景信息。

---

① 关于事件与非事件的区别,参见沈家煊."有界"和"无界"[J]. 中国语文,1995(5).

(16)"他被你们骂哭了。"吴迪看看我们说,"正在座位上哭呢。"
(17) <u>正上课呢</u>,突然进来一个人。

例(17)"突然进来一个人"是叙述的主线,是前景信息,"正上课呢"则是典型的叙述的副线,是背景信息。而申明事实的"呢"主要用于非事件句末尾,例如:

(18) 你就让我干一回想干的事吧,我长这么大还没有自个作过回主呢。
(19) "本来就是小职员么。"我笑说:"在办公室我还戴套袖呢。"
(20) 扎得倒不厉害,也就指甲那么大一个口,没事,就是衣服都扎破了,人家要赔呢。
(21) "就是我。"我笑了,"我当你能憋出什么铿锵的话呢!就这个,这都让认字的男女说俗了。"
(22) 别看他一天到晚嘻嘻哈哈,什么都不在乎,其实才不是那么回事呢。
(23) 姑娘们又笑,笑得杜梅有点不好意思:"还行吧。"
"那当然,"贾玲看我一眼道,"这人一看就会甜言蜜语,越是这种人才越要提防呢。"

(18)表否定,(19)表惯常的情况,(20)表意志,(21)叙述一个主观的推断,(22)表判断,(23)表在某种条件下的结果。
"呢"也可用于事件句末尾。例如:

(24) "哎,你瞧我今天买的东西。"他站起来走到床边拎起一件衣服,"还给你买了一件夹克呢。"
(25) 这书我妈妈看过,她也觉得好,还哭了呢。

正如吕叔湘先生所说:"虽然几类句子里'呢'字特别常见,可是差不多没有一种句式绝对不能用'呢'字。"①

表申明的"呢"既可以用于事件句末尾，也可以用于非事件句末尾，说明它不能体现事件与非事件的对立。带"呢"的小句并不用于叙述主要故事情节的进展，即不能在叙述的主线（前景）出现，在连续出现的事件句中，我们见不到带"呢"的句子。

(26) *我给你买了一件夹克呢，然后买了一件大衣。
(27) *她吃完一碗米饭，又吃了一个馒头呢，最后喝了一碗汤。
(28) *她吃了两份卤汁面条，喝了两杯白兰地，然后倒头就睡呢。

同时，带"呢"的小句也不在典型的叙述的副线作为背景信息出现：

(29) a. 他过去常常读《红楼梦》，今天干脆去书店买了一本。
　　 b.？他过去常常读《红楼梦》呢，今天干脆去书店买了一本。
(30) a. 她在那儿站了半个小时，她一直没有动。
　　 b.？她在那儿站了半个小时，她一直没有动呢。
(31) a. 她昨天买了一辆汽车，她很有钱。
　　 b.？她昨天买了一辆汽车，她很有钱呢。

如果把带"呢"的小句都归入非事件句，则上述现象很难解释。我们认为，事件与非事件应只限于叙述语体内，它不与说话人的主观态度相联系。②

---

① 吕叔湘．中国文法要略·表达论[M]．北京：商务印书馆，1982：266.
② 现在一般把句子分为事件句和非事件句，认为这是话语里的一种本质上的对立，它们与动词的类别、时体、名词的有界无界等因素有密切的联系。但这种二分的结果使得非事件句的范围过于庞大，很多句子不好解释。例如：他昨天买了一件大衣吗？墙上挂了一幅画。你把那件衣服送给小王。这么说你也是常常不吃饭就来上课了？我们认为，句子的分类应该首先考虑语体特征，正如李讷和Thompson所说，"句子描述事情不能在真空中进行，总是在更大的会话或篇章语境里进行"，所以"一个句子是否表示一件有界的事情在很大程度上决定于这句子所属的会话的性质。"不同语体中的句子有其独特的语法特点，比如叙述语体和对话语体就有很大的不同。事件与非事件是叙述语体内句子的分类，在对话语体中就不适于作这样的分类。

### (三) 语体特征上的差异

从语体特征来看，语气词"呢"的两种用法也体现出对立：表持续的"呢"可以用于叙述语体：

(32) 路上，我坐在疾驶的轿车后座想，我这是玩玄呢。

(33) 汽车还没来呢，大家都聚在一起相互寒暄着。

而表申明的"呢"基本上不用于叙述语体中，我们统计了王朔的《一半是火焰，一半是海水》《橡皮人》《顽主》《刘慧芳》四部作品，在105例用"呢"的句子中，只有(33)一例用于叙述语体。另外，我们还统计了老舍的《茶馆》和《月牙》：《茶馆》对白中有38例"呢"，而场景介绍中只有一例"呢"；《月牙》是短篇小说，全篇基本上是叙述，"呢"只有12例，有2例直接用于对话，另10例用于叙述。

表申明"呢"用于相互作用的对话语体中，最典型的语境是出现在"建议/断言"和"修正"过程的"修正"部分。例如：

(34) "你的确很漂亮，我在你这个年龄也有过像你这样的气色，可惜消逝得太快了。"

"我不行，"姚京抿嘴笑。"也就一般人吧。前几年我才是真漂亮呢。"

(35) "你去干吗？那片子特没劲。我还要上街买点东西。"

"我就爱和你上街，不买东西还看妞呢。"

(36) "你离我远点，你不是就是来请求我原谅的么？我原谅你了，你不走还干吗？"

夏顺开退回了原位："我话还没说完呢，正事还没说呢。"

(34)中"前几年我才是真漂亮呢"是对"你的确很漂亮"的修正。(35)和(36)前面都是通过疑问句来表示一个建议（"你不应该去""你应该走"），带"呢"的小句都是针对这个建议的，是对建议的否定。

对话语体与叙述语体有很大的不同：对话的口语性更典型，而叙述的书面语特点更多一些；对话的特点在于交互作用，如果是谈论一个事件，则可能把事件的各个构成要素分散到各个话轮中去，而叙述的特点在于其独立性和完整性。①"呢"用于对话语体中，其作用不在于叙述一个完整的事件，而是申明一个事实。

### （四）主观性上的差异

表事态的"呢"和表"情态"的"呢"的主观化程度也有所不同，情态"呢"的主观化程度高于事态"呢"，具体表现在以下方面。

第一，表情态的"呢"表示说话人的主观态度，与具有主观情态作用的"可""才""还"等配合使用，而表事态的"呢"表示现实发生的事情，与时间副词"在""正在""还"等配合使用。

以"还"为例，表示事态的"呢"可以与一般增量的"还"配合，而表情态的"呢"一般要与表元语增量的"还"相配合。试比较以下两例：

(37) 我到的时候，他还在上课呢。
(38) 别提大车了，小车还通不过呢。
　　　这个字都不认识，还上过大学呢。

(37) 中的"还"表示延续（一般增量），而 (38) 中的"还"表示语气（元语增量），说话人认为语境小句提供的信息量不足，"还"提供增量的信息，这个增量信息就是"呢"所申明的事实。

第二，事态"呢"作用于行域，情态"呢"作用于言域。"申明"实际上就是一种元语用法，即说话人要针对语境小句"申明"（声言）一个信息量更高的命题。包含"呢"的句子经常含有"你看""你要知道""我告诉你"之类表申明的词语，因而更具有主观性。

---

① 虽然从语言哲学的角度来看，真正意义上的语言运用没有不是对话式的，因为没有任何篇章或言谈不是对一个具体的受话人而发的。但是具体的篇章可以由于对受话人的考虑的具体程度而表现出区别。参见陶红印．试论语体分类的语法学意义［J］．当代语言学，1999（3）：15-24．

(39) 你转告她我不会生她的气，回去我还得让她请客呢。

(40) 你以为你不给，不配合，我就没办法了？告诉你，我手段多着呢。

第三，事态"呢"和情态"呢"的现实性不同。① 事态"呢"表持续，是一种直陈表达，具有一定的现实性；情态"呢"表申明，用于非现实句中。

| 直陈表达 | 半现实性 | 正上课呢/正下雨呢 |
| 评价表达 | 非现实性 | 你这是骗人呢/他这是找死呢 |
| 否定表达 | 非现实性 | 还上过大学呢/才不是那回事呢 |

主观化的表达，必然伴随有非现实情态。主观化程度高，则现实性弱；主观化程度低，则现实性较强。

## 二、情态语气词"呢"的功能

### （一）申明：与"了""的"的区别

句末语气词"了"和"呢"都表明句子所表达的某种情况与当前情景相关（见李讷等，1994）。试比较：

(41) a. 我喝了三杯咖啡。
　　 b. 我喝了三杯咖啡了。
　　 c. 我喝了三杯咖啡呢。

a 只是简单地通过描写一种行为告诉你他做了些什么，b 和 c 所说的是"喝了三杯咖啡"这个状态是跟当前的情景相关的。但"了"和"呢"相关的方式不同，"了"所引进的事态与当前语境中的时间相联系，"呢"所引进的事实与当前语境中听话人的预期相联系。"了"表示的是变化的状态，经常

---

① 方梅．说"呢"，提交于第十二次现代汉语语法学术讨论会（湖南长沙）论文，2002.

与"已经"配合使用,而"呢"申明的是存在的事实,经常与"还"等配合使用。

有时"呢"用在"了"的后面:

(42) 你再这样说,我还不去了呢。
(43) 你昨天还借我钢笔了呢。

这时前面只能用"还",不能用"已经"。

语气词"呢"和"的"都是带有情态作用的语法成分,在表确认这一点上是相同的,二者的主要区别在于,"的"偏于表示肯定事实,"呢"偏于表示申明事实;"的"只表明说话人的肯定态度,"呢"还作用于听话人。正如吕叔湘先生所指出的那样,"'的'字是说事实确凿,毫无疑问,'呢'字是说事实显然,一望而知;'的'字偏于表自信之坚,'呢'字偏于叫人信服。"① 试比较:

(44) a. 你不去请他,他是不会来的。
   b. 你不去请他,他还不会来呢。
(45) a. 这东西三百块钱买不来的。
   b. 这东西三百块钱买不来呢。
(46) a. 换了我是不会这样做的。
   b. 换了我还不会这样做呢。

包含"呢"的句子经常含有"你看""你要知道""我告诉你"之类表申明的词语,而包含"的"的句子经常含有"是""肯定""一定""真的""确实"之类表肯定的词语,如:

(47) 我确实不需要吃药,烧也不高,睡一觉出点汗肯定会退的。
(48) 要说结婚,你还是要找韩劲那样的老实小伙子结婚好,一定会

---

① 吕叔湘. 中国文法要略·表达论 [M]. 北京:商务印书馆,1982:264.

对你好一辈子的。

## (二) 关于"预期"

"呢"具有把一个事实引进当前语境的功能,这个引进来的事实与当前语境中听话人(或说话人)的某种预期有关,而且表明事实与说话人(或听话人)的预期相矛盾。所谓预期,就是听话人(或说话人)对某一情况的了解或期望。① 它可以通过语用隐含来体现,说话人能够从听话人的话语或行动中推断出来,也可是听话人或说话人的直接表述。当说话人认为这个预期与某种事实不符时,就可以用"呢"来申明这一事实。例如:

(49) 甭对我介绍的对象不满意,你自个找还不一定比这强呢。现在这状况你也不是不知道,差不多可以说是没好人——没好女人了。

(50) "您来付钱时能不能把您的作品带来让我们拜读一下?……"
"可以。"宝康既矜持又谦逊地说,"我甚至可以给你们签个名呢。……"

(51) "是你的傻冒同学吧。"
"他才不傻呢,是学生会干部。"

(52) "……好啦,老林手下的烂仔给你助了威,你可以冠冕堂皇地抛开我了,还从小一块儿偷幼儿园的向日葵一块儿从楼上往过路的身上吐痰呢。"

(49) 中的听话人有一个预期:自己会找到满意的对象。(50) 中说话人从对方的话语中通过语用推理推测出对方有"仅仅是把作品带来"这一预期。这些预期都是说话人从听话人的话语或行动中推断出来的。而 (51) 中听话人的预期是听话人自己直接表述出来的。说话人针对这一预期,申明与其相悖的事实,也可以认为是对预期的否定。(52) 中说话人和听话人共有一个预期:对待从小就在一起的好朋友不应该背信弃义。"呢"所申明的事实与这个

---

① 吕叔湘先生在论述转折关系时,曾使用"预期"这一术语,见吕叔湘. 中国文法要略·表达论 [M]. 北京:商务印书馆,1982:340. 我们这里参考了吕叔湘先生的论述。

预期不符。因而可以说,"呢"有否定预期的功能。"呢"对预期的否定可以是语义否定,即对真值意义的否定,如(49)(51)等,也可以是语用否定,即对预期的语用含义的否定,如(50)。

另外,"呢"经常与"还""怪"等表示超出预料的词语配合使用,从中也可看出它的超出预期的特点。

(53) 下这么大的雨,没想到你还真准时到了呢。
(54) 这人怪有意思的呢。

正因如此,语气词"呢"多用在对话语体中,它一般出现在回应的话语中,否定或修正前面的建议或陈述。

### (三) 预示着一个言语行为

情态语气词"呢"的作用是申明一个与"当前"相关的事实,包含"呢"的小句一般用于因果关系的语境中,它可以是在某种条件下的结果,但更多情况下是新的事态的原因。例如:

(55) 你们上船补票只能补散座,还不够受罪的呢。
(56) 如果没有你,我至今还在痛苦中挣扎呢。
(57) 别打岔,我还没批评完呢。
(58) 我还没看完开幕式呢,起码让我看完,然后咱们一起出去。

(55)、(56)是申明结果,(57)、(58)是申明原因。申明原因的小句否定了预期后,往往预示着警告、禁止、断言、命令、建议等言语行为,如(57)中的"别打岔"和(58)中的"起码让我看完"。

## 三、语法化的机制

传信语气词"呢"来源于"里",在近代汉语以及现代一些方言中也写作"哩"。关于这一点,吕叔湘、太田辰夫、江蓝生、孙锡信等很多学者都有论证。如吕叔湘指出："此哩字今仍留存于北方多处方言中，而北京语及其他若干方言则不曰 li 而曰 ni（或 ne），字作呢。……可知此呢即哩之变形，而哩又源于在里。"①

### （一）从空间到时间

关于"里"的来源，看法不尽相同：吕叔湘（1940）认为，"裏"源于"在裏"："此一语助词，当以'在裏'为最完具之形式，唐人多单言'在'，以'在'概'裏'；宋人多单言'裏'，以'裏'概'在'，'裏'字俗多简作'里'。本义既湮，遂更着'口'"。太田辰夫（1958）不同意"裏"源于"在裏"，指出"在裏"的时代比"裏"晚，难以证实"裏"是"在裏"的省略。他认为"裏"本来是表示处所的词，一方面变为句末助词"哩"，另一方面作为体词构成"在里"等，再进一步虚化为"在里""在这里"等。

我们认为，"裏"从首先从表处所变为表方位，由方位义演变出持续义。表持续的用法在唐五代笔记小说、敦煌变文中已经见到零星的例子：

（59）……及睹浩破题，……喜曰："李程在裏。"（王定保：《唐摭言》）②

宋以后这种用法逐渐多了起来：

（60）"天之将丧斯文也……"丧乃我丧，未丧乃我未丧，我自做着天裏。（《河南程氏遗书》）

（61）尧夫诗云，"圣人吃紧些事"，其言太急迫，此道理平铺地放着裏，何必如此。（《河南程氏遗书》）

（62）江与友遽趋出，一环曰："未晓裏里，且缓步徐行。"（《夷坚

---

① 吕叔湘. 释景德传灯录中在、著二助词［G］//汉语语法论文集. 北京：科学出版社，1955：4.
② 以下近代汉语用例均引自蒋绍愚，曹广顺主编. 近代汉语语法史［M］. 北京：商务印书馆，2005.

志·支庚》，卷8)

"哩"表示持续不变时常与时间词"如今、现、在"和助词"着"等呼应：

(63) 俺如今掌管着眼前的祸福俚，你西番每怕也不怕？（《朱元璋文集》）
(64) 正在那里吃酒哩。（《燕青博鱼》3折）
(65) 现染病哩。（《张天师》3折）
(66) 他举着影神楼儿哩。（《曲江池》2折）

也常与"还""未""不曾"等配合（太田辰夫，1958)：

(67) 俺说来，未收拾里。（《元典章·户部》8）
(68) 你三位还不知俚，我们不是他来时，性命只在咫尺休了。（《水浒传》18回）
(69) 未曾娶妻哩。（《玉壶春》2折）

"里"由方位义演变出持续义，其机制与现代汉语"中"由方位词虚化为表持续的助词一样，都是语法转喻的结果：由处于事物之里/中到处于动作之里/中，这是由空间域到时间域的投射。①

## （二）从事态到情态

"里"表持续进一步虚化为表"申明有"，这样的变化在唐五代也出现了：

---

① "在那里"在动词前表示进行体是汉语方言常见的现象，山东方言的"在那里"除指代处所外，也表示进行体，如"奶奶在那里洗衣裳"。除表示"奶奶在那个地方洗衣裳"外，还可表示"奶奶正在洗衣裳"之义。参见艾红娟. 山东方言表进行体词语的强化与更新 [J]. 中国语文，2008（3）.

(70) 幸有光严童子里，不教伊去唱将来。（《敦煌变文集》卷五《维摩诘经讲经文》）

宋元之后逐渐增多：

(71) 庚午辛未之间，有童谣曰："花开来里，花谢来里。"（《太平广记》卷140引《玉堂闲话》）

(72) 颖云："此项待别有咨闻，这里别有照证里。"（《乙卯入国奏请》）

(73) 如今檄书将次到来，承宣亦须见俚。（《三朝北盟会编·茅斋自叙》）

从表持续到表申明，"里"实现了由事态到情态的变化。

从事态到情态，是从时间域到性质域的投射。从事态到情态与说话者"我"/听话者"你"/说话时间"现在"/说话场所"这儿"有关，还与句末位置有直接关系。同时也是一个语法转喻：当前持续的很可能是说话人要凸显的，说话人用持续来转指主观上的凸显。因而"呢"由客观的陈述转而表达主观的表态。

从事态到情态这一语法化路径不仅体现在"里"（"呢"）的演变过程中，也体现在"在"的身上，下面例子引自吕叔湘（1940）：

(74) 若要商量，堂头自有一千五百人老师在。（景德传灯录）［存在］

(75) 此处空在，但宿何妨。（同上）［持续］

(76) 大德正闹在，且去，别时来。（同上）［持续］

(77) 舌头未曾点著在。（同上）［持续］

(78) 长老若恁么为人，瞎却镇州一城人眼在。［申明］

(79) 此子向后走杀天下人在。［申明］

(80) 去佛法大远在。［申明、夸张］

另外,"在里"也经历了这样的演变:

(81) 物之好恶亦自在里。(《伊川先生语》)[在这里]

(82) 他不是摆脱得开,只为立不住脚,便放却,忒早在里。(《上蔡语录》,上)[申明]

吴方言(苏州话)表申明的语气词 to(笃)、le(勒)、勒里、勒浪等也都是从事态用法发展而来的(参见吕叔湘,1940)。

日语里也能找到由时间范畴到情态范畴的形式。比如放在动词后的しまう(-shimau)如果附在自主动词后就强调动作的完成,如果放在非自主动词后就表示说话者对事件的一种感叹语气,即表示"不如意"或"意外"等情态范畴的意义(参见柯里思,2003)。

(83) それをたぺてしまいなさぃ。(把它吃掉)[完、掉]

こゎれてしまった。(坏了)[意外]

## 四、情态义的进一步发展:"呢"的夸张义及其形成机制

通常认为,"呢"有表"量大""夸张"的特点。例如:

(84) 他有两个孩子呢。(不是一个)

＊他有两个孩子呢。(不是三个)

(85) 那件衣服一千块钱呢。

＊那件衣服才一千块钱呢。

(86) "你瞧这地毯怎么样?丝织的,越磨越新,越踩越厚,才巴掌大就三千。"

"便宜。"老太太鄙夷地瞧了一眼说,"上回我买一拷花呢手绢还八千呢。"(2-470)

这种表"量大"和"夸张"的特点也与预期有关。根据会话合作原则中的适量准则，当肯定一个数量的时候，有"不会超过这一数量"的含义。根据认知上的偏向常态原则，这个含义经常体现为一种预期，否定这个预期，也就意味着超出了这一数量，因而带"呢"的句子就有了"量大"（增量）、"夸张"这些特征。这种语用义经过长期使用，就变成了一种语法意义，并且被指派给了句子中最具特征的成分"呢"，因而有的论著认为下面句子中的"呢"是表"夸张"的：

（87）a. 他有两米高呢。
　　　b. 那个人才坏呢。
　　　c. 王府井可热闹呢。

这种量大、夸张的"呢"也是一种元语增量的用法。说话人认为听话人的信息量不足，用"呢"提供一个足量的信息（参见沈家煊，2001）。

助词"着呢"用在形容词或类似形容词的短语后，也有申明、夸张的语气。

（88）a. 这条路难走着呢。
　　　b. 西湖的景致好看着呢。
　　　c. 这个小姑娘逗人爱着呢。（引自《现代汉语八百词》）

"着呢"不能用于与问话中的形容词属同一量度但量级较低的形容词后。

（89）A ＊那里热不热？
　　　B ＊不热，暖和着呢。
　　　　　不热，凉快着呢。
　　　　　不热，冷着呢。

这是因为"暖和"与"热"同属一个量度，肯定"暖和"只是否定了下限义，因而没有"量大""夸张"的色彩。

## 结　语

传信语气词"呢"主要作用在于"申明",即把一个事实引入当前语境,它和预期有关,具有否定预期的作用,经常有夸张的色彩,并且预示着一个言语行为。我们可以把"呢"的典型语境及其功能图示如下:

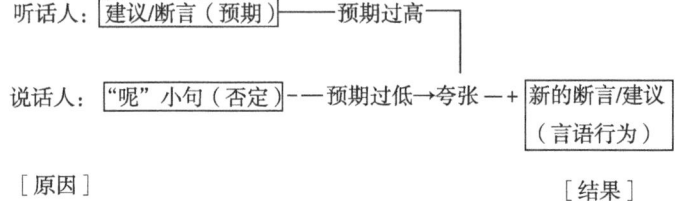

"呢"的申明用法是从持续用法虚化而来,是从事态到情态的语法化,而持续用法又是从方位词虚化而来,句末位置和用于动词之后是其语法化的句法环境,从空间域到时间域再到性质域的投射是一种语法隐喻。"呢"还有量大、夸张的特点,则是其元语增量用法的体现。

（本文原载《语法研究和探索（十五）》,北京：商务印书馆,2010 年）

**参考文献**

[1] 赵元任. 汉语口语语法 [M]. 吕叔湘译. 北京：商务印书馆, 1979.

[2] 吕叔湘主编. 现代汉语八百词 [M]. 北京：商务印书馆, 1980.

[3] 朱德熙. 语法讲义 [M]. 北京：商务印书馆, 1982.

[4] 吕叔湘（1944）. 中国文法要略·表达论 [M]. 北京：商务印书馆, 1982.

[5] 曹广顺. 近代汉语助词 [M]. 北京：语文出版社, 1995.

[6] 孙锡信. 近代汉语语气词 [M]. 北京：语文出版社, 1999.

[7] 齐沪扬. 语气与语气系统 [M]. 合肥：安徽教育出版社, 2002.

[8] 蒋绍愚,曹广顺主编. 近代汉语语法史 [M]. 北京：商务印书馆, 2005.

[9] 徐晶凝. 现代汉语话语情态研究 [M]. 北京：昆仑出版社, 2008.

[10] 吕叔湘（1940）. 释景德传灯录中在、著二助词 [G]//汉语语法论文集. 北京：科学出版社, 1955.

[11] 赵元任．北京、苏州、常州语助词的研究［G］∥中国现代语言的开拓和发展．北京：清华大学出版社，1992．

[12] 李讷等．已然体的话语理据：汉语助词"了"［G］∥功能主义与汉语语法．北京：北京语言学院出版社，1994．

[13] 沈家煊．语用·认知·言外义［G］∥语法研究与探索（八）．北京：商务印书馆，1997．

[14] 罗骥．现代汉语"着呢"的来源［G］∥汉语史研究集刊（第一辑）上册．成都：巴蜀书社，1998．

[15] 柯理思．试论谓词的语义特征和语法化的关系［G］∥语法化与语法研究（一）．北京：商务印书馆，2003．

[16] 李崇兴．元代北方汉语中的语气词［G］∥历史语言学研究（第一辑）．北京：商务印书馆，2008．

[17] 李宗江．近代汉语完成动词向句末虚成分的演变［G］∥历史语言学研究（第一辑）．北京：商务印书馆，2008．

[18] 胡明扬．北京话的语气助词和叹词［J］．中国语文，1981（5、6）．

[19] 廖秋忠．《语气与情态》评介［J］．国外语言学，1989（4）．

[20] 孙锡信．语气词"呢""哩"考源补述［J］．湖北大学学报，1992（6）．

[21] 太田辰夫（1958）．中国语历史文法［M］．北京：北京大学出版社，2003．

[22] 沈家煊．"有界"和"无界"［J］．中国语文，1995（5）．

[23] 张伯江．认知观的语法表现［J］．国外语言学，1997（2）．

[24] 李讷，安姗笛，张伯江．从话语角度论证语气词"的"［J］．中国语文，1998（2）．

[25] 陶红印．试论语体分类的语法学意义［J］．当代语言学，1999（3）．

[26] 沈家煊．跟副词"还"有关的两个句式［J］．中国语文，2001（6）．

# 汉语儿童早期会话中关联标记 "然后" 的发展个案研究*

邹立志

## 一、引言

关联标记是话语标记的一种。话语标记是日常口语中一些习焉不察的语言现象，近些年来随着语言学界对日常口语研究的重视，传统语言学中被视作边缘现象的话语标记受到越来越多的关注。然而学界的话语标记研究对象主要限于成人，对儿童口语中话语标记的发展还缺少系统的考察和研究。儿童的话语标记跟儿童的话语能力密切相关，研究儿童话语标记的发展可以发现儿童会话连贯能力、人际互动能力的发展阶段规律和特点，对全面考察儿童语用能力的发展具有很强的应用价值。

### （一）话语标记与关联标记

所谓话语标记，就是指话语中不对命题的真值意义发生影响，基本不具有概念性语义，而是具有程序性语义的话语联结关系标记。程序义与话语理解中的推理有关，能引导听话人寻找话语的关联性，减少听话人的认知努力，从而达到满意的交际效果。

基于前人的研究分类，我们将现代汉语的话语标记分为两大类：关联标

---

\* 本文是国家社科基金项目"基于口语语料库的汉语儿童话语标记早期发展研究"（项目编号：16BYY072）的阶段性成果。

记语（如："然后、所以、但是……"等）和填充标记语（如："嗯、好、那个……"等），具体如表 1 所示。

表 1　现代汉语话语标记分类

| | 分　类 | | 示　例 |
|---|---|---|---|
| 话语标记 | 1. 关联标记 | 1. 广义并列标记 | |
| | | 1. 并列标记 | 同时 |
| | | 2. 连贯标记 | 然后 |
| | | 3. 递进标记 | 而且 |
| | | 4. 选择标记 | 或者 |
| | | 2. 广义因果标记 | |
| | | 5. 因果标记 | 所以 |
| | | 6. 假设标记 | （如果）就 |
| | | 7. 条件标记 | （只要）就 |
| | | 8. 目的标记 | 为了 |
| | | 3. 广义转折标记 | |
| | | 9. 转折标记 | 但是 |
| | | 10. 让步标记 | （即使）也 |
| | 2. 填充标记 | 1. 叹词标记 | 嗯 |
| | | 2. 应答标记 | 好 |
| | | 3. 指别标记 | 这/那 |
| | | 4. 信息参与标记 | 我看 |

　　关联标记即用关联词充当的话语标记，相当于方梅文中提到的"语义弱化连词"①，在成对使用的关联词中，发生弱化的连词并不是随意的，通常倾向于后项连词。在实际的自然口语会话中，连词自身的逻辑真值意义不再凸显，有时甚至出现语义扩展的现象，主要用于辅助话语单位的衔接和连贯，起到组织言语交际的作用。自然口语会话中的连词，按照逻辑真值语义保持程度的标准，由高到低来排，大致可排成以下顺序：真值逻辑语义连词＞语义扩展的连词＞话语标记，由连词弱化而成的关联标记是连词弱化程度最高的形式。

---

① 方梅. 自然口语中弱化连词的话语标记功能［J］. 中国语文，2000（5）：459 - 470，480.

判别一个连词是否为关联标记通常有以下方法。

**1. 韵律标准**

关联标记语义弱化程度高，承载信息的负担比较弱，相应地表现在韵律上也倾向于弱化，常常读作轻声、拖音或语音弱化。

**2. 语义标准**

看这些连词是否保留真值语义，弱化程度相当高的关联标记，通常不能和语义上相对应的连词搭配使用。比如看"然后"之前的话语中是否可以添加"（首）先"，如果可以，即表示"一件事情之后接着又发生另一件事情"的逻辑关系；如果不能，则为关联标记。

**3. 结合具体语境判断**

关联标记的程序义跟语境关系密切，如"然后"，根据具体上下文，我们可以看看是否为表"先后关系"的逻辑义；如果不是，再根据其连接的前后话语判断其表示的是何种程序义。

## （二）前人文献综述

**1. 本体研究方面**

话语标记的研究在近几十年发展起来并越来越受到学界的重视，国外对话语标记的研究成果主要集中于英语。奥斯曼（Östman）考察了英语中几个话语标记在话语中出现的位置，并提出它们的语篇、人际互动、主观表达等语用功能[1]；列文森（Levinson）对话语标记的研究表明话语标记在话语中不构成具体的命题意义，但往往体现一定的非真值条件义和明显的语用功能[2]；希夫林（Schiffrin）《话语标记》一书对英语的话语标记作了系统的定性和定量分析，并提出由五个方面组成的话语局部连贯模型[3]。随后比较有影响的研究还有霍克（Hölker）提出话语标记的四个基本特征[4]，拉诺塔（Rouchota）

---

[1] Östman, J-A.. *"You Know": A Discourse Fouctional Approach* [M]. Amsterdam: John Benjamins, 1981.

[2] Levinson, S.C.. *Pragmatics* [M]. Cambridge: Cambridge University Press, 1983.

[3] Schiffrin Deborah. *Discourse Markers* [M]. Cambridge: Cambridge University Press, 1987.

[4] Hölker, K.. Franziisisch: Partikelforschung [J]. *Lexicon der Romanistischen Linguistic*, Vol. 5, No. 1, 1991: 77-88.

运用关联理论研究了英语插入式话语标记①，布林顿（Brinton）对话语标记的特征从音系、词汇、语义、句法、语篇等层面作了归纳②。目前主要有希夫林（Schiffrin）从语义-语用角度③、弗雷泽（Frazer）从语法-语用角度④、布莱克莫（Blakemore）从认知语用角度⑤对话语标记进行的研究。

随着国际上话语标记研究的兴起，汉语话语标记研究也进入了新阶段。纵观外语界和汉语界的相关研究，主要有以下三个方面：（1）运用语用学、功能语言学等理论，挖掘话语标记的语义内涵和语用特征，如李讷和汤普森（Li & Thompson）（1981）、廖秋忠（1986）、屈承熹（2006）等；（2）运用会话分析理论，讨论话语标记在口语中的特征和用法，如毕永峨（Biq Yung - O）（1990）、方梅（2000）、李咸菊（2008）、刘丽艳（2011）、席建国（2009）、姚双云（2009）等；（3）运用语法化理论，将话语标记的历时演化和共时变异结合起来研究，如吴福祥（1996）、高增霞（2004）、姚双云（2010）等。

**2. 儿童语言研究方面**

对儿童话语标记的研究成果很少，国外有一些相关研究如佐菲亚（Zofia）研究了英语儿童叙述中运用连词的情况，发现"儿童比成人更多运用明显的承接连词"⑥；艾米（Amy）等考察了4岁、7岁儿童跟同龄人口语交谈中关联标记的使用情况，表明儿童关联标记的发展趋势是从标记行为到构想到参与框架⑦；英吉（Inji）研究了4到12岁的儿童在叙述故事时如何使用关联标

---

① Rouchota, V.. Discourse Connectives: What do They Link [J]. *UCL Working Papers in Linguistics*, Vol. 8, 1996: 199 - 212.
② Brinton, L.. *Pragmatic Markers in English: Grammaticalization and Discourse Functions* [M]. Berlin: Mouton de Gruyter, 1996.
③ Schiffrin Deborah. *Discourse Markers* [M]. Cambridge: Cambridge University press, 1987.
④ Frazer, B.. An Approach to Discourse Markers [J]. *Journal of Pragmatics*, Vol. 14: 383 - 395.
⑤ Blakemore, Diane. *Understanding Utterances: An Introduction to Pragmatics* [M]. Oxford: Blackwell, 1992.
⑥ Zofia, L.. 儿童叙述中的连词 [J]. 谢红华摘译. 国外语言学, 1988 (4): 156 - 160.
⑦ Amy Kyratzis and Susan Ervin - Tripp. The Development of Discourse Markers in Peer Interaction [J]. *Journal of Pragmics* 1999 (31): 1321 - 1338.

记①；雷伊汗（Reyhan）等对土耳其儿童的群案研究表明话语标记的频率和功能随年龄而变化，儿童自然会话中的话语标记早于叙述话语中话语标记习得②。

关于汉语儿童话语标记的研究更是凤毛麟角，叶侃玉（Kanyu Yeh）研究了 10 名台湾 5 岁儿童在叙述话语中使用"然后"的情况，发现 5 岁儿童已经习得关联标记"然后"的核心义和次类意义③；许家金对青少年汉语口语中话语标记进行语体对比研究，但并不是从发展的角度探讨④；王兰兰对早期儿童的关联标记语作了初步描述工作⑤。

### （三）本研究的语料来源

本文语料的来源是首都师范大学言语习得实验室自建的儿童语料库。该语料库中的语料是在日常生活环境下收集的，主要采用对儿童录音录像方式。语料采集为每周 1 次、每次 1 小时的录像或录音。语料由儿童语言习得专业的研究生按照国际儿童语料库 CHILDES 的 CHAT 标准格式进行转写并标注。因为关联标记的判别与类别标注需要人工处理，而且需要对上下文语境的仔细读取，处理的工作量非常大。对个案儿童关联标记的穷尽性考察比对群案儿童的抽样语料考察更有利于对儿童关联标记的纵向发展做深入细致的研究，所以本文主要选取语料库中女童 JBS1；2－5；0 的语料，所处的语言环境为普通话。共有视频或音频语料 200 小时，文字转写约 120 万字，儿童约 40 万

---

① Inji Choi. *How and When do Children Acquire the Use of Discourse Markers* [M]. Oxford：Camb Ling，2007.
② Reyhan Furman, Asli özyürek. Development of Interactional Discourse Markers：Insights from Turkish Children's and Adults' Oral Narratives [J]. *Journal of Pragmatics* 2007（39）：1742－1757.
③ Kanyu Yeh. *The Use of Ranhou "Then" in Mandarin－speaking Children's Narrative* [DB/OL]. http：//homepage. ntu. edu. tw/~gilntu/icpeal2018cldc/files/cldc2011_program. pdf，2013.
④ 许家金. 青少年汉语口语中话语标记的话语功能研究 [M]. 北京：外语教学与研究出版社，2009.
⑤ 王兰兰. 汉语早期儿童自然会话中的弱化连词 [D]. 首都师范大学硕士学位论文，2014.

字，成人 80 万字。

## 二、儿童关联标记"然后"的产出及发展

### （一）儿童常用关联词的使用情况

我们依据表 1 对该儿童三大类十小类常用连词的使用情况做了统计，见图 1。发现使用频率居前三位的连词分别为"然后"（1490 例）、"但是"（248 例）和"所以"（107 例），分别是广义并列标记、广义转折标记、广义因果标记的三个典型连词。儿童使用"然后"的数量显著高出"但是"和"所以"。后二类连词产出总数少，作为关联标记和逻辑连词的分布比例差别不太明显。在"然后"关联标记和逻辑连词的比例上，儿童产出的关联标记"然后"是逻辑连词"然后"的 3 倍多。"然后"作为儿童最高频使用的关联标记，提供了非常丰富的语料供我们考察儿童关联标记的发展规律。

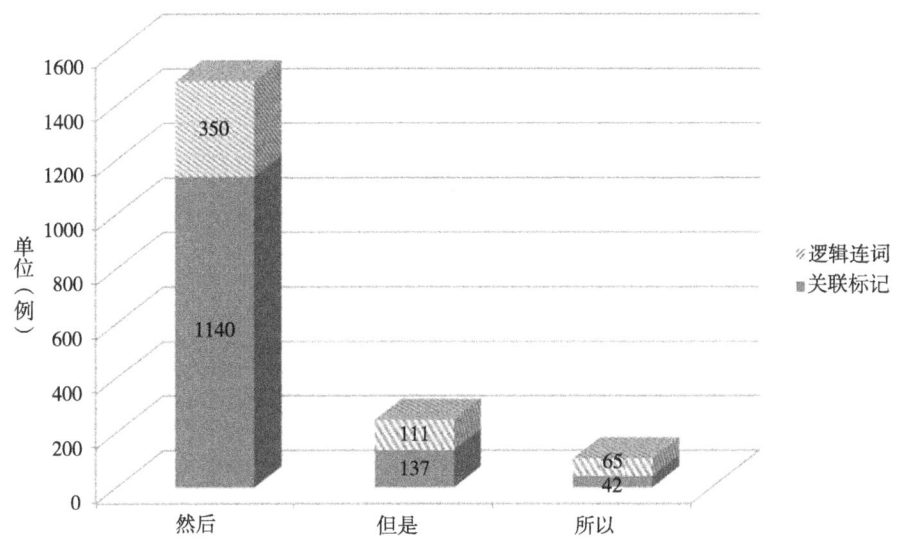

图 1　儿童"然后""但是""所以"的使用数量

### （二）自然会话中儿童与成人使用"然后"的数量统计

我们对比统计了儿童与成人"然后"的产出数量，见图 2。儿童共产出"然后"1490 例，平均 3.6 例/千字，成人共产出"然后"682 例，平均 0.9

千字,儿童的产出总数接近成人的4倍,而且"然后"的频次和话标"然后"的频次在每个年龄段都比成人产出多,4岁前是平缓增长,4岁以后呈现出急剧增长,到4;6到达高峰。

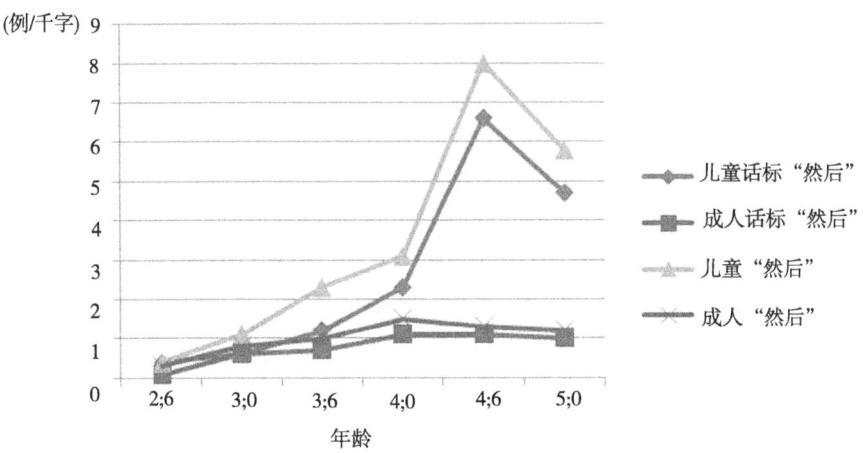

图2  儿童各年龄段与成人使用"然后"比例统计①

(三)儿童关联标记"然后"的发展

儿童首例"然后"产出于2;0;11,见例①。由语境中可以判别该处的"然后"为关联标记,2;1和2;2没有"然后"产出,2;3产出了3例"然后",其中1例为逻辑连词,2例为关联标记。作为关联标记的"然后"不仅产出早于逻辑连词"然后",而且在各年龄段"然后"的关联标记用法一直高于逻辑连词用法(除了3;6比例持平以外),见图3。

---

① 图中2;6指2;6之前,成人是1;3-2;6的数据,儿童是2;0-2;6的数据。3;0指2;7-3;0的数据,3;6指3;1-3;6的数据,依此类推。

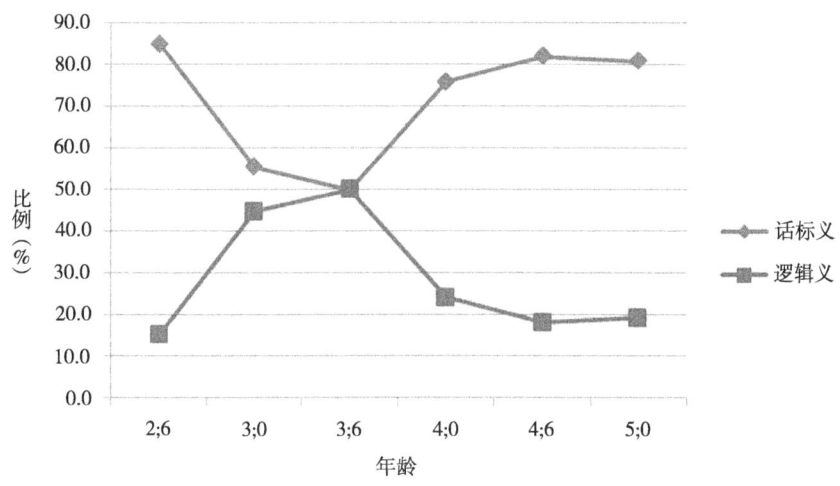

**图3 儿童各年龄段"然后"的话标义与逻辑义比例**①

儿童首例"然后"语料为关联标记②:

① *JBS：JBS 小燕子。
*ZLZ：哦，JBS 小燕子哈，典典继续打电话，跟沁沁姐姐说 +……
*JBS：ZLZ JWD，嗯，别说 ZLZ。
*ZLZ：别说 ZLZ。
*JBS：妈妈别说，嗯，JBS，然后说，都上班了都，那都说，上班和蚂蚁，我都，咬屁屁，都说×××一起吃饭，嗯，哥，唉，没事了，呀呀，不知道，不知道，没人，沁沁姐姐，呵呵呵，×××，妈妈，×××，老鼠，×××，沁沁姐姐，×××，呵呵呵呵呵（2；0；11）

其场景是儿童在给成人打电话，意思是"妈妈别说，我来说"，显然不是表先后的逻辑义，而是表并列的关联标记。

---

① 图中"话语标记"简称"话标"。
② 语料中"*JBS"表示说话人姓名首字母，语料末"（2；0；11）"表示儿童年龄"2岁0个月11天"。语料中"×××"为听不清楚的话。

儿童产出的首例逻辑连词"然后":

② *JBS: 给他这个
*LYJ: 摊开, 怎么盖呢?
*LYJ: 给他
*JBS: 给他这个, 毯子, 然后
*LYJ: 嗯
*JBS: 把他这个, 盖上 (2;3)

从"然后"连接的儿童的两个话轮来看, 语义为"先给他毯子, 然后盖上", 为表先后关系的逻辑连词。

相应地我们再看图4在儿童各年龄段成人"然后"话标义和逻辑义的比例, 看看儿童"然后"的产出跟成人的输入有没有什么关系。在儿童1;3时, 就开始见到成人的"然后"语料, 在儿童2岁产出第一例"然后"前, 成人共产出"然后"39例, 关联标记用法为8例。而且在3岁以前, 成人的逻辑义一直都是高于话标义的, 直到3岁以后才出现相反趋势, 话标义越来越高于逻辑义, 3;0-5;0其间距离越来越大, 呈现出跟儿童"然后"二者分布比例相同的趋势。所以, 我们看到儿童对关联标记"然后"的习得之早和频率之高并没有表现出跟成人输入的正相关, 反而是成人在儿童3岁以后一改自己的比例趋势呈现出跟儿童"然后"的分布比例相呼应的趋势, 表现出跟儿童话语鲜明的互动性。

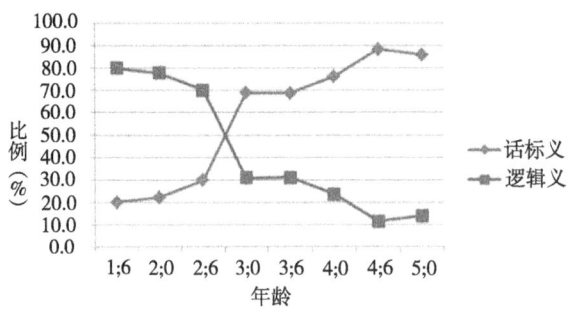

**图4 儿童各年龄段成人"然后"的话标义与逻辑义比例**

## 三、儿童关联标记"然后"的功能分析

### (一) 儿童关联标记"然后"的功能分类

纵观前人对话语标记功能的研究,话语标记主要是用来或阐明说话人的立场态度(元话语功能),或作为话语单位之间的连接成分、指示前后话语之间的序列关系(语篇功能),或阐明话语单位与交际情境之间的关系(人际功能)的语言手段。关联标记主要具有"指示话语之间的序列关系"的语篇功能。

关于话语标记的功能分类,前人有不同的分法。方梅将"弱化连词"的功能分为"话语组织功能"和"言语行为功能"[①];王伟、周卫红从语义扩展的角度对"然后"的话语标记语义分为"添加、时空、原因"等语义关系[②];叶侃玉(Kanyu Yeh)也是从语义角度对儿童的"然后"进行分类[③]。基于儿童话语的特点,我们认为套用成人的功能分类标准不太合适。因为儿童语用发展还不成熟,很难用"话题设立、话题延续、话题切换、话题找回"等术语来清晰判定,所以我们根据关联标记"然后"指示的话语之间的语义关系进行功能分类。

《现代汉语八百词》(增订本)对"然后"的解释为:"然后"[连]表示一件事情之后接着又发生另一件事情。前句有时用"先、首先"等,后句有时用"再、又、还"等,可见,"然后"通常表示事件按照时间先后顺序接连发生。

"然后"表先后顺序的语义特征使得语言表达的一维性跟时间的一维性高度契合,为"然后"的广泛使用奠定来基础,促使了"然后"作为关联标记的高频使用。话语之间的逻辑关系可分为偏正和联合,先偏后正的语序决定

---

① 方梅. 自然口语中弱化连词的话语标记功能 [J]. 中国语文,2000 (5):156-160.
② 王伟,周卫红. "然后"一词在现代汉语口语中使用范围的扩大及其机制 [J]. 汉语学习,2005 (8):31-39.
③ Kanyu Yeh. The Use of Ranhou "Then" in Mandarin - speaking Children's Narrative [DB/OL]. http://homepage.ntu.edu.tw/~gilntu/icpeal2018cldc/files/cldc2011_program.pdf,2013.

了先因后果、先条件后结果等叙述顺序，而联合关系可分为连贯和并列，连贯关系的小句间有一定的叙述顺序，即便并无固定次序的并列关系，也可经人们的主观心理投射，按空间关系、级差关系等主观感知顺序来组织话语，从而实现将三维世界在表达上的一维化。

"然后"除了表"先后关系"的逻辑语义外，其扩展的语义功能主要有延续义、并列义、结果义等，我们对这几种语义功能的判别标准如下。

**1. 延续义**

与"然后"本来的逻辑语义最接近，但"然后"连接的小句之间并无明显的事件动作行为上的先后关系，更是一种篇章上的话语先后关系。是"然后"表示的事件先后关系投射到话语先后或心理顺序上的先后关系所导致的，即"先说这个，后说那个"，所以在形式上不能像"然后"的逻辑义一样在前面小句加"先"。如：

③＊JBS：我告诉你是什么东西，是这样的，然后就行啦（3；9）

**2. 并列义**

"然后"接续前面提到的同类事物，提示听话人仍然有下一个，起到粘连前后并举若干个项目的作用。如：

④＊JBS：（在谈论电视《天线宝宝》里的人物）小波小

＊DYI：小波小

＊JBS：然后迪西大（3；5）

**3. 结果义**

"然后"连接的小句间是"条件与结果"或"原因与结果"的关系。如：

⑤＊DYI：它俩打过架吗？

＊JBS：怪兽要打它然后迪迦奥特曼就打怪兽（4；0）

我们发现，儿童和成人的关联标记"然后"还有一些另外的语义关联功能，如递进、转折、条件、目的等，这些语义关系中的"然后"分别相当于"而且""但是""如果""为了"。另外成人还有一类"重述"，并不表示任何语义关系，只是重复儿童前面话轮中的"然后"句。如：

**4. 表递进**

⑥ *ZXF：小孩儿在里面玩儿，大人在外面看着
*JBS：呃，然后，大人还能进去看（4；0）

**5. 表转折**

⑦ *LGT：还有小鸟
*JBS：嗯，老老虎
*LGT：老虎掉到泥泥里边去啦
*JBS：老虎要吃它，它嗯它（注：指小鸟）飞，然后它（注：指老虎）又没有翅膀
*LGT：哦，老虎追不上小鸟就跑了，是不是啊？
*JBS：嗯（3；3）

**6. 表条件**

⑧ *JBS：你先别玩儿
*ZXF：啊
*JBS：你先把这儿放这儿
*ZXF：好
*JBS：然后我开始玩了，你就能玩儿了
*ZXF：嗯（3；6）

**7. 表目的**

⑨ *JBS：干嘛洗脚？

＊ZXI：把脚洗干净，然后好睡觉呀（3；5）

**8. 表重述**

⑩ ＊ZLZ：你不上妈妈那睡了？
＊JBS：然后，上妈妈那睡
＊ZLZ：哦，然后上妈妈那睡．（2；6）

**（二）儿童关联标记"然后"的功能分布**

我们对儿童不同年龄阶段"然后"的各类语义功能使用情况进行统计，结果如图5。由图中可以看出，"然后"的各类话标义在各年龄段呈现出相当的一致性，呈现出"延续义＞并列义＞结果义＞其他义"逐级递降的趋势，"其他义"基本是偏正关系，共37例，包括条件义22例、转折义12例、递进义3例。可见，儿童关联标记"然后"的功能分布趋势跟它的语义虚化程度有关系，表联合关系远远多于表偏正关系，在联合关系中，跟其逻辑语义最接近的"延续义"又明显多于"并列义"。

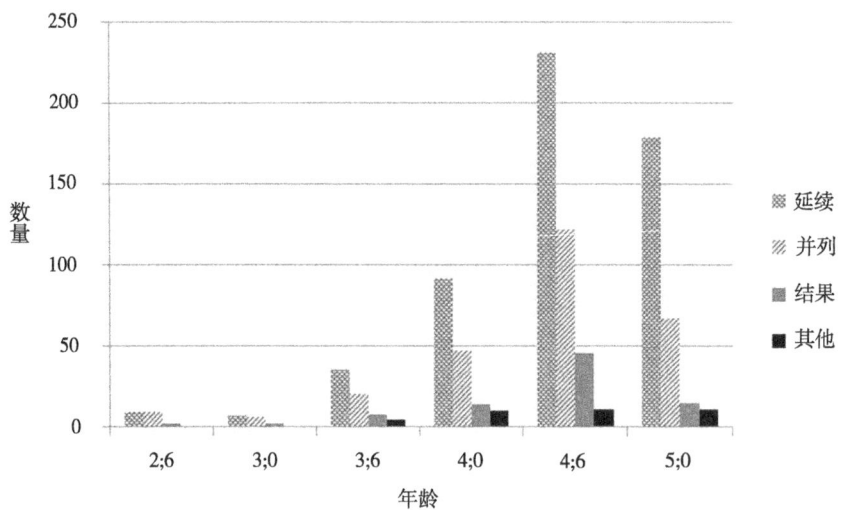

图5　儿童不同年龄段"然后"的各类话标义数量

为了更好地显示儿童关联标记"然后"的发展特点,我们又对儿童不同年龄阶段成人产出"然后"的关联标记功能进行了统计,如图6。

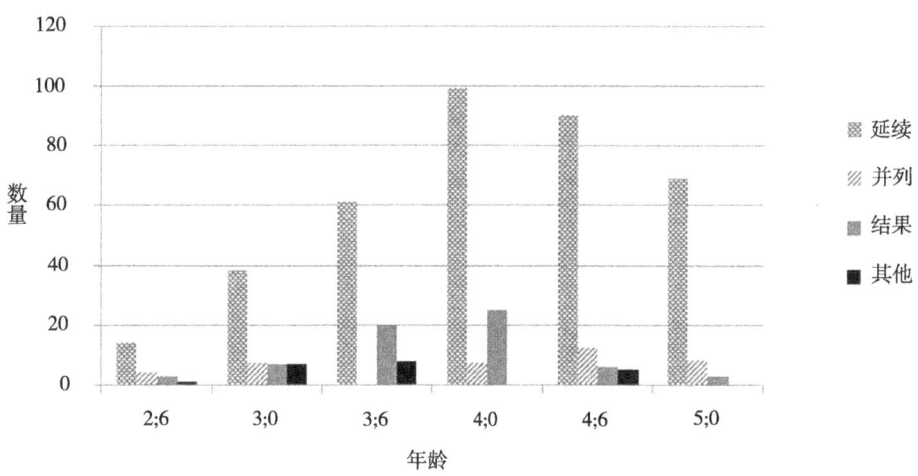

**图6　儿童不同年龄段成人"然后"的各类话标义数量**

图中可以看出,成人跟儿童"然后"标记的功能有很大的不同。其一,成人除了"延续义"高居于首之外,各类语义功能并没呈现出跟儿童一致的分布趋势。其二,成人产出的关联标记"然后"其总体数量不及儿童一半,并列义、结果义比儿童更要少得多。其三,成人"其他义"共21例,包括目的关系3例、转折关系2例、重述16例,跟儿童的"其他义"也有很大的不同。成人出现了儿童所没有的"重述"功能(如例⑩),这是一种元语言功能,重述并不是对儿童话语命题意义的回应,成人通过重述儿童的话语表现出对儿童语言表达本身的关注来形成交际互动,是儿向语交际的特点之一。其四,同样是表延续义,成人与儿童也很不一样。成人表延续的"然后"句以独轮句①为多,成人用"然后呢"渐次引导儿童的话语叙述,如例⑪。成人表延续的独轮句比例大于10%(55/471),儿童表延续的"然后"独轮句

---

① 话轮指说话者在单个说话机会中的全部话语,判断标准以说者和听者的角色转换为主。独轮句即单独成为一个话轮的句子。

比例只有 0.5%（3/553），这也体现出儿向语不同于成人之间交际的特点。

⑪ * ZXI：小鸭子怎么说？
* JBS：小鸭子
* ZXI：然后呢？
* JBS：小鸭子，上灯台
* LXF：嘎嘎叫
* JBS：嘎嘎叫，走起路来摇啊摇（2；1）

## 四、儿童关联标记"然后"话隙填充功能的发展

### （一）儿童各年龄段"然后"话隙填充功能的发展趋势

关联标记"然后"还有话隙填充的功能。所谓话隙填充，即说话人在言语组织时出现了困难或者需要一定的思考时间，会不自觉地借用一些手段来填充空白语流，以便延续话语。此时的"然后"从虚化程度上来说，它比以上各功能的虚化程度更高，但其产出数量并不一定在各功能义之下，它已经成为一种"口头禅"，①虽然仍是作为话语单位之间的连接成分，但是并没有"指示前后话语之间的序列关系"的语义功能，而是起到一些独特的作用，所以我们将其单列出来考察。

我们可以比较一下话隙填充的"然后"跟其他各功能义的分布，见图7。从2；6到5；0岁话隙填充"然后"占话标义的比例分别是28.60%、51.80%、8.10%、10.40%、19.30%、14.20%。从绝对数值来看，4；6是话隙功能的高峰，因为这个年龄段也是儿童关联标记"然后"总体的产出高峰。从相对比例来看，3岁前话隙填充功能较多，3岁达到高峰。不过3岁阶

---

① 口头禅指"在单个言语行为中被多次使用，在话语中出现语义淡化或不表达真值意义，主要起到一定句法功能和篇章功能的虚化词"。脱口而出和高频复现是其特点。参见厉杰．口头禅：类别、机制和功能［D］．上海外国语大学博士学位论文，2013年。

段跟 4 岁阶段的话隙填充"然后"情况不太相同，3 岁的主要用于词汇调整和句法修正，源于儿童语言系统发展的需要。而 4 岁的主要出于叙述篇章计划，更多是认知方面的需要（见例⑫－⑳）。

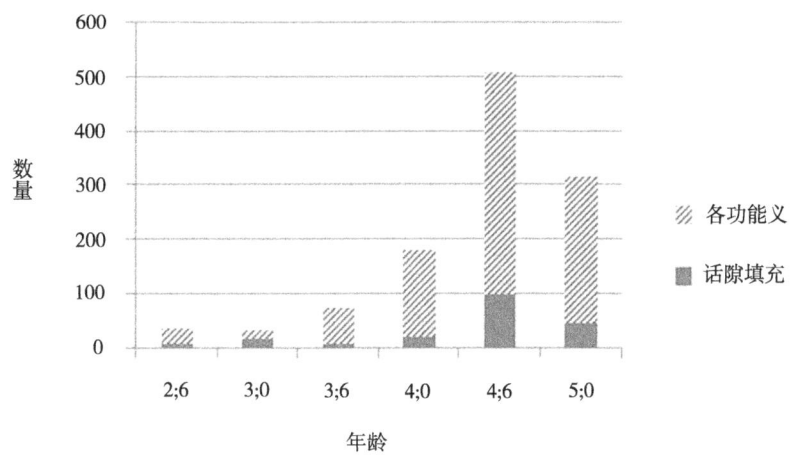

**图 7　儿童话标"然后"的话隙填充功能与各功能义的分布**

**（二）儿童话隙填充功能"然后"的表现特点**

口语产出的在线性（online nature）决定了它不能像书面语那样流畅和正确，而是充满着言语错误和停顿、修正等不流畅语流或间断语流。现实的即席性和要求的连贯性之间的张力，诱发着话隙填充功能"然后"的使用。说话人边想边说，经常会因犹豫思考等出现言语流空白，或者说话人要改变话题和修正话语，而频繁使用话标填补空白。

儿童话隙填充的使用在形式上往往伴随着"然后"的重复、叹词话标"嗯、哎"或指别话标"这/那"的使用（如例⑫）、词句的重复与修正（如例⑬⑭）等，话隙填充"然后"可以看作话语进程中面临困难的语迹，这种话标的过多使用会破坏语言的结构，给人断断续续不连贯的感觉。尤其当话语标记连用的数量超过 4—5 个，话语的连贯性会下降[①]。由于儿童正处于语言发展的关键期，这些话隙填充"然后"的使用从另一方面又有着它积极的

---

① 李咸菊．北京口语常用话语标记［D］．北京语言大学博士学位论文，2008．

意义。儿童的自我言语修正往往与概念生成器和句法生成器的信息加工有关，能揭示内在言语形成机制①。

我们先看儿童2;3产出的首例话隙填充"然后"例⑫，伴随着叹词话标"嗯"、指别标记"那个"的使用、相同词语的重复共7次，言语不流畅，而且其后调整的句子还是不完整：

⑫ *JWD：看典典干什么呢？

 *JBS：它看典典摇，摇那个，嗯，然，然后我啤酒，那个，它说辣

 *JWD：辣吗？

 *JBS：它喝了辣（2;3）

之后儿童产出的话隙填充"然后"经常伴随着词汇调整和句法修正，例⑬"然后"加上"嗯""哎呀"和相同词语的调整重复共6次，既有词汇"小妹妹"到"小弟弟"的调整，又有从主语"小弟弟"到完整句子"小弟弟打枪枪"言语完善的努力。

⑬ *ZLZ：嗯，你记得吗，那天跟那个哥哥一块儿

 *JBS：哎，对，×××，你看，小妹妹，小弟弟，然后，哎，哎呀，看，那小弟弟打枪枪，然后，嗯，哎呀我们换一个吧

 *ZLZ：哦，那是小弟弟呀［=！笑］

 *JBS：嗯（2;5）②

例⑭从"然后"前的"没电"到"然后"后的"没电池"，词语调整后使语义表达更准确了。

⑭ *LYI：谁唱歌好听？

---

① Levelt, W. Monitoring and Repairing [J]. *Cognition*, 14: 41–104, 1983.

② 按国际CHILDES语料库标注格式，"xxx"为听不清楚的话，下同。"［=！笑］"表示伴随动作。

*JBS：xx，它，没电了，你看典典这没电了，然后没电池了这

*LYJ：没电了，她说没电了（2；6）

例⑮句法修正例，"然后"加上相同词句"奥特曼喜欢"的重复共4次。

⑮ *WSS：奥特曼喜欢典典？

*JBS：嗯

*WSS：奥特曼也不喜欢典典

*JBS：奥特曼喜欢，然后，然后，让我，我就奥特曼喜欢了（2；9）

我们发现，对句法比较难的"把"字句的调整比较多，下面几个例子中可以看到3岁左右儿童习得"把"字句的一些困难和习得的轨迹。如例⑯，"然后"加上"嗯""那个"共5次重复，在不流畅的语流中进行"把"字句的句法调整，还是没能成功地产出"把"字句。例⑰也类似：

⑯ *JBS：哎哟，我去，嗯，拿小乌龟的球

*LYJ：拿小乌龟的球？

*JBS：然后，嗯，那个，那个，就是，嗯，每天，吃饭的时候，把这个球

*LYJ：这是谁给典典买的呀，这么大的球？（2；9）

⑰ *ZLZ：啊好，脱鞋

*JBS：然然后呢，把这一只脚

*ZLZ：哦，把这一只脚（2；10）

例⑱是对"把"字句的语序进行调整，对SVO语序的"拿着这个"和"S把OV"语序的"把这个拿着"有些举棋不定，话隙填充"然后"的使用将句子的主谓部分截断，但能看出儿童使用了正确的"把"字句：

⑱ *LYJ：然后呢，然后典典干什么？

*JBS：我们要，然后，把这个，拿着，来，拿这个

＊LYJ：拿这个（2;9）

例⑲因为前面话轮里有成人产出的正确"把"字句，所以儿童能够正确产出，但在话隙"然后"前后该句共重复了3次，似乎在做语言巩固练习。

⑲ ＊ZLZ：拿火把它烧死
＊JBS：好啦，把它烧死了呢，然后把它烧死，用火就把它烧死了
＊ZLZ：好了，哟，这好玩啊（3;0）

词语和句法修正主要出现在4岁之前，4岁以后的话隙填充"然后"更多出现在大段的叙述中，并非出于言语监控引起的自我修正，而主要是执行语篇计划功能。

⑳ ＊JBS：那个，然后他就，然后他就，然后那个然后那个我，不是．然后那个他就，然后就把闪光棒就他那个闪光又闪光在那个女人的头里面去了．他说我的头怎么这么疼啊，然后那个，然后，额，孩子们，我们马上回去．然后他就说完了，然后就说下一个．总说下一个下一个的，因为他说下一个要，要送礼物嘛（4;11）

## 五、儿童关联标记"然后"的发展特点与机制分析

### （一）儿童关联标记"然后"的发展特点

（1）儿童从2岁以后开始使用关联标记，使用频率居于前三位的分别是典型的并列标记"然后"、典型的转折标记"但是"和典型的因果标记"所以"，"然后"的使用频率显著高于后二者。

（2）在儿童最早产出的"然后"中，我们看到关联标记的产出比逻辑真值连词的产出还要早，频率还要高，关联标记是可以早于真值义习得的。在后来各年龄阶段中，关联标记的频率也一直高于逻辑真值连词的频率。

（3）跟成人对比可以看出，儿童比成人更频繁地使用关联标记。儿童

"然后"的阶段性发展趋势明显，其产出数量在4岁前后有比较明显的区别，4岁前增长平缓，4岁后增长迅猛，4；6达到增长高峰。成人则一直处于较低比例的平缓状态。

（4）儿童关联标记"然后"各功能的分布在不同年龄阶段呈现出相当的一致性，体现为"延续义＞并列义＞结果义＞其他义"逐级递降的趋势，这种逐级递降的分布跟"然后"各语义的虚化程度一致，而成人并没有表现出这么整齐的分布趋势。

（5）儿童关联标记"然后"的话隙填充功能也非常突出，其伴随着的诸多言语修正现象说明了在儿童语言发展关键期关联标记在口语生成过程中起着重要的脚手架作用。

（6）从儿童与成人关联标记"然后"各功能的使用差异中体现出儿童与成人口语交际中鲜明的话语互动特点。随着儿童关联标记使用的迅速增长，成人也一反前期"逻辑义＞话标义"的趋势，在儿童3岁后呈现出跟儿童一致的"话标义＞逻辑义"趋势。在表延续的"然后"和重述功能"然后"的使用上，也可以看到成人用以跟儿童进行交际互动的儿向语的特点，这种儿向语的使用对儿童语言发展起到有益的引导作用。

**（二）影响儿童关联标记"然后"发展的制约机制**

同样是会话语体，"成人–成人"会话与"儿童–成人"会话对关联标记的使用很不相同。从本研究中我们看到"儿童–成人"会话语体中关联标记使用的一系列特点，早期儿童在语言能力和认知水平上都处于飞速发展时期，表现在综合的言语交际能力上也有长足的发展，这些都影响和制约了儿童关联标记"然后"的使用。

**1. 认知因素制约着儿童关联标记"然后"的产出和发展**

（1）"然后"作为最高频的关联标记由它的认知语义特性决定。现代汉语关联标记分为三大类，我们看到广义并列标记、广义转折标记、广义因果标记的三个典型连词"然后""但是""所以"产出频率居于前三位。儿童的高频关联标记正好是三大类典型连词不是偶然的，三类原型范畴的优先习得使儿童能以较少的话语标记覆盖较多的下位标记类型，解决了儿童较贫乏的语词与复杂的交际需要之间的矛盾。

在三个典型连词中,"然后"的产出频率显著高于"但是"和"所以",这也是"然后"本身的认知语义特性决定的。"然后"表先后顺序的语义特征使得语言表达的一维性跟时间的一维性高度契合,三维世界经由客观逻辑关系和主观心理投射可以实现三维世界在表达上的一维化,这为"然后"的广泛使用奠定了基础,促使了"然后"作为关联标记的高频使用。

(2) 儿童关联标记"然后"早于逻辑连词"然后"习得不符合语法化的顺序,但符合认知规律。从语法化历程看,表程序义的关联标记"然后"是由逻辑连词演变而来的,但关联标记"然后"的产出却早于逻辑连词"然后"的产出,而且不论在最初还是以后的每个年龄阶段都表现出关联标记"然后"的绝对优势,这说明儿童关联标记"然后"的习得是相对容易的。儿童语言发展的顺序跟语言的历史演变顺序有些时候会表现出一致性,但儿童语言毕竟不是语法化过程的简单重演,它有自身的发展规律。在语义习得上,儿童往往遵循语义复杂度的规律,语义简单的先于语义复杂的习得。但"然后"不论作为逻辑连词还是关联标记都不具有实在的语义,只是用以连接前后小句表明其间的关系,从逻辑连词"然后"到表程序义的关联标记"然后"只是小句间关系义的泛化与扩展,并没有词义复杂度上的区别,所以关联标记"然后"的习得对儿童来说并没有什么难度。

(3) 儿童关联标记"然后"各功能义的分布趋势符合从原型到非原型递减的认知规律。在关联标记"然后"的各功能义之间,存在着原型范畴和非原型范畴的区别:延续义 > 并列义 > 结果义 > 其他,儿童这些功能义的分布与这个由近及远的范畴扩展趋势一致。从虚化程度上来说,话隙功能"然后"的虚化程度虽然最高,但它已经失去了"表程序义"的功能,所以其分布也表现独特,并不是居于其他各功能义之下。话隙功能"然后"的产出更多受制于儿童语言能力的发展和语篇能力的发展,而不是认知能力的发展。

**2. 儿童语言能力的发展影响着"然后"标记的使用**

(1) 儿童关联标记"然后"在 4 岁前后表现出明显的发展差异跟 4 岁以后儿童叙述能力的发展相关。如前所述,儿童"然后"标记 4 岁前增长平缓,

4岁后增长迅猛，4；6达到高峰。我们对3—9岁儿童做过叙述能力的群案研究①，发现3岁与4岁以后的儿童有本质的区别，3岁儿童的话语还不能算是真正的叙事，充其量只能算是罗列，所以后来我们就把3岁儿童的数据删掉了。在体现叙事顺序的连词的使用上，3岁组儿童使用率为2.1%②，4岁组儿童使用率为20.3%，比3岁组显著提高，而且4岁以后各年龄组也都维持在20%左右。在所有使用的连词中，各年龄组频率最高的都是"然后"，达90%以上。可见，4岁是儿童叙述能力发展的一个分水岭，这导致了儿童口语会话语体中关联标记"然后"4岁前后增长趋势的显著差别。我们从本文个案儿童的语料中也看到，4岁后的经常有大段连续话语进行故事叙述，这是4岁以前语料中很少见到的。

（2）话隙功能"然后"的使用显示儿童语言困难的不同方面。虽然在"成人－成人"会话中也会出现表话隙功能的"然后"，但该儿童语料中，成人基本没有话隙功能"然后"的产出。因为跟儿童会话时，成人几乎没有什么言语计划的压力。处于语言发展关键期的儿童则不同，他们需要一定量的填充词来弥补语言能力的不足。在瞬时性的会话中，儿童需要在速度和正确率之间达成优化平衡。尤其在碰到各种语言障碍时，儿童会用形式上的衔接词保证话语不被打断，以赢得整理思绪和组织语言的时间。这些语言障碍主要表现在词汇调整、句法组织和语篇计划几个方面。用于词语调整和句法修正的"然后"主要发生在4岁以前，用于语篇计划的"然后"多在4岁以后，这跟4岁前后儿童语言发展的不同阶段是相关的。4岁前是儿童语音、词汇和语法的重要发展阶段，4岁以后是儿童篇章叙述能力发展的重要阶段。

**3. 会话语体的高互动性导致了成人与儿童"然后"的不同分布特点**

跟个体独白不同，对话是交际双方在即时交谈中建构的话语，一方的话语片段受到另一方话语片段的制约，双方共同围绕话题建构相互连贯的话语，要求谈话者具有高度的会话合作和时间协调能力。交际时的会话情境在不断变化，交际双方的角色也总是处于从听话者到说话者的动态变化过程中，会

---

① 邹立志．汉语儿童叙事话语中零形回指的发展［J］．首都师范大学学报，2017（3）：130－137.
② 此处为"连词/小句"的比率。

话内容是即兴发挥的,这些都给会话语篇的相互连贯性带来某些障碍,会话连贯性的要求需要借助关联标记这样的手段来克服。会话中频繁使用的关联标记是适应口语交际的互动性的产物,它们在识别信息时可以发挥重要作用,较多的关联标记词有利于引导听者更好地理解话语的含义。

(1)成人渐渐变得与儿童"关联标记>逻辑连词"的分布趋同体现了交际的高互动性。由图3和图4看出,成人在跟儿童的交际互动中形成跟儿童语言发展趋势相适应的"儿向语"。儿童的"然后"一直都是"关联标记>逻辑连词"的分布趋势,而成人在儿童3岁以前一直都是"逻辑连词>关联标记"的分布,但是到儿童3岁以后却出现了跟儿童的分布趋同的态势,话标义越来越高于逻辑义,从3岁到5岁期间二者距离越来越大。我们在此看到,儿童关联标记"然后"的习得之早和频率之高并不是来自成人语言输入分布的影响,相反似乎是儿童的语言输入反过来影响了成人的言语分布。

(2)成人关联标记"然后"各功能分布上与儿童的不同特点显示出高互动性。成人"然后"标记的各功能义并没有呈现出跟儿童一样的"延续义>并列义>结果义>其它义"的逐级递降趋势,因为成人标记语的使用不是像儿童一样是源自其认知的发展,而是源自与儿童交际的互动需求。成人表延续义"然后"的使用跟儿童很不同,"然后"所在句子以独轮句为多,成人用"然后呢"这样的儿向语交际渐次引导出儿童的话语叙述。在"其它义"的分布上,成人出现了儿童所没有的"重述"功能,这种重述并不是对儿童话语命题意义的回应,而是通过其元语言功能表现出对儿童语言表达本身的关注。成人这种调适自己的言语行为跟儿童相适应的"儿向语"的努力对儿童语言发展起到有益的引导作用。在关联标记"然后"的使用上,儿童与成人不是类型高度相关的关系,而是相互连贯的高互动关系。

(本文原载《首都师范大学学报》2018年第6期)

**参考文献**

[1] 方梅. 自然口语中弱化连词的话语标记功能 [J]. 中国语文, 2000 (5).

[2] 高增霞. 自然口语中的话语标记"回头" [J]. 中国社会科学院研究生院学报, 2004

（1）．

[3] 李咸菊．北京口语常用话语标记［D］．北京语言大学博士学位论文，2008．

[4] 廖秋忠．现代汉语篇章中的连接成分［J］．中国语文，1986（6）．

[5] 刘丽艳．汉语话语标记研究［M］．北京：北京语言大学出版社，2011．

[6] 屈承熹．汉语篇章语法［M］．北京：北京语言大学出版社，2006．

[7] 王兰兰．汉语早期儿童自然会话中的弱化连词［D］．首都师范大学硕士学位论文，2014．

[8] 王伟，周卫红．"然后"一词在现代汉语口语中使用范围的扩大及其机制［J］．汉语学习，2005（8）．

[9] 吴福祥．敦煌变文语法研究［M］．长沙：岳麓书社，1996．

[10] 席建国．英汉语用标记语意义和功能认知研究［M］．杭州：浙江大学出版社，2009．

[11] 许家金．青少年汉语口语中话语标记的话语功能研究［M］．北京：外语教学与研究出版社，2009．

[12] 姚双云．口语中"所以"的语义弱化与功能扩展［J］．汉语学报，2009（3）．

[13] 姚双云．连词"结果"的语法化及其语义类型［J］．古汉语研究，2010（2）．

[14] 邹立志．汉语儿童叙事话语中零形回指的发展［J］．首都师范大学学报，2017（3）．

[15] Amy Kyratzis and Susan Ervin-Tripp. The Development of Discourse Markers in Peer Interaction [J]. *Journal of Pragmics* 31: 1321-1338, 1999.

[16] Biq, Yung-O.. Conversation, Continuation, and Connectives [J]. *Text* 10: 187-208, 1990.

[17] Blakemore, Diane. *Understanding Utterances: An Introduction to Pragmatics* [M]. Oxford: Blackwell, 1992.

[18] Brinton, L.. *Pragmatic Markers in English: Grammaticalization and Discourse Functions* [M]. Berlin: Mouton de Gruyter, 1996.

[19] Frazer, B.. An Approach to Discourse Markers [J]. *Journal of Pragmatics*, Vol. 14, 383-395, 1990.

[20] Hölker, K.. Franziisisch: Partikelforschung [J]. *Lexicon der Romanistischen Linguistic*, Vol. 5, No. 1, 77-88. 1991.

[21] Inji Choi. *How and When do Children Acquire the Use of Discourse Markers* [M]. Oxford: CambLing, 2007.

[22] Kanyu Yeh. The Use of Ranhou "Then" in Mandarin – speaking Children's Narrative [DB/OL]. http：// homepage. ntu. edu. tw/ ~ gilntu/icpeal2018cldc/files/cldc2011_program. pdf, 2013.

[23] Levelt, W.. Monitoring and Repairing [J]. *Cognition*, 14：41 – 104, 1983.

[24] Levinson, S. C.. *Pragmatics* [M]. Cambridge：Cambridge University Press, 1983.

[25] Li, C. N. and S. A. Thompson. *Mandarin Chinese：A Functional Reference Grammar* [M]. Berkeley：University of California Press, 1981.

[26] Reyhan Furman, Asli özyürek. Development of Interactional Discourse Markers：Insights from Turkish Children's and Adults' Oral Narratives [J]. *Journal of Pragmatics* 39：1742 – 1757, 2007.

[27] Rouchota, V.. Discourse Connectives：What do They Link. [J]. *UCL Working Papers in Linguistics*, Vol. 8, 199 – 212, 1996.

[28] Schiffrin Deborah. *Discourse Markers* [M]. Cambridge：Cambridge University Press, 1987.

[29] Zofia L.. 儿童叙述中的连词 [J]. 谢红华摘译. 国外语言学, 1988（4）.

[30] Östman, J – A.. *"You Know"：A Discourse Fouctional Approach* [M]. Amsterdam：John Benjamins, 1981.

# 《赋苑》编者李鸿生平考略*

踪 凡

 

《赋苑》是明代万历年间出现的一部赋体文学总集,共收录先秦至隋代赋875篇,远远超过同时出现的《赋略》(332篇)、《赋珍》(437篇)和《精镌古今丽赋》(231篇)。程章灿先生认为:"这是一部按时代先后编撰的先唐赋总集,不仅收全篇,也收残篇……以《赋苑》为代表的对先唐赋体文学文献所作的荟集整理工作,正是《历代赋汇》出笼的重要背景和编撰的重要基础。"[①]踪凡亦称:"没有刘节的《广文选》和李鸿的《赋苑》,就不可能有清代陈元龙的《历代赋汇》。"[②]可见其在赋体文学编纂史上的地位。

## 一

由于《赋苑》卷端没有题署,故对于该书之编者,学术界曾经认识混乱。清乾隆年间编纂《四库全书》时(1772—1781),曾将此书列入存目,《提要》称:"不著编辑者者名氏。前有蔡绍襄序,但称曰李君,不著岁月。《凡例》称甲午岁始辑,亦不著年号。相其版式,是万历以后书也。"[③]《续通志》

---

\* 本文是国家社科基金重大项目"中国古代散文研究文献集成"(项目编号:14ZDB066)、北京市社科基金重大项目"历代赋学文献续编与研究"(项目编号:17ZDA21)阶段性研究成果。
① 程章灿. 赋学文献零拾 [G]//赋学论丛. 北京:中华书局,2005:186-187.
② 踪凡. 汉赋研究史论 [M]. 北京:北京大学出版社,2007:473.
③ [清] 永瑢等. 四库全书总目(卷一九三)[M]. 北京:中华书局,1965:1767.

卷一六三、《续文献通考》卷一九八著录《赋苑》时，皆沿袭馆臣之说，称"不著编辑名氏"。其实早在清初，黄虞稷（1629—1691）《千顷堂书目》卷三一就已经明确著录："李鸿《赋苑》八卷"，馆臣失察。当代学者多依从《千顷堂书目》，如叶幼明《辞赋通论》（1991年版）、马积高《历代辞赋研究史料概述》（2001年版）等论著，在介绍明代赋集时皆有"明李鸿《赋苑》八卷"一条，惜未详考。《四库全书存目丛书》在影印《赋苑》时，直接署名"李鸿"；踪凡《汉赋研究史论》（2007年版）、台湾学者王欣慧《作赋津梁》（2015年版）讨论明代赋集，亦径称"李鸿《赋苑》"。而许结《中国赋学历史与批评》（2001年版）和《赋学讲演录》（2009年版）二书，称："明代赋集尚存书或存目者有：佚名辑《赋苑》8卷、李鸿辑《赋苑》8卷"，出现了两部《赋苑》并列的情况，脚注云："未详待考。"①

其实程章灿《赋学文献零拾》（2005）一文，已经考证出《赋苑》编者确为李鸿，并以《明史》为据，认为李鸿于万历二十年会考中式。王欣慧《李鸿〈赋苑〉考评》（2015），于李鸿生平无考，但认为《赋苑》"刊刻于李鸿官上饶知县任上"②，可参。饶福婷《明代〈赋苑〉及其编者考》进一步认为："李鸿（1565—1640）字渐卿，吴人（今江苏）。万历首辅申时行之婿。万历十六年（1588）举人，万历二十年（1592）进士。曾官上饶知府，与吴地沈璟等文化名流交游甚密。所著有《对禁录》《赋苑》等。"③ 虽有创获，但讹误亦多。

学术界对于李鸿生平的考证，大抵以《明史·选举志》八十余字的简略记载为据，参酌其他相关史料而成。其实，国家图书馆善本部藏有明黄汝亨《寓林集》38卷（索书号：09181），该书卷十四有《上饶令李君墓志铭》（以下简称"墓志铭"）一文，凡3800字，详细介绍李鸿一生行事，内容丰富，可以补充、纠正前贤时彦的观点。今按：黄汝亨（1558—1626），字贞父，钱塘（今浙江杭州）人，明万历二十六年（1598）进士，官至江西布政

---

① 参见许结. 中国赋学历史与批评 [M]. 南京：江苏教育出版社，2001：173；许结讲述. 赋学讲演录 [M]. 潘务正记录. 北京：北京大学出版社，2009：88.
② 王欣慧. 李鸿《赋苑》考评 [G]//作赋津梁——明代万历年间辞赋选本研究. 台中：五南图书公司，2015：171.
③ 饶福婷. 明代《赋苑》及其编者考 [J]. 语文建设，2015（2）.

司参议。晚明书法家，小品文作家。著有《天目记游》《廉吏传》《古秦议》《寓林集》《寓庸子游记》等。黄汝亨《墓志铭》云："予自君孝廉时定交，又同官西江，君文章志业磊落非今人，予所最知也。"① 黄氏与李鸿同庚（皆出生于1558年），年少时相知，同为名进士，又同官西江（今属江西），故接受李鸿后人之托，而撰写此铭，其言当最为准确。《墓志铭》是研究李鸿生平著述的重要文献资料，可惜尚无人利用。

## 二

据《墓志铭》，《赋苑》的确系李鸿所编，无需考证；并且明代只有一部《赋苑》，两部《赋苑》之说不可信。《墓志铭》云："君讳鸿，字渐卿，一字仪羽，通籍后有味乎知雄守雌之旨，别号为溪云……丙申，谒选人，授为令，乃得江西之上饶邑。"可知李鸿字渐卿，一字仪羽，别号为溪，于万历二十四年丙申（1596）任上饶知县。在介绍李鸿著述时，《墓志铭》又云："所辑……《赋苑》□卷"，虽阙卷数，但已明确《赋苑》为李鸿所辑。而清万斯同（1638—1702）《明史·艺文志》著录："李□《赋苑》八卷。字渐卿，吴人。"② 有姓无名，既然"字渐卿，吴人"，则阙字必为"鸿"字无疑。今南京、辽宁、北师大等图书馆皆藏有李鸿《赋苑》一书，皆为八卷，与万斯同《明史》合。《四库全书总目》亦曾著录《赋苑》八卷，提要称："前有蔡绍襄序，但称曰李君。"而今存之《赋苑》卷首，恰好有蔡绍襄序，序中称："李君持万宝之丰襟，洞千秋之朗鉴……乃以剸剧理棼之罅，广拾名山秘府之遗，凡六朝以前，暨荀宋而后，厘为上下八卷，名之曰《赋苑》。"③ 这与馆臣之语有四处相合：一是书名、卷数一致；二是作序人皆为蔡绍襄；三是序中不书编者名字，只称"李君"亦相合；四是馆臣称该书"始于周荀况，终

---

① [明] 黄汝亨. 上饶令李君墓志铭 [G] // 《寓林集》卷十四. 吴敬, 吴芝等刻本. 明天启四年（1624）。以下征引，所用版本同此。今按：该书已经收入《续修四库全书》（第1368册）和《四库禁毁书丛刊》（集四二），并不难找。

② [清] 万斯同等. 明史 [M]. 卷一三六. 清钞本.

③ [明] 李鸿.《赋苑》卷首 [G] // 《历代赋学文献辑刊》第6册. 影印明万历中期（1598—1602）上饶刻本. 北京：国家图书馆出版社，2017：6 - 7.

于隋萧皇后,以时代为编次",与今存《赋苑》内容完全一致。故馆臣所见之《赋苑》,只能是李鸿《赋苑》,并不存在另外一种"佚名《赋苑》八卷"。至于《续通志》《续文献通考》所著录之《赋苑》"不著编辑者名氏",只是袭用馆臣旧说,不可凭据。所以,明代只有一种《赋苑》,李鸿所编。两部《赋苑》之说有误。

对于李鸿的生卒年,饶福婷云:"联系李鸿活动年限,其中举之年(1588)已为申时行(1535—1614)女婿,故推断其生年当为1565年前后,按平均寿命推算,其活动时间大致定为1565前后至1640年前后。"① 以李鸿岳父申时行为依据,将李鸿生卒年推断为"1565—1640",纯属臆测。今按,《墓志铭》云:"而乃始登戊子贤书第十一人,君年三十矣。"李鸿于万历十六年戊子(1588)参加顺天府乡试,中第11名举人,时年30岁(实际岁数)。上推30年,可知其生年为明嘉靖三十七年戊午(1558)。《墓志铭》又云:"而丙午忽病痰,及丁未而甚竟不起,距其生某年月日,得年五十耳。"李鸿于万历三十五年丁未(1607)辞世,终年50岁(虚岁),上推50年,亦为明嘉靖三十七年戊午(1558)。显然,李鸿生于1558,卒于1607年。

《墓志铭》记载,李鸿祖籍平江(今按:宋代平江府,今江苏苏州),降至元代,先祖李茂实率族人迁往吴葑门(今属苏州)。天祖李镛,曾任玉山县(今属江西省)训导,曾祖父李庭樟,号吴溪公;祖父名李灿;父亲名李坦,号冰谷,赠号文林郎;母亲赵氏。世系如下:

李茂实……镛(玉山训导)……庭樟(号吴溪公)——灿——坦(号冰谷,赠号文林郎)——鸿(字渐卿)。

李鸿是孝子,其一生经历,颇受父亲李坦、岳父申时行的影响。《墓志铭》云:"而冰谷翁故与少师申文定公共为诸生,同研席,相善也,因约为婚姻。君生十七年,追冰谷翁命,就婚京邸。"其中"申文定公"即申时行,谥号文定。李坦与申时行曾经同窗共读,关系密切,甚至约为婚姻。万历三年乙亥(1575)李鸿17岁时,接受父亲的安排,从吴地前往北京,迎娶申时行

---

① 饶福婷. 明代《赋苑》及其编者考 [J]. 语文建设, 2015 (2).

之女为妻。自此，李鸿的读书、交游、科考、为官，无不受其岳父申时行的影响。申时行（1535—1614），字汝默，号瑶泉，长洲（今江苏苏州）人。嘉靖四十一年殿试第一名（状元）。历任翰林院修撰、礼部右侍郎、吏部右侍郎兼东阁大学士、内阁首辅、太子太师、中极殿大学士等。其对李鸿的影响主要有两端：第一，为李鸿读书、交游提供良好条件。《墓志铭》云："（李鸿）复迫冰谷翁命，如京，以宗人涿州籍补诸生。遂游成均，与文定公二子太仆兄弟同学相切劘，所师友皆天下名士。师故晋江李文节公及梁溪顾泾阳太常，而尤严事乡贡进士方生某，与槜李今内阁朱公某，中丞黄公某，兵宪项公某，文艺相颉颃，咸推毂君。"李鸿接受宗人帮助，以涿州籍补诸生，于是同申时行之二子太仆兄弟（申用懋、申用嘉）共读切磋，拜硕学名臣李廷机（谥号文节）、顾宪成（号泾阳）等为师，并结交天下名士，学业自此大进。第二，申时行是朝中重臣，官场政治斗争蔓延到科举考试，使女婿李鸿受到连累，在乡试、会试中连连受挫。

## 三

李鸿乡试颇为不顺。《墓志铭》云："已而所师友悉先后取高第去，君独偃蹇抑郁，徙倚文定邸……而乃始登戊子贤书第十一人，君年三十矣。当是时，人方贺君逢年，而叹其晚，而座师为葵阳黄公。有忌之者，因嗾礼部郎中高某攻君，以文定公婿及解首王文肃公子衡甚力，谓考官学士黄某阿政府，意子若婿，得滥选。文定公与文肃连章，请下礼部覆试，仍委高郎中监督。自辰至午，高郎中辄再更其题凡四义，君援笔立就，高愧悔甚，覆奏有旨。"师友皆取高第，唯有李鸿屡试不中。万历十六年戊子（1588），李鸿以涿州籍再次参加顺天府乡试，终于考中举人第11名，时年30岁。但因其系大学士申时行女婿，于是有人攻击主考官黄公营私舞弊，阿谀朝官，要求查处。其中"葵阳黄公"指主考官黄洪宪，"高某"指礼部郎中高桂，"王文肃"指王锡爵，"有忌之者"乃谓礼部主事于孔兼。对此，《明史·饶伸传》记载更详："黄洪宪典顺天试，大学士王锡爵子衡为举首，申时行婿李鸿亦预选。礼部主事于孔兼疑举人屠大壮及鸿有私。尚书朱赓、礼科都给事中苗朝阳欲寝其事。礼部郎中高桂遂发愤，摘可疑者八人，并及衡，请得覆试。锡爵疏辨，与时行并乞罢。帝皆慰留之，而从桂请，命覆试。礼部侍郎于慎行以大壮文独劣，拟乙置之。"① 同时被指摘者共有8人，但主要矛头针对王锡爵之子王衡、申时行之婿李鸿。幸好主持覆试的礼部郎中高桂、侍郎于慎行严格、公正，自辰至午连考3天，加之李鸿表现出色，无论高桂怎样变换题目，皆能"援笔立就"，故在覆试后得以保留。

由于在乡试时遭受挫折，李鸿心灰意冷，放弃了次年（万历十七年）举行的会试。"明年试春官，君不应，竟拂衣归"（《墓志铭》）。万历二十年（壬辰，1592），李鸿参加会试，但再次受挫。《墓志铭》又云："壬辰，复上公车。已竣第一场，而御史綦某复摭前事疏论，君弗竟试。顾其卷已为复所杨公所首拔，相传都门忌者为之夺气。其年六月，得旨再覆试午门。时炎曦如炙，君蒲伏疾书，语气激烈，文益奇，诸公见《治河疏淮策》，称不容口。明日疏上，复得旨如前。而君名益大振，群喙遂息。君驰归，忽病流火，梦授神方，服之良已。"明代会试共考三场，李鸿只考完第一场，就遭遇御史綦某的揭发、阻挠。尽管其考卷已为复所杨公所首拔，午门覆试的《治河疏淮策》备受好评，但"明日疏上，复得旨如前"。至于此次会试的结果，《明史·选举志》云："二十年会试，李鸿中式。鸿，大学士申时行婿也。榜将发，房考给事中某持之，以为宰相之婿不当中。主考官张位使十八房考公阅，皆言文字可取，而给事犹持不可。位怒曰：'考试不凭文字，将何取衷？我请职其咎。'鸿乃获收。"② 由于主考官张位据理力争，最终通过会试。李鸿之所以再次受挫，乃是由于其岳父申时行已经于万历十九年（1591）罢官回乡，曾经遭受申时行打压的官吏便趁机报复，将矛头对准了李鸿。

对于李鸿中进士的时间，程章灿、王欣慧未有考论，饶福婷则直接说："万历二十年（1592）进士。"今按，此说有误。中国古代的科举考试，在会试之后还有一场殿试，所有通过会试的贡士参加。殿试由皇帝亲自主持，只考策问，根据试卷将考生分三甲，方为进士。李鸿屡受阻挠，身心俱疲，只参加了殿试之前的覆试，便回家治病，故此年未中进士。《墓志铭》云："甲午冬，复上公车。乙未，豫章洪阳张公典试事，遂识拔君。释褐成进士时

---

① [清]张廷玉等．明史［M］．卷二三〇．北京：中华书局，1974：6013．
② [清]张廷玉等．明史［M］．卷七〇．北京：中华书局，1974：1703．

……"显然，李鸿于 3 年之后，即万历二十三年乙未（1595）再次参加会试，适逢豫章张洪阳主持考试，一路过关斩将，顺利通过会试、殿试，终于考中进士。《墓志铭》开篇即云："上饶令为溪李君，中万历戊子顺天乡试，七年而成进士。"《明史·吴达可传》亦云："鸿，吴人，大学士申时行之婿，万历十六年举北闱乡试，为吏部郎中高桂所攻。后七年成进士。"① 两书记载一致。从万历十六年（1588）往后数 7 年，正好是万历二十三年。查《明万历二十三年进士题名碑录（乙未科）》，赐同进士出身第三甲共 244 名，"李鸿"位居第 127 名，注云："直隶苏州府长洲县，民籍。"② 索引显示，明代只有一个"李鸿"中过进士，那就是"直隶长洲"李鸿，万历二十三年三甲进士。

## 四

李鸿中进士第二年，即万历二十四年丙申（1596），"谒选人，授为令，乃得江西之上饶邑"。上饶县当闽浙要冲，地势险要，盗贼横行，民风刚健，号称难治。李鸿任上饶知县凡 6 年（或以为"官上饶知府"，非是），殚精竭虑，政绩斐然，举其大者，有以下数端。一是整顿吏治。上饶诉讼繁多，差役们胥匿讼谍，讨价还价，试图从中渔利，诉讼者比得白，家产荡然。县令李鸿趋驾亲往，立时验其真伪，讯立决，决立报。诸老吏无所上下，叫苦不迭。二是打击豪强。豪强郑氏武断乡里，作恶多端，李鸿对其从重处罚，罚令筑埭驾梁，以利涉者。豪强请人居间说情者百计，终不许。三是智取盗贼。县里盗贼横行，李鸿呼求盗伍伯，探取袖中札记谬批，诈称尽得其主名，限时擒治。于是大盗小贼，尽皆就缚，社会安定，百姓称颂。四是振兴教育。"日课诸生艺文，又手自选择唐宋而上，以及秦汉子史五经正文，令之通今学古，士彬彬兴起焉。"李鸿廉洁奉公，爱民嫉恶，故秩满之时，父母妻子皆受封赏。

万历皇帝后期铺张奢靡，又多次对外用兵，造成国库空虚，于是派遣太

---

① ［清］张廷玉等. 明史［M］. 卷二二七. 北京：中华书局，1974：5973.
② 台湾华文书局编辑部. 明清历科进士题名录（二）［M］. 台北：华文书局，1969：1066. 本条材料由台湾辅仁大学王欣慧教授提供，特此致谢！

监去各地增收赋税,以补亏缺。此举激发了官民矛盾,抗税浪潮此起彼伏。当朝廷税监诸貂珰来到江西时,李鸿为保护百姓利益,奋袂抵几,与之对抗,主要举措如下。一是抗税。在潘相、陆泰等地方奸徒的协助下,诸貂珰"略仿古算缗榷酤之意",欲增加赋税。李鸿直言,谓"县地产少,行贾锥刀之末甚细,不足税,愿多方补辏廉其额,委官类解,不以烦珰"。二是反对开矿。诸貂珰等上言开采,指出土青银矿处,辄行锥凿。李鸿不与争辩,令奸徒自己备工,来到指引矿处,任其冶炼,结果得不偿失,自行解散。三是反对开禁采木。上饶县云雾山、铜塘等自然山川,多豫章梗楠铜铁之饶,流民易啸聚为乱,封禁几二百年。诸貂珰必欲违禁例开入,李鸿则极言不可。诸貂珰巡山视察,又遭李鸿戏弄,怀恨在心。四是惩治奸徒。万历三十年(1602)四月,皇帝下旨停税,四境欢呼如雷。李鸿当机立断,逮捕陆泰等三十余人,予以惩治。明陆应阳《广舆记》称李鸿"为令时力与中官角,已用法杖杀其党十余辈"[1],即指此事。诸貂珰返京途中遭遇儒生驱逐,于是嫁祸于李鸿。《墓志铭》云:"(诸貂珰)遂上疏,诬君嗾邻郡狂生辱近侍,且致亡赖攘劫税鞘等语。当事者与台省诸公交章申救,明其不然。而天子惑珰言,震怒有旨,落君职为庶人。"对此,《明史·吴达可传》《梁永传》亦有记载,可以互证。由于李鸿不畏权贵,勇于担当,为民请命,奋不顾身,故落职返乡之日,"一时诸缙绅父老子弟,络绎攀卧至江浒,亡不低回泣下者"。

## 五

李鸿年少时,"言务为奇,不袭人一语",颇有个性和抱负。其为人"性豁达,往往面折人过,耻纤趋者",性格直率坦荡,从不攀结权贵。致仕之后,"与亢爽廓落之士相莫逆,日畅饮高论为快。逢后辈负才者,奖许不去口。语及宦游事,掉头弗应也"(《墓志铭》)。李鸿弃官位如敝屣,与一般汲汲于功名者,绝不相同。明人张大复称:"渐卿好任侠,有骨,自其少,多买

---

[1] [明]陆应阳撰,[清]蔡方炳增辑. 广舆记[M]. 卷十二. 清康熙二十五年(1686)吴郡宝翰楼刻本。

异书读之，昼夜无甫，歌《鹿鸣》。"① 陆应阳《广舆记》亦云："读用世书，负气敢言，勇于任事。"② 李鸿有侠骨之气，刚毅之风，故敢于对抗朝廷命官，毫无谄媚和惧色。

李鸿兴趣颇为广泛，《墓志铭》云："君素喜读书，研摩史编，晚更留神数学，精勾股法，至针经脉法，星学卜筮，亡不通晓。"所列李鸿著述12种，内容涉及经学、算学、医药、占筮、法律、文学等诸多方面，惜大都散佚。现逐一考述如下。

1.《宝笏堂集》□卷，佚。该书系作者诗文别集，已佚。

2.《病中间间语》一卷，存。现藏南京图书馆（号：GJ/112953），题为《间间语》一卷，可可生李鸿仪羽甫著，李鸿之子李袭芳刻本。可知其别号可可生。

3.《禹贡互释》一卷，佚。按，《禹贡》出自《尚书》，是一篇著名的地理学经典。本书对其进行诠释。

4.《尺牍》二卷，佚。当系李鸿与亲友间往来信函之汇编。

5.《九章算法》□卷，佚。系算学著作，反映作者对自然科学的研究和重视。

6.《脉法指要》一卷，佚。系一部介绍诊脉方法的医学著作，说明作者具有一定的医学素养。

7.《子平玄理》一卷，佚。系星命学著作。按，北宋徐子平，精于星命之学，后世术士宗之。算命之书，大都托名子平。子平术是根据人的生辰八字推算人一生命运历程的方法，颇有迷信色彩。

8.《讲义会编》□卷，疑为《书经讲义会编》的简称，存。《书经讲义会编》凡12卷，今有明万历二十五年（1597）徐铨刻本，国图藏。又有《四库全书存目丛书》影印本。该书系李鸿协助其岳父申时行所编，书前有申时行自序，称："余甥李渐卿鸿从余邸第，得而读之，因与懋、嘉两儿共加衷

---

① ［明］张大复．梅花草堂笔谈［M］．卷十．《四库全书存目丛书》影印明崇祯三年（1630）刻清顺治十二年（1655）修补本．

② ［明］陆应阳撰，［清］蔡方炳增辑．广舆记［M］．卷十二．清康熙二十五年（1686）吴郡宝翰楼刻本．

辑，合余前所采录，共为一编，于是《尚书》大义，论说衍绎，粲然备矣。"① 序末有"甥李鸿编辑，子用懋、用嘉校订，后学徐铨校刊"字样，不仅说明该书系申时行与李鸿、申用懋、申用嘉合作编纂，亦可知李鸿作为申时行外甥、女婿的双重身份。

9.《赋苑》□卷，存。缺字当作"八"，现有明万历中期（1596—1602）刻本，辽宁、山西、山东、南京、福建、重庆万州区、天一阁、北师大、首师大图书馆藏。《四库全书存目丛书》据山东图书馆藏本影印。

10.《本草纂要》四卷，佚。系药学著作。古代中药类的书籍多称本草，本书乃是对常用药草的名称、形状、药性、主治、制作过程、服用方法等作简要介绍的著述。

11.《嗜蔗编》□卷，佚。内容不详，或许系介绍制糖方法的著作。

12.《国宪识略》四卷，佚。"国宪"指国家的法制或礼仪，也特指宪法。《汉书·叙传下》："释之典刑，国宪以平。"本书系解释国家法律法规的著作，盖作于任上饶令时。

此外，李鸿尚有以下几种著述，《墓志铭》不载，亦钩沉史料，略作考述如次。

13.《勾股书》十二卷，佚。明唐时升（1551—1636）《三易集》卷九有《勾股书序（代）》，序中云："吴郡李渐卿通敏明悟，殊绝于人，而好深沉之思。因读毗陵诸论，必欲穷究其义。乃购顾氏之书，与善为算者讲求之，则勾股之法，于是明备。又合九章之法，及前贤之通数学者，所著述凡为书十二卷，曰《勾股书》。新城王君见而欲传之人间，自言往岁尝奉命核沔上之田，实以勾股从事，故法简而不繁，吏逸而不劳，奸人无所置手，乃知艺之可以从政也。兹者榷税浒墅，遂以渐卿之书，付之梓人，而属余叙之。"② 所谓"吴郡李渐卿"，无疑就是李鸿，与《墓志铭》中李鸿"精勾股法"的记载相合。他仔细研究毗陵（今江苏常州）唐顺之的《勾股弧矢论略》和《勾股六论》，又购买长兴（今浙江湖州）顾应祥的《测复算术》《弧矢算术》《勾股算术》诸书，与擅长算法者互相切磋，潜心研究，集其大成，撰写《勾

---

① ［明］申时行．书经讲义会编［M］．卷首．明万历二十五年（1597）徐铨刻本．
② ［明］唐时升．三易集［M］．卷九．明崇祯刻清康熙补修嘉定四先生集本．

股书》12 卷。此书似已散佚，借唐时升序尚可知其大概。

14.《封禁录》，15.《伤寒纂要》，皆佚。《信义志稿》卷十七著录李鸿《封禁录》《伤寒纂要》二书。其中《封禁录》当即《对禁录》。据饶福婷考证，李鸿撰有《对禁录》，词气宏直，流传于世。此文很可能是一篇反对开禁采木的政论散文，已佚。《伤寒纂要》是一部医学著作，亦已散佚。

16.《两汉文苑》十卷，存。浙江宁波天一阁博物馆藏有《两汉文苑》十卷，题为明李鸿、申用懋、申用嘉编，明刻本。申用嘉《凡例》云：该书"经始于李仪羽氏鸿，更家兄敬仲懋，而成于不佞嘉。"盖为两汉文章选集，待查。

综上，李鸿著述可考知书名者凡 16 种，今存 4 种：《书经讲义会编》《病中间间语》《两汉文苑》《赋苑》。其中《书经讲义会编》十二卷系其岳父申时行草创，李鸿、申用懋、申用嘉合作编纂；《两汉文苑》十卷由李鸿草创，申用懋、申用嘉完成，皆为多人合作成果。《病中间间语》只有一卷，内容单薄；只有《赋苑》八卷内容丰富，且由李鸿一人独撰，成就最高。

# 六

至于《赋苑》的编纂时间，《凡例》明言："是书自甲午岁始辑其次第，厥后渐以增益，积久遂至捌百柒拾伍首。" 此处"甲午"指万历二十二年（1594），时当李鸿参加万历二十年（1592）会试中式之后，但尚未成为进士，亦未入职为官。故其编纂的最初目的，似乎只是展示才学，欲借著书以扬名而已。由于卷帙较大，汇纂费时费力，需经历数年乃成。至于其刊印时间，《凡例》亦透露了若干信息："是书既辑成帙，出入辄以自随，然恐久而散失，故亟以寿梓。……亦以吏事鞅掌，未得详于校阅。"蔡绍襄序亦云："君栖神大业，游刃饶封"，"乃以剸剧理棼之馀，广拾名山秘府之遗"。既然"游刃饶封"（"饶封"即上饶县），既然"吏事鞅掌""剸剧理棼"，无疑应在李鸿中进士（1595）之后，任上饶知县期间，不会晚于万历三十年（1602）李鸿落职为民之时。故其刊刻时间应在 1596—1602 年之间。由于李鸿初至上饶时

---

① ［明］李鸿. 赋苑［G］//历代赋学文献辑刊. 第 6 册. 卷首：14.

职务繁忙，以打击豪强、寇匪为急务，尚无暇顾及文教事业，故该书很可能刊刻于1598—1602年的数年间。距离"始辑"之年（1594），已有五六年的时间，可谓是"渐以增益"，积久乃成。各图书馆所藏之《赋苑》版式相同，应该系同一刻本，马积高《历代辞赋研究史料概述》著录为"明万历刻本"[1]，学者皆从之。今考该书版心底部有刻工名字：桂伯宗（或简称宗）、桂德化刻（化）、桂子通（通）、桂子龙（桂龙）、桂明刊（明）、桂伯安刊（桂安、安）等，大都属于桂氏家族。经查检，桂德化系"明万历间江西广信（今上饶县）人，刻字工人，参加刻过《纪录汇编》（陈于廷本）"[2]，与李鸿任职上饶的时间相吻合。可见《赋苑》的确刻于上饶，由桂氏族人担任刻梓工作。所以，现存《赋苑》乃系明万历中期（1598—1602）上饶刻本。

王欣慧认为"《赋苑》刊于李鸿官上饶知县任上，属于官方刻书"，其言有据；但她又说："《赋苑》一书极有可能是书帕本，只是作为官场酬赠的附属品"[3]，恐难以信从。首先，从时代风气来看，书帕本作为一种官场酬赠之物，附庸风雅，在万历之前较为盛行。顾炎武《日知录》云："昔时入觐之官，其馈遗一书一帕而已，谓之书帕。自万历以后，改用白金。"[4] 李鸿刻《赋苑》时，书帕本已经不再时尚。其次，从书的内容和成本看，书帕本出于馈赠需要，一般选用现成著述，仓促刻成，而李鸿中进士时，《赋苑》尚未编成，为官上饶后数年乃成，其成本太高，并不适合制作书帕本。再次，从刻工角度考虑，刻印《赋苑》的刻工为上饶桂氏家族，名闻遐迩，为了维护声誉，他们不会接手刻印"名低价贱"的书帕本，即使参与制作，也不会在版心底部刻上自己的名字。《赋苑》版心却刻有桂氏刻工至少6人名字。又次，从该书的流传情况看，目前至少有8家图书馆藏有《赋苑》，说明该书颇受后人看重，广为流播，亦可反证它并不是饱受诟病的书帕本。最后，曹之先生《中国古籍版本学》曾经对《四库全书总目》著录的典籍进行研究，认为其中有明代书帕本约20种，《四库全书》收录4种，其余16种皆贬入"存目"。

---

[1] 马积高. 历代辞赋研究史料概述 [M]. 北京：中华书局，2001：296.
[2] 瞿冕良. 中国古籍版刻辞典 [M]. 苏州：苏州大学出版社，2009：669.
[3] 王欣慧. 李鸿《赋苑》考评 [G] // 作赋津梁——明代万历年间辞赋选本研究. 台中：五南图书公司，2015：171、173.
[4] [清] 顾炎武. 日知录 [M]. 卷十八. 清乾隆间刻本。

而这 16 种进入"存目"的书籍名单中，并没有《赋苑》①。至于《赋苑》书中的讹误，大概是由于李鸿所用底本不佳所致。该书不少赋篇取自《艺文类聚》，底本中就有不少鲁鱼亥豕之误。所以，不能仅从书中讹误就推断它是用于"官场酬赠"的书帕本。

李鸿当年刊刻此书，确实有成一家之言、垂文名于世的想法。《赋苑·凡例》云："余因汇成一家之书，非敢信其毕收，比于乐赋、乐苑，庶几乎辞林之巨观矣。"但似乎不止于此。《墓志铭》记载李鸿为上饶令，不仅整顿吏治、打击盗匪，亦十分重视教育，引导生徒："日课诸生艺文，又手自选择唐宋而上，以及秦汉子史五经正文，令之通今学古，士彬彬兴起焉。"又知该书之成，尚有"日课诸生艺文"、作为县学教材使用的现实功用。况且该书辑录赋作止于隋代，唐以后不录，亦与其"手自选择唐宋而上，以及秦汉子史五经正文"的崇古观念，以及教导生徒"通今学古"的目的相一致。只是他"手自选择"的秦汉子史五经正文因为没有新意，早已荡然无存，而精心汇纂的《赋苑》一书，却因其"或录之诸集，或搜之艺文，或止载片词，或仅摘小序，务存成目，不计阙文"的辑佚方法，以及"千金狐白，不遗一腋"（《凡例》）的集大成思想，而成为明代赋集编纂的代表性成果，对明清之际赋体文学的创作和研究具有重要意义，同时对有清一代的总集编纂亦有导夫先路的作用。例如，《赋苑》辑录班固《终南山赋》《览海赋》，张衡《髑髅赋》《温泉赋》《观舞赋》《羽猎赋》，皆为残篇。明末张燮（1574—1640）所编之《七十二家集》、张溥（1602—1641）所编之《汉魏六朝百三家集》，都将这些残篇收入集中，显然受到李鸿（1558—1607）《赋苑》的启发和影响。清陈元龙（1652—1736）编纂《历代赋汇》时不仅收录完整赋篇，辑为 160 卷，还"旁及佚文坠简、词组单词，见于诸书所引者，碎璧零玑"②，另辑《逸句》2 卷；严可均（1762—1843）《全上古三代秦汉三国六朝文·总叙》亦称："碎锦残圭，义不连贯……词组单辞，未敢遗弃"③，完篇与散句兼收，而成一代巨制，皆是对这种精神的继承和发展。

---

① 曹之. 中国古籍版本学［M］. 武汉：武汉大学出版社，2007：264-268.
② ［清］永瑢等. 四库全书总目. 卷一九〇［M］. 北京：中华书局，1965：1727.
③ ［清］严可均. 全上古三代秦汉三国六朝文. 卷首［M］. 北京：中华书局，1958.1.

**【附录】明黄汝亨《寓林集》卷十四《上饶令李君墓志铭》**

上饶令为溪李君,中万历戊子顺天乡试,七年而成进士。明年,授江西上饶令。又六年,落职为民。又五年,卒。又九年,葬邓尉山下。又四年,其子绳芳介其舅父申太仆兄弟来乞铭。予自君孝廉时定交,又同官西江,君文章志业磊落非今人,予所最知也,讵忍辞?

君讳鸿,字渐卿,一字仪羽,通籍后有味乎知雄守雌之旨,别号为溪云。李氏系出平江,元季讳茂实者迁吴蓻门,四传而为玉山训导镛,再传为吴溪公庭樟,与太常卿谥恭简魏庄渠先生为从昆弟,则君之曾祖。恭简少依姨母,从其夫姓曰魏。庭樟生灿,灿生坦,号冰谷,邑诸生以君贵赠文林郎,君父也。娶赵氏,生君。

君生而隽颖,童子时从袁生某受书,三四过即成诵,必百遍为率,不满不休,终身不复忘。稍长,习博士家,言务为奇,不袭人一语,尤嗜古文史诗赋,旁及卜算、医药、星曜之书。既而就试有司,不利,君志不少挫。而冰谷翁故与少师申文定公共为诸生,同研席,相善也,因约为婚姻。君生十七年,迫冰谷翁命,就婚京邸。而会赵孺人病殁,君痛毁甚,奔丧有礼。服阕,复迫冰谷翁命,如京,以宗人涿州籍补诸生。遂游成均,与文定公二子太仆兄弟同学相切劘,所师友皆天下名士。师故晋江李文节公及梁溪顾泾阳太常,而尤严事乡贡进士方生某,与檇李今内阁朱公某,中丞黄公某,兵宪项公某,文艺相颉颃,咸推毂君。已而所师友悉先后取高第去,君独偃蹇抑郁,徙倚文定邸,又念其翁千里外也。文定公为迎翁就养,朝罢相与道故旧笑乐,以纾君之怀。而翁忽以痰疾暴殁。君痛毁,扶丧归,合赵孺人葬之兴福山。复如京。君既邑邑不得志,申孺人复相对泣,益发愤,穷日夜力,覆疟不食酒者三年。丁亥,申孺人又病殁,君悲悼不自胜,扶以归。亡何,申所遗男又殇。君不得已,复娶徐孺人。

即治装北上,而乃始登戊子贤书第十一人,君年三十矣。当是时,人方贺君逢年,而叹其晚,而座师为葵阳黄公。有忌之者,因嗾礼部郎中高某攻君,以文定公婿及解首王文肃公子衡甚力,谓考官学士黄某阿政府,意子若婿,得滥选。文定公与文肃连章,请下礼部覆试,仍委高郎中监督。自辰至午,高郎中辄再更其题凡四义,君援笔立就,高愧悔甚,覆奏有旨。

明年试春官,君不应,竟拂衣归。壬辰(1592),复上公车。已竣第一场，而御史綦某复撼前事疏论，君弗竟试。顾其卷已为复所杨公所首拔，相传都门忌者为之夺气。其年六月，得旨再覆试午门。时炎曦如炙，君蒲伏疾书，语气激烈，文益奇，诸公见《治河疏淮策》，称不容口。明日疏上，复得旨如前。而君名益大振，群喙遂息。君驰归，忽病流火，梦授神方，服之良已。

甲午冬（1594），复上公车。乙未（1595），豫章洪阳张公典试事，遂识拔君。释褐成进士时，高郎中犹在事，遣人通意，君辞曰："若通谒者，谁为先施？不妨公堂一相见。"闻者称君正而不激。已从大司马请得输锟高平差。事竣归里门，上祖垄拜两尊人墓，随谒文定公。过槜李，谒葵阳黄公。至玉峰，拜恭简公祠下。因赎其旁丙舍之质外姓者，祖茔在贞义里者，复饬治其封，树俎豆，与诸亲知握手谈往昔，稍稍展其偃蹇抑郁之气。

丙申（1596），谒选人，授为令，乃得江西之上饶邑。当闽浙冲，依山险，多盗，吏舞文，民健，讼难治。君至，则榜二语于庭曰："三尺矢诸天地，方寸留与子孙。"诸老吏未信也，其尤黠者辄以事尝君，知不可，乃摇手相戒。先是，差役虎而冠，其吏胥匿讼牒，以与讼者市。君命悉书所勾之符，一付之里属，且听息，讼以衰少。俗好诬人，命被诬者比得白，产尽矣。君趣驾，立时验其真伪。旁郡邑有大狱，必移君讯，讯立决，决立报。诸老吏无所上下，弥年不得衣食费，或叩头求罢，君喻以若辈幸遇我文，无害，不久当得官食禄矣，又人人喜自宽。豪郑氏武断横里中，君取置重法，罚令筑埭驾梁，以利涉者。豪请权要居间者百计，终不许。豪窘，或以豪赀缘走吴中，得文定公书宜解。君料豪必出此，先期报大吏，檄旋下，不可改矣。豪抱书哭，不敢上。君才智操持吏民，皆此类也。民苦盗，盗耕牛者尤黠不可制。一日，呼求盗伍伯，私与语，探袖中札记谬批，指谓曰："盗贼所在窃发，吾密使廉问，尽得其主名，而若辈利其委输，不以时擒治，积取日多，适足以葬矣。吾且贷若，其自为计。"于是部中锥埋铢两之奸，一时皆就缚，乡民以安。至比征有法，丝毫不得欺，民乐输恐后。日课诸生艺文，又手自选择唐宋而上，以及秦汉子史五经正文，令之通今学古，士彬彬兴起焉。君为令，凡两上计，未尝饷京贵。庚子，以秩满奏最，被玺书，貤封其父母及妻。君既廉直，慷慨任事，爱民嫉恶，一时大吏皆重君，君亦安其职，益发舒不自嫌，以为自此可鸣琴卧治，无他虑。

而是时，先皇帝以朔方、乐浪相继用师，柏梁灾建章，且兴少府，金钱不给。诸貂珰衔命遍天下，略仿古算缗榷酤之意，而御马监、少监潘相当西江，一路奸徒，陆泰等助其攫噬。君奋袂抵几，曰："吾不忍豪猾吏书鱼肉吾民，矧此曹子乎？虽然，君命也，吾一人不能抗。"于是力言之大吏，谓县地产少，行贾锥刀之末甚细，不足税，愿多方补辏廉其额，委官类解，不以烦珰。珰及奸徒计穷，上言开采，指出土青银矿处，辄行锥凿。又请自备资本器具，不费官帑等语，以荧惑珰，珰听之。君奉令姑不与争，一切蓬厂祭旅牢具，惴惴不敢后。第令诸原报人照所自认备工本指引矿处，任其冶炼，包煎如额，诸奸徒实得不偿失，不便也。以故形格势禁，自为解散。自云雾山至砂钵潭，凡格其所欲开者六，而铜塘者地连闽浙三省之阻，其中不知几百里，多豫章梗楠铜铁之饶，流民易啸聚为乱，自宣德以来，几二百年，禁不得窥足，而泰等怂恿珰，必欲违禁例开入，诸道府狐疑相仗，莫敢先发。君独昌言不可状，谓必欲违禁者，必三省抚按详议会题，每省添兵万人，以堤防不测。设有变，地方官不独任其责。珰意不能无动，迁延不至者，累月而终。以诸奸相扇，称奉有新旨，会同抚按，不可罢。君乃请珰勿遽，先按行，其珰自会城行县时，予令进贤，与之抗礼。珰大不怿。他县令有望尘拜者，至饶君，亦长揖与敌礼，珰语未半，拂衣起，君弗顾也。及会议道府，躬自祭山阅视。君密令人侦山之童者，路险狭不可舆者，先饱食，而携珰步行。珰素骄恣不任劳，行数里惫，不能前。且馁甚，坐地求返。君好语曰："贵监不信令，疑此山多异材，故行县至此。令未尝阻挠一语，不深入，令无以自白。贵监勉之。"珰又不得已，起行，行数十步，蹒跚不能进，思饮又不得，固乞归。忿甚，惭其从官，至为泣下。遂踉跄奔景德镇，封禁采木之议遂寝，自是欲甘心矣。而陆泰等尚群聚不散，日恣其挖掘虏掠淫占之毒，人人无不思剚刃其腹。

壬寅四月，有旨停税，四境欢呼如雷。君举手曰："天赐也！"时不可失，遂擒泰等三十余人，悉置狱，且有立毙杖下者。而急大索其寓，得诸凶器反具，及招集亡命约剂，倾有司奏揭十余通，逐研审狱，具报督抚夏公。夏公且喜且愕，念珰必以阻挠诬奏激上，怒且不测，乃急条上《陆泰等擅开历代封禁山召变地方状》，及君先计发摘保安功。君恬不介意，第辑《封禁山本末》，与一切文移招案，束以待讯而已。幸上怜察，即入珰言，仅夺君俸六月。君自是益感愤，矢捐糜以报。珰亦闭口，不敢复言铜塘，而中所恨君未已也。已过建昌，值诸儒生聚试行道上，赤棒卒辄提击，且及爵宗。诸儒生噪而起，爵宗从之逐珰，珰窜遁去。而私自喜：我乃得嫁祸报李令矣。遂上疏，诬君嗾邻郡狂生辱近侍，且致亡赖攘劫税鞘等语。当事者与台省诸公交章申救，明其不然。而天子惑珰言，震怒有旨，落君职为庶人。君即日解印绶就道，一时诸缙绅父老子弟，络绎攀卧至江浒，亡不低回泣下者。

君既归，文定公迎之门，相劳苦，握手曰："若为令，不足为我重；为庶人，不愧老夫婿矣。"君亦自笑曰："三径未荒，犹不废我啸歌。"因颜其斋曰闲情馆，盖以彭泽自况云。君素喜读书，研摩史编，晚更留神数学，精勾股法，至针经脉法，星学卜筮，亡不通晓。性豁达，往往面折人过，耻纤趋者，与亢爽廓落之士相莫逆，日畅饮高论为快。逢后辈负才者，奖许不去口。语及宦游事，掉头弗应也。人谓以君识略，仅仅树德一邑，异日者宜大见擢用，展匡世之业，享有上寿。而丙午忽病痰，及丁未而甚竟不起，距其生某年月日，得年五十耳。

天之报君如何哉？嗟乎，祸福相倚，得丧相乘除，又何可胜道也夫！以书生起陇亩，为名进士，幸矣。而以婿政府，故来谗口，一再试阙下。及为天子命吏，绾墨绶，裁割剧邑，未为不幸。而以矿税忤贵珰，几罹不测，卒以废免，何也？然君以一再试才，名益震动，而以一官易饶民百千之命于虎狼血牙锯齿之间，垂泽无穷，视庸庸无所短长充大位者何似，君可谓刚毅近仁者矣。自君之亡，饶民既祠君，比桐乡。而君孝弟敦睦慷义，施在里族者甚备，学官弟子上其事督学御史，得从恭简公后，春秋祀于乡。君不朽有余，又何憾焉。予不暇具论，论其学问出处之大者志。

君所著书，有《宝笏堂集》□卷，《病中间间语》一卷，《禹贡互释》一卷，《尺牍》二卷；所辑《九章算法》□卷，《脉法指要》一卷，《子平玄理》一卷，《讲义会编》□卷，《赋苑》□卷，《本草纂要》四卷，《嗜蔗编》□卷，《国宪识略》四卷。

始娶申孺人，生女一，适某丈夫，子二。继室徐孺人，出绳芳。娶同年韫所沈公女毓芳，即娶舅氏申某公女，孺人，某寺少卿古石公女也，法当并书。以某年月日，启申孺人兆，合葬邓尉山之麓，而系以铭。

铭曰：惟马之骏历九折，惟器之利别错节，惟人之杰试磨涅。题玉为石逸夫舌，剖珍阙庭气弥烈。权珰怃怵吮民血，挺身摧锋祸永灭，敝屣一官名巀嶭。为桐乡朱西门邶，何必三公与九列。宦绩乡贤祀勿绝，千秋百岁视兹碣。

(本文原载《文献》2018 年第 4 期，收入本辑后有改动)

# 读《心经》一得
## ——谈阅读《心经》应注意的几个问题[*]

陈英杰

《般若波罗蜜多心经》，简称《心经》，曾被称为《多心经》《蜜多心经》，乃佛所说。在大藏经中，般若法门的经典义理湛深，其数量亦相当丰富。奘译《大般若经》有六百卷，尤称巨构。般若是佛法的核心，心经是般若经的心要。《大般若经》云："般若波罗蜜，能生诸佛。"《大智度论》说："般若波罗蜜是诸佛之母。诸佛以法为师。法者，即是般若波罗蜜。"般若是诸法的先导，是众经之长。

本经属于究竟了义的大乘佛法，其称以法喻立名，"般若波罗蜜多"是法，"心"是喻。其主体是显明"诸法空相""无智亦无得"的毕竟空理，从空理的本体而演化一切现象的诸法。本经以证悟实相般若为宗旨，其作用就在"度一切苦厄"，解除一切由惑业而来的苦报。竺摩法师云："经文中的：空三科法，由有相到无相；空四谛法，由苦集到灭道；空十二因缘法，由顺生到还灭；空六度法，由相对到绝对；远离颠倒梦想，由生死到涅槃；依般若波罗蜜多故，由烦恼到菩提；能除一切苦，由悲观到乐观；大众度到彼岸，由消极到积极；在在都是教人即知即行、自利利他的方法。所以学佛的人，未能广学八万四千法门，只要能选择《心经》中所讲的方法去修习，解行相应，智境圆明，那么所起的受用，亦是如'江上之清风，山间之明月，取之

---

[*] 本文为作者所作《用般若安顿我们的心——〈般若波罗蜜多心经〉（玄奘译本）详注》一文的前言部分。

无尽，用之不竭'了。""本经是提示显密双修，真俗并观，诵文可得显益，持咒更获密护，定慧两运，现未俱利。"(《般若心经讲话》自序、《心经盛行的原因》。)① 阅读本经需要注意以下几个问题。

# 一、语言文字方面，要注意经文用字的多义性

## （一）"空"字的多义性

"五蕴皆空"与"色不异空""色即是空"之"空"是一个意思，是与相有相对的性空，与假有相对的真空。解经之人在使用"真空"这个词时也有两种含义：一是与假有相对，一是指毕竟空、无所得空。"诸法空相""空中无色"之"空"是另一个意思，是能观之智与所观之理双寂、了无所得的毕竟空②。"五蕴皆空"是总说，"色不异空，空不异色，色即是空，空即是色，受想行识，亦复如是"是分说，这两处的"空"不得作二解。"照见五蕴皆空"后即得到"诸法空相"，即那个本自清净、本不生灭、本自具足的自性。"空相"是观空的结果，空是因，空相是果。"空相"之空与"五蕴皆空"之空不得作一解。③

---

① 竺摩法师：《般若心经讲话》（1979年5月），广佛丛书本，《广东佛教》编辑部印行。
② 毕竟空是佛的自证境界，为最高清净法界，或称空性，都是从现证的真性而说的。
③ 曦比丘（章积法师）《你的烦恼熄灭了吗》（1984年1月），河北省佛教协会1998年6月印行；华晟图书2013年11月出版繁体字本。曦比丘讲了三种空：一是物质上的空，即空间上的空；二是世间的空，包括名相的空（名词假定的空）和本质的空（因缘和合的空）；三是内心的空，指去除我执，空掉自我、空掉烦恼，参《体验到苦集灭道的正见》。曦比丘讲的是小乘四谛法。他在《病》中说："佛教的空，没有轮回就是空，空就是解脱，真正的空就是空掉了自我感，空掉了我的感觉。""'照见五蕴皆空'，'五蕴'就是'色受想行识'，没有我了，照见它是空的，空掉了我。没有我的感觉，也不是我。照见五蕴皆空，那个时候已经没有苦了。""空要从内心去体会。空是什么？空就是没有烦恼，精神没有痛苦，精神没有压力，内心没有压力，那时就是空了。"我个人认为曦比丘讲的第二种空才是"五蕴皆空"的空，第三种空包含在"诸法空相"的空中。法灯法师讲了两个层次的空：第一个层次是物质空，以眼睛判断，他举了两个例子，一是口袋里没有东西时的空，一是把东西拆开或毁灭时的空；第二个层次是心空，要用心里的眼睛——慧眼来看，空掉自己的身体，甚至一切，参《你的烦恼熄灭了吗·附录·法灯法师讲、曦比丘译〈如何修空观〉》。明尧居士把六祖悟道划分为三个阶段，第一阶段即初次开悟，可从六祖初见五祖时的对话中加以窥探，（接下页）

### (二)"法"字的多义性

狭义的指法尘之法,广义的即"诸法空相"之法,包括了色法、心法一切法,内中也包含了修持方法的法。

### (三)"色"字的多义性

经中之"色",一指"色蕴"之色,广义;一指色尘之色,狭义。解经之人在使用这个词时,词义进一步扩大,指宇宙中的所有物质现象。

## 二、语法方面,经文极简略,采用了层层递进法、承上启下法、前后涵摄法

第一,经文之"空"是核心概念,涵摄经文的所有内容。五蕴是主体概念,一切法均从五蕴而生。经中"色不异空,空不异色,色即是空,空即是色,受想行识,亦复如是"相对"照见五蕴皆空"是分说,而相对下文又是总括而说,在意义上(而非语法上)它涵摄了下文色受想行识、眼耳鼻舌身意、色声香味触法、眼界乃至意识界、无明乃至老死、无明尽乃至老死尽、苦集灭道、智和得的所有内容,即应该理解为"眼不异空,空不异眼,眼即是空,空即是眼……智不异空,空不异智,智即是空,空即是智;得不异空,空不异得,得即是空,空即是得"。所有这些都是缘起而生,缘散则灭,缘起性空。其实在观空五蕴时,这一切皆已空。

第二,"是故空中无色"之"空中"涵摄到"无智亦无得"("空中无智,

---

(接上页)六祖云:"弟子自心常生智慧,不离自性。"明尧认为这是开悟的初关景象:根尘迥脱,照体独立,作为第六意识的分别我法二执和第七意识的俱生我执已经被打破了,安住在平等无分别的无心之觉照(平等无分别智)中;第二阶段是作"菩提本无树"一偈时,是开悟的重关景象,<u>证悟到五蕴皆空</u>,即执五蕴为实有的坚固妄想已经被打破了,不仅俱生我执被破,俱生法执亦被破除;第三阶段是听五祖讲《金刚经》而一口气说出"五个何期"时,这是开悟的末后牢关景象,说明六祖不仅证得了万法唯心所现并非实有的空性,同时还悟得自性之理体能生一切法、能摄一切法、能转一切法之全机大用,而并没有住在空寂的境界中。此时,世间与出世间、烦恼与菩提、轮回与解脱、生死与涅槃、佛与众生等二边分别彻底被打破了。参明尧居士(黄总舜).《六祖坛经》中的自性观、般若观以及禅宗三关与《般若波罗蜜多心经》之对照发明(上、下)[J].禅,2014(2).

空中无得"），其中的"无"字均是一个"无"字，竺摩法师解为两个"无"（"空中无色""无智亦无得"之无解为有无之无，二者之间的"无"解为空），在语法上是不妥的，而且这样讲的话，又把此处的"空中"与"空不异色"的空牵混起来。其实解经之人多是按着"色即是空"的思路来解释"空中无色"等内容的，这与经文本意不符。

第三，"以无所得故"一句从语法上只能涵摄"无智亦无得"，竺摩法师认为此话是结显上文的空义（应该是理解为涵摄"是故空中无色"到"无智亦无得"的内容），是从意义上来理解的。竺摩法师认为这句话也有启下的作用，在语法上说不过去，但在意义理解上是正确的。解经之人多把"无智亦无得"与六度联系起来。大家之所以认同这种讲法，就是在意识中有一个功行与修法的浅深问题。因为大家把"十二因缘法""四谛法"看作小乘人所修之法，把"六度"看作菩萨乘，但诚如竺摩法师所说，这两种观法也是大乘的基本观法和大乘人修观的必经过程。小乘讲业感缘起，大乘讲"万法唯识"，小乘是渐修，大乘是顿悟。从修行次第讲，小乘证得人我空，悟入四谛法空后就证得了法我空。证悟二空真理，就是大乘教义。所以，在笔者看来，"无智亦无得，以无所得故"是涵摄"是故空中无色"到"无苦集灭道"的，上文的这段话是在讲观空三科法、十二因缘法、四谛法的问题，在每一种修持方法中，皆有能观之智和所观之境的问题，佛陀告诉众生，"无智亦无得"，既无能观五蕴之智，亦无所观五蕴空之境，既无能观十二处、十八界之智，亦无所观十二处空、十八界空之境，既无能观四谛法之智，亦无所观四谛空之境，其意就是要把能观之智和所得之境彻底否定掉，能所俱泯，智境一如，消除修行人心中所有的执着。竺摩法师其实已经往这个角度想了，而且从意义把握上也没有问题。但他又说："上面说的蕴处界三科法，以及四谛和十二因缘法，都侧重在二乘法，观修'无智亦无得'，则不但通于三乘教义，更是大乘崇高的理境。"而且以"观六度空"的标题总括"无智亦无得，以无所得故"，未能完全摆脱传统观修六度说的影响。

也就是说，"无智亦无得"既被"是故空中无色"所涵摄，又涵摄"是故空中无色"至"无苦集灭道"的内容。这涉及义理的理解问题，参下文。

第四，本经行文层层递进，今参考竺摩法师讲记，按照我们的理解，划分文义层次如下。1）表示大层次，①表示大层次下的小层次，层与层之间是递进关系。①

1）般若理：本经总纲

①观自在菩萨，行深般若波罗蜜多时，照见五蕴皆空，度一切苦厄。

2）般若行：融相即性

舍利子，色不异空，空不异色，色即是空，空即是色，受想行识，亦复如是。

3）般若行：泯相证性

①舍利子，是诸法空相，不生不灭，不垢不净，不增不减。

②是故空中无色，无受想行识；无眼耳鼻舌身意，无色声香味触法；无眼界，乃至无意识界；无无明，亦无无明尽，乃至无老死，亦无老死尽；无苦集灭道，无智亦无得，以无所得故。

4）般若果：涅槃（三乘共证的断果）与菩提（诸佛不共的智果）

①菩提萨埵，依般若波罗蜜多故，心无挂碍，无挂碍故，无有恐怖，远离颠倒梦想，究竟涅槃。

②三世诸佛，依般若波罗蜜多故，得阿耨多罗三藐三菩提。

5）般若德：智德兼具，显密双修

①故知般若波罗蜜多，是大神咒，是大明咒，是无上咒，是无等等咒，

---

① 明尧居士是从功夫次第的角度解读《心经》的。"观自在菩萨，行深般若波罗蜜多时（观行的内容、方法、下手处、用功原则），照见五蕴皆空（所证的内容，破俱生我法二执，乃自受用），度一切苦厄（悟后起用，行菩萨道，圆行六度，圆满报化身，乃他受用）"是修行成佛之总纲，亦是本经之总纲，整个《心经》依此三句展开。"舍利子，色不异空，空不异色，色即是空，空即是色，受想行识，亦复如是"是释般若观行之内容，包括用功方法、下手处及用功原则，这一段经文囊括了一切修行法门（南传之四念处、天台之大小止观、净宗之念佛、密宗之持明、禅宗之默照和参究等），后面的经文皆与此一一对应。"舍利子，是诸法空相，不生不灭，不垢不净，不增不减"，是宗门之初关景象，破分别我法二执及俱生我执，得平等无分别智，对应于《坛经》之体大、无念、般若三昧。"是故空中无色，无受想行识；无眼耳鼻舌身意，无色声香味触法……无智亦无得"，是重关景象，证诸法空性，破俱生法执，得空观智，对应于《坛经》的相大、无相、一相三昧。"以无所得故，菩提萨埵，依般若波罗蜜多故，心无挂碍……究竟涅槃"，转身起用，入廛垂手，行菩萨道，圆满报身，与下文皆为末后牢关，对应于《坛经》的用大、无住、一行三昧。"三世诸佛，依般若波罗蜜多故，得阿耨多罗三藐三菩提"是向上一路，扫除悟迹，断凡圣相，归无所得。参《禅》2014年第2期。

能除一切苦，真实不虚。

②故说般若波罗蜜多咒，即说咒曰：揭谛揭谛，波罗揭谛，波罗僧揭谛，菩提萨婆诃。

## 三、义理方面

本经以"空"为质的，但全篇都在讲般若。般若是因，空是果。经以因定名，因为有其因必有其果。依般若就可证空，本经就是要用般若波罗蜜多打破修行人的妄执，打破对自身、对自心、对法的一切执着，证入二空的究竟涅槃。但要把所证的涅槃再次否定掉，才能获得无上正等正觉，达到佛陀修证的无所得空的极果。

阅读经文要时时注意，佛陀一直是以文字相、言说相来阐释离文字相、离言说相的佛境，离与不离之间会有一个思维上的矛盾，不生不灭、不垢不净、不增不减的出世间法非世间法所能解释，不是靠推理和思辨能够获得的，要靠修证才能获得。佛法讲证悟，悟是知道，证才是到达。所以，佛学不是理论的，也不是用来讨论的，而是用来实践、实证的。佛法的践证需要大无畏的菩萨精神。

哥伦比亚大学哲学系博士霍华德金森曾就"人的幸福感取决于什么"课题，进行了长达20年的研究，先后在1988年、2009年两次追踪调查121人，在论文《幸福的密码》中，他详细叙述了这两次问卷调查的过程与结果，并总结说：所有靠物质支撑的幸福感，都不能持久，都会随着物质的离去而离去；只有心灵的淡定宁静，继而产生的身心愉悦，才是幸福的真正源泉。① 这是因为，凡是物质的东西终究都会朽灭，都是不实在的、不可靠的，只有安住于那不生不灭、不垢不净、不增不减的真如之心当中，才能获得真正的幸福和快乐。

（本文原载《圆音》2015年第5期，收入本辑时略有增补）

---

① MOOC微信公众号《哥伦比亚博士论文，20年后再次调查，结果让人陷入深思》，2015年6月16日，转载自公众号"笑侃生活"。